税务会计实训丛书

增值税业务实训

（第二版）

姜　敏　张　彤　主编

北京大学出版社
PEKING UNIVERSITY PRESS

内容简介

本书内容主要包括增值税概述、增值税的纳税人、增值税的计算、增值税的优惠政策、出口退（免）税、增值税的申报缴纳、增值税的会计处理、增值税专用发票及增值税节税技巧等，在编写过程中结合了大量实例，更具实用性、专业性。

本书可以作为企业税务会计人员的参考用书，也可作为干部税收业务的培训教材。

图书在版编目（CIP）数据

增值税业务实训 / 姜敏，张彤主编. —2版. —北京：北京大学出版社，2015.1
（税务会计实训丛书）
ISBN 978-7-301-25058-7

Ⅰ.①增… Ⅱ.①姜…②张… Ⅲ.①增值税－税收管理－中国－教材 Ⅳ.①F812.424

中国版本图书馆CIP数据核字（2014）第255749号

书　　名	增值税业务实训（第二版）
著作责任者	姜　敏　张　彤　主编
责任编辑	吴坤娟
标准书号	ISBN 978-7-301-25058-7
出版发行	北京大学出版社
地　　址	北京市海淀区成府路205号　100871
网　　址	http://www.pup.cn　新浪官方微博：@北京大学出版社
电子信箱	zyjy@pup.cn
电　　话	邮购部 62752015　发行部 62750672　编辑部 62756923
印 刷 者	北京鑫海金澳胶印有限公司
经 销 者	新华书店
	787毫米×1092毫米　16开本　16.25印张　390千字
	2012年1月第1版
	2015年1月第2版　2015年1月第1次印刷（总第2次印刷）
定　　价	38.00 元

“税务会计实训丛书”编委会

丛书主编

张紫东（国家税务总局大连培训中心　教授　注册税务师）

张　彤（国家税务总局大连培训中心　副教授）

丛书副主编

敖　汀（国家税务总局大连培训中心　科研部部长）

何小王（湖南税务高等专科学校　副教授　行政执法研究中心主任）

丛书编委（按姓氏笔画排序）：

王　婷（山东省税务干部学校　讲师）

王　蕴（国家税务总局大连培训中心　讲师）

王化敏（国家税务总局大连培训中心　副教授）

邓文臣（新疆国家税务局　副科长）

史迎春（辽宁师范大学　高级会计师）

白雅君（大连天维理工信息研究所　所长　律师）

张久慧（国家税务总局大连培训中心　教授　注册税务师）

张永刚（国家税务总局大连培训中心　副教授　律师）

李国财（青岛市国家税务局　副调研员　经济师）

杨　含（重庆市税务干部学校　副主任科员）

林　虹（安徽税务干部学校　高级讲师）

林伟刚（广东省国家税务局　科长）

侯江玲（国家税务总局大连培训中心　高级会计师　注册会计师）

姜　敏（国家税务总局大连培训中心　副教授　注册税务师）

徐　飞（贵州省税务干部学校　科级　讲师）

顾令慧（国家税务总局大连培训中心　讲师）

崔晓妍（国家税务总局大连培训中心　副教授）

前　　言

（第二版）

根据国务院常务会议的决定，自 2013 年 8 月 1 日起，全国在交通运输业和部分现代服务业开展营业税改征增值税改革试点。同时，适当扩大部分现代服务业范围，将广播影视作品的制作、播映、发行纳入试点，2014 年 1 月 1 日起铁路运输和邮电业纳入"营改增"试点，2014 年 6 月 1 日起，电信业也纳入了"营改增"试点。

鉴于此，我们在本书第一版的基础上作出了修订，将相关文件和办税服务指南进行了汇集整理，以便于纳税人熟悉增值税相关涉税事项的办理程序和尽快理解掌握营业税改增值税改革内容。将财政部、国家税务总局发布的《关于在全国开展交通运输业和部分现代服务业营业税改征增值税试点税收政策的通知》《关于将电信业纳入营业税改征增值税试点的通知》《邮政企业增值税征收管理暂行办法》以及《铁路运输企业增值税征收管理暂行办法》作为全国开展营改增试点的政策依据，按照《中华人民共和国国民经济和社会发展第十二个五年规划纲要》确定的税制改革目标和 2011 年《政府工作报告》的要求，对增值税纳税申报业务进行了详细介绍。

本书共 9 章，内容主要包括：增值税概述、增值税的纳税人、增值税的计算、增值税的优惠政策、出口退（免）税、增值税的申报缴纳、增值税的会计处理、增值税专用发票、增值税节税技巧。

本书在编写过程中沿用了结合例题进行解析的方式，读者对象定位明确，针对税务会计人员。真正站在税务会计人员的立场上设计体例和取舍内容，相较于政府宣传、普及税法的角度，更注重实用性、专业性。本书文字简洁、通俗易懂、短小精悍，用丰富的实例来讲解，避免晦涩难懂，使税务会计人员能在有限的时间内花费较少的精力即可获取应知应会的全面知识。

由于编者能力所限以及编写时间仓促，书中可能存在差错或疏漏之处，恳请广大读者批评指正。

编　者

2014.8

前　言

（第一版）

为适应全国税务系统岗位专业知识和技能培训的需要，不断提高广大税务人员的业务素质，本书根据最新修订的《中华人民共和国增值税暂行条例》（国务院令〔2008〕第538号）、《中华人民共和国增值税暂行条例实施细则》（财政部、国家税务总局令第50号）及《关于修改〈中华人民共和国增值税暂行条例实施细则〉和〈中华人民共和国营业税暂行条例实施细则〉的决定》（财政部令第65号），对增值税纳税申报业务进行了详细介绍，并通过例题解析帮助读者更好地了解增值税的业务流程。

本书共9章，内容主要包括：增值税概述、增值税的纳税人、增值税的计算、增值税的优惠政策、出口退（免）税、增值税的申报缴纳、增值税的会计处理、增值税专用发票及增值税节税技巧。本书以最新增值税政策为指导，旨在用最新政策为企业和有关财会人员解决增值税业务问题。

全书在编写过程中突出体现了如下特点。

第一，读者对象定位明确，针对企业税务会计人员。

第二，真正站在税务会计人员的立场上，想税务会计人员之所想，根据税务会计人员的特点和需要来设计体例和取舍内容，相较于政府部门宣传、普及税法的角度，更注重实用性、专业性。

第三，文字简洁、通俗易懂、短小精悍，用丰富的实例来讲解，避免晦涩难懂，使税务会计人员在有限的时间里，花费较少的精力即可获取应知应会的全面知识。

因时间仓促以及编者水平有限，书中难免有不足之处，恳请广大读者热心指点，以便作进一步修改和完善。

编　者

2011.7

目　录

第1章　增值税概述

1994 年税制改革，影响最大的可能就是增值税了，我国选择采用生产型增值税，一方面是出于财政收入的考虑，另一方面则是为了抑制投资膨胀。从那以后，增值税一直是我国第一大主体税种。随着我国社会主义市场经济体制的逐步完善和经济全球化的纵深发展，推进增值税转型改革的必要性日益突出。从 2009 年 1 月 1 日起，增值税转型改革在全国所有地区、所有行业全面实施，这意味着中国自 1994 年开始采用的生产型增值税正转变为国际上通用的消费型增值税。

其实，在世界上，增值税也是一个颇为引人注目的税种。自从 1954 年法国成功地推行增值税以后，对世界其他各国和地区都产生了重大的影响。到 2011 年，世界上已经有 166 个国家和地区实行了增值税。增值税的兴起堪称是世界税收史上的一个奇迹。那么，为什么增值税能在短短的时间内风靡全球呢？这就要从增值税本身说起。

1.1　增值税的概念

要　点

增值税是对在我国境内销售货物或者提供加工、修理修配劳务、交通运输业、邮政业、电信业和部分现代服务业服务以及进口货物的单位和个人，就其取得的货物或应税劳务、应税服务的销售额，以及进口货物的金额计算税款，并实行税款抵扣制的一种流转税。之所以称为“增值税”，是因为它是对商品生产流通中各环节的新增价值或商品附加值进行的征税。

解　释

◆ **增值额**

增值税，从字面上理解就是对增值额征税。但在现实中，增值税一般不直接以增值额作为计税依据。

从理论上讲，增值额是企业在生产经营过程中新创造的那部分价值，即货物或劳务价值中的 $V+M$ 部分，在我国相当于净产值或国民收入部分。在现实经济生活中，可以从以下两个方面理解增值额。

(1) 从某一生产经营过程来看，增值额是商品的某一生产经营者在生产经营过程中新增加的价值。用减法表示，它相当于产出减去投入后的余额。用加法表示，它相当于工资加盈利之和，即：

增值额＝产出－投入＝工资＋盈利

因此，在理论上对增值额征税有以下四种方法可以选择。

① 直接加法，是对增值额各项内容相加后直接计税的。

增值税＝(工资＋盈利)×税率

② 间接加法，不是对增值额直接征税的。

增值税＝工资×税率＋盈利×税率

③ 直接减法，是通过相减来计算增值额并直接以增值额计税的。

增值税＝(产出－投入)×税率

④ 间接减法，是通过相减来体现增值额的，但它并不是直接以增值额计税的。

增值税＝产出×税率－投入×税率

在现实生活中，产出一般表现为销售收入额或经营收入额，投入一般表现为外购商品和劳务的支付金额；盈利具体表现为租金、利息、利润等。因此，用减法表示的增值额又可以表示为销售收入额或经营收入额减去外购商品和劳务支付金额后的余额，用加法表示的增值额表示为工资与租金、利息、利润之和，即：

增值额＝销售收入额或经营收入额－外购商品的支付金额

＝工资＋租金＋利息＋利润

可见，用加法计算增值额要更多地依赖企业的经济核算，增值项目的确定比较困难，所以在现实生活中，各国均采用了减法来计算增值税的增值额和应纳税额。

用减法来计算增值税的增值额和应纳税额，又可以划分为扣额法和扣税法。

扣额法：

增值税＝(销售收入额或经营收入额－外购商品的支付金额)×税率

扣税法：

增值税＝销售收入额或营业收入额×税率－购进商品支付金额×税率

为了便于直观比较，上述四种方法可归纳如表 1-1 所示。

表 1-1　理论上增值税的四种计税方法

项目	加法	减法
直接计税	(工资＋盈利)×税率	扣额法：(产出－投入)×税率；或(销售收入额或经营收入额－外购商品的支付金额)×税率
间接计税	工资×税率＋盈利×税率	扣税法：产出×税率－投入×税率；或销售收入额或营业收入额×税率－购进商品支付金额×税率

实例详解

【例 1-1】 某箱包生产厂 1 月份生产销售情况如表 1-2 所示。

表 1-2　某箱包生产厂 1 月份生产销售情况　　(单位：万元)

项目	购进材料支付金额	工资	盈利	销售收入
栏次	①	②	③＝④－(①＋②)	④
金额	10	6	4	20

假设增值税的税率为10%，则该箱包生产厂1月份应缴纳的增值税额(t)可按不同的计算方法分别计算，如表1-3所示。

表1-3 箱包厂应纳增值税的四种计税方法 （单位：万元）

项目	加法	减法
直接计税	t=(工资+盈利)×税率 =(6+4)×10% =1	t=(销售收入额或经营收入额－外购商品的支付金额)×税率 =(20－10)×10% =1
间接计税	t=工资×税率+盈利×税率 =6×10%+4×10% =1	t=销售收入额或营业收入额×税率－购进商品支付金额×税率 =20×10%－10×10% =1

通过例1-1中表1-3的计算结果可知，在实行单一税率的情况下，四种方法都是可行的，计算结果也是相同的。在实行多档税率的情况下，采用扣额法则要分别计算不同税率商品的销售收入额或营业收入额与购进商品的支付金额。如果一个企业同时生产多种不同税率的商品，还要将购入商品的支付金额在不同税率的商品之间进行合理的分配。这样做是一个十分烦琐的过程，因此，目前实行增值税的国家都选择扣税法。我国现行增值税也采用扣税法。

(2) 从某一商品来看，增值额是商品在生产经营过程中新增加的价值。它等于商品在各个生产和经营环节新增加价值的总和，同时等于商品进入最终消费时的销售价格。

【例1-2】 假定某商品的生产经营包括原材料、零配件、产成品、批发、零售五个环节，各个环节的销售收入额或经营收入额分别为200元、400元、700元、800元、900元，其中，900元是该商品进入最终消费时的销售收入额或经营收入额。那么该商品在各环节的增值税额与该商品最终征收增值税额的关系如表1-4所示。

表1-4 某商品在各环节的增值税额与商品最终征收增值税额的关系 （单位：元）

生产经营环节	销售收入额或经营收入额	增值额	税率	增值税额
原材料	200	200－0=200	10%	200×10%=20
零配件	400	400－200=200	10%	200×10%=20
产成品	700	700－400=300	10%	300×10%=30
批发	800	800－700=100	10%	100×10%=10
零售	900	900－800=100	10%	100×10%=10
合计	—	900	10%	900×10%=90

从表1-4可以看出，在税率一致的情况下，对每一生产流通环节征收的增值税之和，实际上就是按商品最终销售额征收的增值税，但在税率不一致的情况下，情况则不然。

因此，实行增值税的国家，据以征税的增值额都是一种法定的增值额，并非理论上的增值额。

所谓法定增值额，是指各国政府根据各自的国情、政策要求，在增值税制度设计中确定的增值额。法定增值额可以等于理论上的增值额，也可以大于或小于理论上的增值额。其中一个重要原因是各国在规定扣除范围时，对外购固定资产所含的增值税额的处理办法不同。有些国家允许扣除，有些国家不允许扣除。有些国家允许部分扣除，有些国家允许一次性全部扣除，这就使得理论上的增值额与法定增值额有很大不同。

【例 1-3】 假定某企业报告期货物销售额为 78 万元，从外单位购入的原材料等流动资产价款为 24 万元，购入机器设备等固定资产价款为 40 万元，当期计入成本的折旧费为 5 万元。根据上述条件计算该企业的法定增值额及应纳增值税额，如表 1-5 所示。

表 1-5　不同国别的法定增值额　（单位：万元）

项目 国别	允许扣除的外购流动资产价款	允许扣除的外购固定资产价款	法定增值额	税率	应纳增值税额
A 国	24	0	54(78－24)	10%	54×10%＝5.4
B 国	24	5	49(78－24－5)	10%	49×10%＝4.9
C 国	24	40	14(78－24－40)	10%	14×10%＝1.4

从表 1-5 可以看出，实行增值税的国家由于对外购固定资产价款的扣除额不同，计算出的法定增值额也不同，当期应纳的增值税额也不相同。

通过以上分析可以看出，纯理论的增值额对计算增值税并没有实际意义，而仅仅是对增值税本质的一种理论抽象。因此，各国都是根据法定增值额计算增值税的。但是，实行增值税的国家无论以哪种法定增值额作为课税基数，在实际计算增值税税款时都不是直接以增值额作为计税依据，也就是说，各国计算增值税时都不是先求出各生产经营环节的增值额，然后再据此计算增值税，而是采取从销售总额的应纳税款中扣除外购项目已纳税款的税款抵扣法。可见，现实中的增值税，虽然从结果看，是对增值额征税，并由此而得名，但无论从性质还是征收形式上来看，它都是以商品劳务为征税对象，以销售收入为计税依据，同时允许外购项目的税额从中扣除的一种流转税。

相关知识

◆ 增值税的产生及发展

增值税的产生是与资本主义营业税制分不开的。20 世纪初期开始，随着工业生产的日益社会化，生产流通环节增多，营业税使位于生产链条后端的生产经营者累积承担的税负加重，极大阻碍了资本主义商品生产和流通。第一次世界大战以后，德国的威尔汉姆·冯·西门子博士曾提出以“一种精巧的销售税”来取代当时的营业税。这就是增值税思想的萌芽。第二次世界大战以后，法国率先吹响了改革旧有营业税的号角，堪称世界税制发展史上“惊险的一跃”。1948 年，法国政府允许制造商品扣除中间投入物后再对产成品价值征税。1954 年，法国政府进一步把扣除范围扩大到固定资产已纳税款，将生产税改称为增值税。增值税的正式诞生，也宣告了营业税（生产税）的寿终正寝，不久，法国的增值税便从工业扩展到农业、商业、交通、服务等行业，并在世界上率先建立了一套最系统的消费型增值税制度。

增值税在法国的率先使用取得了良好效果，表现出诸多优点：税基宽广，税率简化，易征易管；能使交易双方互相钩稽制约，减少了偷税漏税现象；税负相对公平，征收成本相对较低；增加了财政收入，促进了商品生产与流通；增强了商品的国际竞争力等。因此，增值税制在世界范围内得以广泛传播，其自身也在传播中得以充实与完善。

20 世纪 60 年代以后的几十年，是增值税从理论上到实践上横扫世界的年代。1963—1973 年，欧共体各成员国先后推行了增值税。此后其他地方的许多国家也进行了增值税的改革。亚洲国家自 20 世纪 70 年代后期开始推行增值税。到 2011 年，世界上已有 166 个国家和地区实行了增值税。

中华人民共和国成立后，曾在消除多环节、阶梯式商品税重复征税方面进行了一些有益的探索。例如，货物税规定对某些产品可以办理转厂手续，对应税产品的半成品不征税，由应税产品的产成品生产企业在销售时纳税；同一税目的产品加工改制减按 5%的税率征税；对部分产品征税时可以扣除外购原料或半成品的已纳税款等。

1979 年，我国开始在部分行业和地区进行增值税试点。1983 年，开始对部分行业和产品在全国范围内统一试行增值税。1984 年，正式设置了增值税，同时将增值税的征税范围扩大到整个工业生产领域。1994 年，改进了增值税的计税办法，并将增值税的征税范围由工业生产领域扩大到商业批发和零售。2004 年 7 月 1 日起，在东北地区的部分行业（装备制造业、石油化工业、冶金业、船舶制造业、汽车制造业、农产品加工业、军工、高新技术产业）率先试点扩大增值税抵扣范围的改革。2007 年 7 月 1 日，将试点范围扩大到中部六省老工业基地城市的装备制造业、石油化工业、冶金业、汽车制造业、农产品加工业、电力业、采掘业、高新技术产业。2008 年 7 月 1 日，将试点范围进一步扩大到内蒙古自治区东部五个盟（市）和四川汶川地震受灾严重地区。东北、中部等部分地区先后进行改革试点，取得了成功经验。2009 年 1 月 1 日起，在全国推广增值税转型改革，实行消费型增值税。2012 年 1 月 1 日起，相继在北京、上海等 9 省市开展交通运输业和部分现代服务业"营改增"试点。2013 年 8 月 1 日起开始在全国试点。2014 年又扩大"营改增"范围，将铁路运输、邮政业、电信业纳入"营业增"的范围。

增值税的法律依据主要是《中华人民共和国增值税暂行条例》（国务院 1993 年 12 月颁布，2008 年 11 月修订，以下简称《增值税暂行条例》）和《中华人民共和国增值税暂行条例实施细则》（财政部、国家税务总局 2008 年 12 月第 50 号令发布，2011 年 10 月 28 日修订，以下简称《增值税暂行条例实施细则》）。

1.2 增值税的类型

要 点

增值税按征税范围不同分为一般商品增值税和特定商品增值税。在实践中，按对外购固定资产处理方式不同，增值税通常又分为生产型增值税、收入型增值税和消费型增值税三种。

解 释

◆ 按征税范围的不同分类

按征税范围的不同，增值税可划分为一般商品增值税和特定商品增值税两种类型。

1. 一般商品增值税

一般商品增值税是在生产与流通的各个环节和对所有的货物与服务普遍征收增值税。

（1）从征税范围的纵向延伸程度看，一般商品增值税是在生产、批发、零售各环节普遍征收增值税，2012 年之后，试点扩大到部分现代服务领域。

（2）从征税范围的横向扩展程度看，一般商品增值税是对所有货物与服务普遍征收增值税。

目前，世界典型国家的增值税，如经济合作与发展组织（OECD）成员国的增值税，基本上属于一般商品增值税。中国现行增值税则属于特定商品增值税。从征税范围的纵向延伸程度看，1994 年之前，只在生产环节征收增值税，1994 年之后，在生产、批发、零售各环节普遍征收增值税，2012 年之后，试点扩大到部分现代服务领域。从征税范围的横向扩展程度看，1994 年之前，只对工业产品征收增值税，1994 年之后，只对工业产品和加工、修理修配服务征收增值税，2012 年之后，逐步扩大到交通运输、邮政、电信、部分现代服务业，而对其他各种服务征收营业税，不征收增值税。

2. 特定商品增值税

特定商品增值税是只在生产与流通的某个、某些环节或只对货物与服务中的某类、某些货物或服务征收增值税。

（1）从征税范围的纵向延伸程度看，特定商品增值税是只在商品生产、批发、零售的某个环节征收增值税，而不是在所有的环节普遍征收增值税。

（2）从征税范围的横向扩展程度看，特定商品增值税是对特定的货物或部分服务征收增值税，而不是对所有的货物或服务征收增值税。

◆ 按对外购固定资产处理方式的不同分类

按对外购固定资产处理方式的不同，增值税可划分为生产型增值税、收入型增值税和消费型增值税。

1. 生产型增值税

以纳税人销售或劳务收入减去生产、经营外购原材料、燃料、动力等物质资料价值后的余额作为法定的增值额，但对购入的固定资产及其折旧均不予扣除。其增值额等于工资、租金、利息、利润及折旧之和，其内容相当于国民生产总值，因而称为生产型增值税。

此种类型增值税的法定增值额大于理论增值额，对固定资产存在重复征收税款，越是资本有机构成高的行业，重复征税就越严重。这种类型的增值税虽然不利于鼓励投资，但却可以保证财政收入。

2. 收入型增值税

收入型增值税除允许扣除外购物质资料的价值以外，对于购置用于生产、经营的固定资产，也允许将已提折旧的价值扣除。相当于国民收入，因而称为收入型增值税。

此种类型的增值税，其法定增值额与理论增值额一致，从理论上讲是一种标准的增值税，但由于外购固定资产价款是以计提折旧的方式分期转入产品价值的，且转入部分没有合法的外购凭证，故凭发票扣税的计算方法具有诸多困难，从而影响了这种方法被广泛采用。

3. 消费型增值税

消费型增值税允许将购置物质资料的价值和生产、经营所用固定资产的价值中包含的税款，在购置当期全部一次扣除。

此种类型的增值税在购进固定资产的当期因扣除额大大增加，会减少财政收入。但这种方法最宜规范凭发票扣税的计算方法，因为凭固定资产的外购发票可以一次将其已纳税款全部扣除，便于操作和管理，所以是三种类型中最先进、最能体现增值税优越性的一种。

目前，世界典型国家的增值税基本上属于消费型增值税。2009 年以前，中国实行的是生产型增值税，现行增值税则属于消费型增值税。

相关知识

◆ **我国增值税转型改革**

我国于 1979 年引进、试点增值税，1984 年第二步利改税和整个工商税制改革时正式建立，公布了《增值税条例(草案)》及其实施细则。1994 年税制改革时，增值税作为改革的重点逐步走上规范化的道路。根据国务院常务会议批准的财政部、国家税务总局提交的增值税转型改革方案，自 2009 年 1 月 1 日起，在全国范围内实施增值税转型改革。

1. 增值税转型改革的意义

增值税转型改革，允许企业抵扣其购进设备所含的增值税，消除了生产型增值税制产生的重复征税因素，降低了企业设备投资的税收负担，是一项重大的减税政策。它可以避免企业设备购置的重复征税，有利于鼓励投资和扩大内需，促进企业技术进步、产业结构调整和经济增长方式的转变。

2. 增值税转型改革方案的主要内容

自 2009 年 1 月 1 日起，在维持现行增值税税率不变的前提下，允许全国范围内(不分地区和行业)的所有增值税一般纳税人抵扣其新购进设备所含的进项税额，未抵扣完的进项税额结转下期继续抵扣。为预防出现税收漏洞，将与企业技术更新无关，且容易混为个人消费的小汽车、摩托车和游艇(应征消费税)排除在上述设备范围之外。同时，作为转型改革的配套措施，相应取消进口设备增值税免税政策和外商投资企业采购国产设备增值税退税政策，并将小规模纳税人征收率统一调低至 3%，矿产品增值税税率恢复到 17%。

3. 增值税转型改革的试点

根据国务院的部署，2004 年 7 月 1 日起，增值税转型试点首先在东北三省的装备制造业、石油化工业等八大行业进行；2007 年 7 月 1 日起，将试点范围扩大到中部六省 26 个老工业基地城市的电力业、采掘业等八大行业；2008 年 7 月 1 日起，又将试点范围扩大到内蒙古自治区东部五大盟市和四川汶川地震受灾严重地区。

除四川汶川地震受灾严重地区以外，其他试点地区实行试点办法的主要内容为：对企业新购入的设备所含进项税额，先抵减欠缴增值税，再在企业本年新增增值税的额度内抵扣，未抵扣完的进项税余额结转下期继续抵扣。

据统计，截至 2007 年年底，东北和中部转型试点地区新增设备进项税额总计 244 亿元，累计抵减欠缴增值税额和退给企业增值税额 186 亿元。试点工作运行顺利，有力地推动了试点地区经济发展、设备更新和技术改造，也为全面推开增值税转型改革积累了丰富经验。

自 2009 年 1 月 1 日起，在全国所有地区、所有行业推行消费型增值税。

4. 增值税转型改革方案的调整

（1）企业新购进设备所含进项税额不再采用退税办法，而是采取规范的抵扣办法，企业购进设备和原材料一样，按正常办法直接抵扣其进项税额。

（2）转型改革在全国所有地区推开，取消了地区和行业限制。

（3）为了保证增值税转型改革对扩大内需的积极效用，转型改革后企业抵扣设备进项税额时不再受其是否有应缴增值税增量的限制。

5. 增值税条例的修订内容

（1）允许抵扣固定资产进项税额。修订前实行生产型增值税，规定购进固定资产的进项税额不得从销项税额中抵扣，使得企业购进机器设备税负较重。为减轻企业负担，修订后的条例允许纳税人抵扣购进固定资产的进项税额，实现增值税由生产型向消费型的转换。

（2）为堵塞转型可能带来的一些税收漏洞，修订后的条例规定，与企业技术更新无关且容易混为个人消费的自用消费品（如小汽车、游艇等）所含进项税额，不得予以抵扣。

（3）降低小规模纳税人的征收率。自 1998 年起已经将小规模纳税人划分为工业和商业两类，征收率分别为 6%和 4%。考虑到增值税转型改革后，一般纳税人的增值税负担水平总体降低，为了平衡小规模纳税人与一般纳税人之间的税负水平，促进中小企业的发展和扩大就业，同时考虑到现实经济活动中，小规模纳税人混业经营十分普遍，实际征管中难以明确划分工业和商业小规模纳税人。因此，修订后的增值税条例对小规模纳税人不再设置工业和商业两档征收率，征收率统一降至 3%。

（4）将一些现行增值税政策体现到修订后的条例中。新条例补充了有关农产品和运输费用扣除率、对增值税一般纳税人进行资格认定等规定，取消了已不再执行的对来料加工、来料装配和补偿贸易所需进口设备的免税规定。

（5）为方便纳税人纳税申报，提高纳税服务水平，缓解征收大厅的申报压力，将纳税申报期限从 10 日延长至 15 日。明确了对境外纳税人如何确定扣缴义务人、扣缴义务发生时间、扣缴地点和扣缴期限的规定。

1.3 增值税的性质

要 点

增值税以增值额为课税对象，以销售额或营业额为计税依据，同时实行税款抵扣的计税方式，这一计税方式决定了增值税是属于流转税性质的税种。作为流转税，增值税同一般营业税、销售税以及对特定消费品征收的消费税有着很多共同点。

解 释

◆ **以全部流转额为计税销售额**

实行增值税的国家无论采取哪种类型的增值税，在计税方法上都是以货物或劳务的全部销售额为计税依据。与营业税、销售税以及消费税所不同的是增值税还同时实行税款抵扣制度，只对未税流转额征税。

◆ **税负具有转嫁性**

增值税无论采取价内税还是价外税形式，其税负都由最终消费者负担。价内税情况下，税收作为价格的组成部分，由购买者负担；价外税情况下，税收作为价格的附加，也由购买者负担。可见，增值税属于间接税。

◆ **按产品或行业实行比例税率，而不能采取累进税率**

增值税的作用在于广泛征集财政收入，而不是调节收入差距。因此，不必也不应采用累进税率，这一点与所得税则完全不同。

相关知识

◆ **增值税的计税原理**

增值税的计税原理是通过增值税的计税方法体现的。增值税的计税方法以每一生产经营环节上发生的货物或劳务的销售额为计税依据，然后按规定税率计算出货物或劳务的整体税负，通过税款抵扣方式将外购项目在以前环节已纳的税款予以扣除，从而完全避免了重复征税。该原理具体体现在以下三个方面。

(1) 按全部销售额计算税款，但只对货物或劳务价值中新增价值部分征税。

(2) 实行税款抵扣制度，对以前环节已纳税款予以扣除。

(3) 税款随货物的销售逐环节转移，最终消费者是全部税款的承担者。政府不直接向消费者征税，而是在生产经营的各个环节分段征收，但各个环节的纳税人并不承担增值税税款。

1.4 增值税的特点

要 点

增值税最早产生于英国，1954 年法国成功地推行增值税后，很快引起了国际上的广泛注意和效仿。1963—1973 年，欧共体成员国相继实行了增值税，此后，许多国家也进行了增值税的改革。从增值税在国际上的广泛运用可以看出，增值税是个优良的税种，它具有以下特点。

(1) 不重复征税，具有中性税收的特征。

(2) 逐环节征税，逐环节扣税，最终消费者是全部税款的承担者。

(3) 税基广阔，具有征收的普遍性和连续性。

解 释

◆ 不重复征税，具有中性税收的特征

中性税收政策是指税收对企业的经济行为包括决策、生产组织形式等不产生影响，由市场对资源配置发挥基础性、主导性作用。

增值税具有中性税收的特征，是因为增值税只对货物或劳务销售额中没有征过税的那部分增值额征税，对销售额中属于转移过来的、以前环节已征过税的那部分销售额则不再征税，有效地排除了重叠征税因素。此外，增值税税率档次少，一些国家只采取一档税率，即使采取二档税率或三档税率的，其绝大部分货物一般也都是按一个统一的基本税率征税。这不仅使得绝大部分货物的税负是一样的，而且同一货物在经历的所有生产和流通环节的整体税负也是一样的。这种情况使增值税对生产经营活动以及消费行为基本不发生影响，从而使增值税具有了中性税收的特征。

◆ 逐环节征税，逐环节扣税，最终消费者是全部税款的承担者

增值税保留了传统营业税按流转额全值计税和道道征税的特点，同时实行税款抵扣制度，即在逐环节征税的同时，还实行逐环节扣税。在这里，各环节的经营者作为纳税人只是把从买方收取的税款转缴给政府，而经营者本身并没有承担增值税税款。这样，随着各环节交易活动的进行，经营者在出售货物的同时也出售了该货物所承担的增值税税款，直到货物卖给了最终消费者时，货物在以前环节已纳的税款连同本环节的税款也一同转给了最终消费者。可见，增值税税负具有逐环节向前推移的特点，生产经营者作为纳税人，但并不是增值税的真正负担者，只有最终消费者才是全部税款的负担者。因此，一些人认为，增值税实际上是一种零售税，货物的全部税款集中于零售环节这一点上，并通过零售环节将税款转给消费者。

◆ 税基广阔，具有征收的普遍性和连续性

无论是从横向看还是从纵向看，增值税都有着广阔的税基。从生产经营的横向关系看，无论工业、商业还是劳务、服务活动，只要有增值收入就要纳税；从生产经营的纵向关系看，每一货物无论经过多少生产经营环节，都按各环节上发生的增值额逐次征税。可见，增值税具有征收的普遍性、连续性。

相关知识

◆ 增值税的作用

1. 平衡税负，促进公平竞争

增值税具有不重复征税的特点，能够彻底解决同一种货物由全能厂生产和由非全能厂生产所产生的不平衡问题。从货物看，增值税不受该货物所经历的生产经营环节多少的影响；从企业看，增值税税负的高低不受货物结构中外购协作件所占比重大小的影响。总之，一种货物无论是由几个、十几个甚至几十个企业共同完成，还是自始至终由一个企业完成，只要最终价格相同，那么该货物所负担的增值税税负也相同。

2. 保证财政收入及时、稳定地增长

增值税实行普遍征收，课税范围涉及社会的生产、流通、消费、劳务等多个生产经营领域，税基极为广阔，凡从事货物销售、提供应税劳务和进口货物的单位和个人，只要取得增值额都要缴纳增值税。增值税在货物销售或应税劳务提供的环节课征，其税款随同销售额一并向购买方收取，增值税不受生产结构、经营环节变化的影响，使收入具有稳定性。

3. 促进专业化协作生产的发展和生产经营结构的合理化

随着科学技术的广泛应用，现代工业生产分工越来越细，工艺越来越复杂，技术要求越来越高，产品通常具有高、精、尖与大批量的特点。因此，需要大力发展生产专业化、协作化。实行增值税有效地排除了按销售全额计税所造成的重复征税的弊端，使税负不受生产组织结构和经营方式变化的影响，始终保持平衡。因此，增值税不但有利于生产向专业化协作方向发展，也不影响企业在专业化基础上的联合经营，从而有利于社会生产要素的优化配置，调整生产经营结构。从商品流通来看，增值税负担不受商品流转环节多寡的影响，有利于疏通商品流通渠道，实现深购远销，搞活商品流通。

4. “奖出限入”，促进对外贸易的发展

随着世界贸易的发展，各国之间商品出口竞争日趋激烈。许多国家政府为了提高本国商品的出口竞争能力，大多对出口商品实行退税政策，使之以不含税价格进入国际市场。然而在传统间接税制下，出口商品价格所包含的税金因该商品的生产结构、经营环节不同而多寡不一，给准确退税带来了很大困难。实行增值税从根本上克服了这一弊端，因为一个商品在出口环节前缴纳的全部税与该商品在最终销售环节或出口环节的总体税负是一致的，根据最终销售额和增值税率计算出来的增值税额，也就是该商品出口以前各环节已纳的增值税之和。如果将这笔税额退还给商品出口经营者，就能做到出口退税的准确、彻底。

对于进口商品，由于按增值额设计税率，要比按“全值”征税要高，并且按进口商品的组成价格计税，将进口商品在出口国因退税或不征税给进口企业带来的经济利益转化为国家所有，不仅平衡了进口商品和国内生产商品的税负，而且有利于根据国家的外贸政策，对进出口商品实行奖励或限制，保证国家的经济权益和民族工业的发展。

5. 交叉审计，避免偷税

与增值税税款的计税方法相适应，各国都实行凭发票扣税的征收制度，通过发票把买卖双方连为一体，并形成一个有机的扣税链条。销售方销售货物开具的增值税发票既是销货方计算销项税额的凭证，又是购货方据以扣税的凭证，通过发票把货物承担的税款从一个经营环节传递到下一个经营环节，最后传递到最终消费者身上。

增值税发票使买卖双方在纳税上形成了一种利益制约关系，此关系既可避免纳税人偷税、漏税和错计税款，同时又有助于税务机关进行检查和监督。

实战训练

一、单项选择题

1. 2009 年我国增值税类型转为(　　)。

A. 生产型

B. 收入型

C. 消费型

D. 混合型

2. 下列哪种不属于增值税的类型？（　　）

A. 生产型增值税

B. 混合型增值税

C. 收入型增值税

D. 消费型增值税

二、多项选择题

1. 下列关于增值额的说法，正确的是（　　）。

A. 增值税一般不直接以增值额作为计税依据

B. 每一生产流通环节征收的增值税之和就是按货物最终销售额征收的增值税

C. 增值额是货物或劳务价值中的 $V+M$ 部分

D. 据以征税的增值额是理论上的增值额

2. 增值税可划分为生产型增值税、收入型增值税和消费型增值税，关于这三种增值税的描述中，正确的是（　　）。

A. 收入型增值税的课税基数相当于国民收入部分

B. 消费型增值税的法定增值额等于理论增值额

C. 生产型增值税的法定增值额相当于当期工资、利息、租金、利润等各增值项目之和

D. 消费型增值税允许将当期购入的固定资产价款一次全部扣除

3. 属于增值税的性质或特点的是（　　）。

A. 以全部流转额为计税销售额

B. 税基具有特定性

C. 最终消费者是全部税款的承担者

D. 实行比例税率而不能采取累进税率

三、判断题

1. 增值税是属于流转税性质的税种。（　　）

2. 利润型增值税既便于操作，也便于管理，是三种类型增值税中最先进、最能体现增值税优越性的一种类型。（　　）

3. 所谓中性税收，是指国家在设计税制时，不考虑或基本不考虑税收制度对经济的宏观调控作用，而是由市场对资源进行配置，政府不施加任何干预。（　　）

4. 造成法定增值额与理论增值额不一致的原因主要是各国在规定扣除范围时，对外购固定资产的处理办法不同。（　　）

5. 增值税的征收率仅适于小规模纳税人，不适用一般纳税人。（　　）

四、问答题

1. 增值税的特点包括哪些？

2. 增值税的作用包括哪些？

3. 增值税的计税原理具体内容有哪些？

第2章　增值税的纳税人

增值税是我国第一大税种，其收入将占我国总税收收入的一半。那么，增值税究竟应该由谁来缴纳呢？或许有的人会说企业。这样的回答并不准确。因为虽然企业是缴纳增值税的主体，但除了企业，还有个人或非企业性质的单位也有缴纳增值税的。就企业来讲，也不是所有的企业都需要缴纳增值税。实际上，只有那些从事税法规定的应缴纳增值税活动的业务的企业，才有缴纳增值税的义务。

2.1　增值税的征税范围

要　点

增值税的征税范围是增值税征税对象的具体内容和具体界限，它确定了增值税课征的目的物，即对什么征税，也即商品生产、商品流通、劳务服务中多个环节的新增价值或商品的附加值。

解　释

◆ **一般规定**

我国现行增值税征税范围一般规定：增值税征税范围包括货物的生产、批发、零售和进口四个环节，此外，加工、修理修配、交通运输、邮政业、电信业和部分现代服务也属于增值税的征税范围，除上述以外的劳务服务暂不实行增值税。凡在上述四个环节中销售货物、提供加工、修理修配劳务、交通运输、邮政业务、电信业务和部分现代服务、进口货物的，都应按规定缴纳增值税。

1. 销售货物

销售货物是指有偿转让货物的所有权。货物是指除土地、房屋和其他建筑物等一切不动产之外的有形动产，包括电力、热力和气体在内；有偿是指从购买方取得货币、货物或其他经济利益。

2. 提供加工、修理修配劳务

加工是指接收来料承做货物，加工后的货物所有权仍属于委托者的业务，即通常所说的委托加工业务。

修理修配是指受托对损伤和丧失功能的货物进行修复，使其恢复原状和功能的业务。

提供加工、修理修配劳务是指有偿提供加工、修理修配劳务。单位或个体工商户聘用的员工为本单位或雇主提供加工、修理修配劳务不包括在内。

3. 提供交通运输服务

交通运输业，是指使用运输工具将货物或者旅客送达目的地，使其空间位置得到转移的业务活动，包括陆路运输服务、水路运输服务、航空运输服务和管道运输服务。

(1) 陆路运输服务

陆路运输服务，是指通过陆路(地上或者地下)运送货物或者旅客的运输业务活动，包括铁路运输和其他陆路运输。

铁路运输服务，是指通过铁路运送货物或者旅客的运输业务活动。

其他陆路运输服务，是指铁路运输以外的陆路运输业务活动，包括公路运输、缆车运输、索道运输、地铁运输、城市轻轨运输等。

出租车公司向使用本公司自有出租车的出租车司机收取的管理费用，按陆路运输服务征收增值税。

(2) 水路运输服务

水路运输服务，是指通过江、河、湖、川等天然、人工水道或者海洋航道运送货物或者旅客的运输业务活动。

远洋运输的程租、期租业务，属于水路运输服务。

程租业务，是指远洋运输企业为租船人完成某一特定航次的运输任务并收取租赁费的业务。

期租业务，是指远洋运输企业将配备有操作人员的船舶承租给他人使用一定期限，承租期内听候承租方调遣，不论是否经营，均按天向承租方收取租赁费，发生的固定费用均由船东负担的业务。

(3) 航空运输服务

航空运输服务，是指通过空中航线运送货物或者旅客的运输业务活动。

航空运输的湿租业务属于航空运输服务。

湿租业务，是指航空运输企业将配备有机组人员的飞机承租给他人使用一定期限，承租期内听候承租方调遣，不论是否经营，均按一定标准向承租方收取租赁费，发生的固定费用均由承租方承担的业务。

航天运输服务按照航空运输服务征收增值税。

航天运输服务，是指利用火箭等载体将卫星、空间探测器等空间飞行器发射到空间轨道的业务活动。

(4) 管道运输服务

管道运输服务，是指通过管道设施输送气体、液体、固体物质的运输业务活动。

4. 提供邮政服务

邮政业，是指中国邮政集团公司及其所属邮政企业提供邮件寄递、邮政汇兑、机要通信和邮政代理等邮政基本服务的业务活动，包括邮政普遍服务、邮政特殊服务和其他邮政服务。

(1) 邮政普遍服务

邮政普遍服务，是指函件、包裹等邮件寄递，以及邮票发行、报刊发行和邮政汇兑等业务活动。

函件，是指信函、印刷品、邮资封片卡、无名址函件和邮政小包等。

包裹，是指按照封装上的名址递送给特定个人或者单位的独立封装的物品，其重量不超过 50 千克，任何一边的尺寸不超过 150 厘米，长、宽、高合计不超过 300 厘米。

(2) 邮政特殊服务

邮政特殊服务，是指义务兵平常信函、机要通信、盲人读物和革命烈士遗物的寄递等业务活动。

(3) 其他邮政服务

其他邮政服务，是指邮册等邮品销售、邮政代理等业务活动。

5. 提供电信服务

电信业，是指利用有线、无线的电磁系统或者光电系统等各种通信网络资源，提供语音通话服务，传送、发射、接收或者应用图像、短信等电子数据和信息的业务活动，包括基础电信服务和增值电信服务。

基础电信服务，是指利用固网、移动网、卫星、互联网提供语音通话服务的业务活动，以及出租或者出售带宽、波长等网络元素的业务活动。

增值电信服务，是指利用固网、移动网、卫星、互联网、有线电视网络提供短信和彩信服务、电子数据和信息的传输及应用服务、互联网接入服务等业务活动。卫星电视信号落地转接服务按照增值电信服务计算缴纳增值税。

6. 提供部分现代服务业服务

部分现代服务业，是指围绕制造业、文化产业、现代物流产业等提供技术性、知识性服务的业务活动，包括研发和技术服务、信息技术服务、文化创意服务、物流辅助服务、有形动产租赁服务、鉴证咨询服务、广播影视服务。

(1) 研发和技术服务

研发和技术服务，包括研发服务、技术转让服务、技术咨询服务、合同能源管理服务、工程勘察勘探服务。

研发服务，是指就新技术、新产品、新工艺或者新材料及其系统进行研究与试验开发的业务活动。

技术转让服务，是指转让专利或者非专利技术的所有权或者使用权的业务活动。

技术咨询服务，是指对特定技术项目提供可行性论证、技术预测、技术测试、技术培训、专题技术调查、分析评价报告和专业知识咨询等业务活动。

合同能源管理服务，是指节能服务公司与用能单位以契约形式约定节能目标，节能服务公司提供必要的服务，用能单位以节能效果支付节能服务公司投入及其合理报酬的业务活动。

工程勘察勘探服务，是指在采矿、工程施工前后，对地形、地质构造、地下资源蕴藏情况进行实地调查的业务活动。

(2) 信息技术服务

信息技术服务，是指利用计算机、通信网络等技术对信息进行生产、收集、处理、加工、存储、运输、检索和利用，并提供信息服务的业务活动，包括软件服务、电路设计及测试服务、信息系统服务和业务流程管理服务。

软件服务，是指提供软件开发服务、软件咨询服务、软件维护服务、软件测试服务的业务行为。

电路设计及测试服务，是指提供集成电路和电子电路产品设计、测试及相关技术支持服务的业务行为。

信息系统服务，是指提供信息系统集成、网络管理、桌面管理与维护、信息系统应用、基础信息技术管理平台整合、信息技术基础设施管理、数据中心、托管中心、安全服务的业务行为，包括网站对非自有的网络游戏提供的网络运营服务。

业务流程管理服务，是指依托计算机信息技术提供的人力资源管理、财务经济管理、审计管理、税务管理、金融支付服务、内部数据分析、内部数据挖掘、内部数据管理、内部数据使用、呼叫中心和电子商务平台等服务的业务活动。

(3) 文化创意服务

文化创意服务，包括设计服务、商标和著作权转让服务、知识产权服务、广告服务和会议展览服务。

设计服务，是指把计划、规划、设想通过视觉、文字等形式传递出来的业务活动，包括工业设计、造型设计、服装设计、环境设计、平面设计、包装设计、动漫设计、网游设计、展示设计、网站设计、机械设计、工程设计、广告设计、创意策划、文印晒图等。

商标和著作权转让服务，是指转让商标、商誉和著作权的业务活动。

知识产权服务，是指处理知识产权事务的业务活动，包括对专利、商标、著作权、软件、集成电路布图设计的代理、登记、鉴定、评估、认证、咨询、检索服务。

广告服务，是指利用图书、报纸、杂志、广播、电视、电影、幻灯、路牌、招贴、橱窗、霓虹灯、灯箱、互联网等各种形式为客户的商品、经营服务项目、文体节目或者通告、声明等委托事项进行宣传和提供相关服务的业务活动，包括广告代理和广告的发布、播映、宣传、展示等。

会议展览服务，是指为商品流通、促销、展示、经贸洽谈、民间交流、企业沟通、国际往来等举办或者组织安排的各类展览和会议的业务活动。

(4) 物流辅助服务

物流辅助服务，包括航空服务、港口码头服务、货运客运场站服务、打捞救助服务、货物运输代理服务、代理报关服务、仓储服务、装卸搬运服务和收派服务。

航空服务，包括航空地面服务和通用航空服务。航空地面服务，是指航空公司、飞机场、民航管理局、航站等向在境内航行或者在境内机场停留的境内外飞机或者其他飞行器提供的导航等劳务性地面服务的业务活动，包括旅客安全检查服务、停机坪管理服务、机场候机厅管理服务、飞机清洗消毒服务、空中飞行管理服务、飞机起降服务、飞行通信服务、地面信号服务、飞机安全服务、飞机跑道管理服务、空中交通管理服务等。

通用航空服务，是指为专业工作提供飞行服务的业务活动，包括航空摄影、航空培训、航空测量、航空勘探、航空护林、航空吊挂播洒、航空降雨等。

港口码头服务，是指港务船舶调度服务、船舶通信服务、航道管理服务、航道疏浚服务、灯塔管理服务、航标管理服务、船舶引航服务、理货服务、系解缆服务、停泊和移泊服务、海上船舶溢油清除服务、水上交通管理服务、船只专业清洗消毒检测服务和防止船只漏油服务等为船只提供服务的业务活动。港口设施经营人收取的港口设施保安费按照“港口码头服务”征收增值税。

货运客运场站服务，是指货运客运场站提供的货物配载服务、运输组织服务、中转换乘服务、车辆调度服务、票务服务、货物打包整理、铁路线路使用服务、加挂铁路客车服务、铁路行包专列发送服务、铁路到达和中转服务、铁路车辆编解服务、车辆挂运服务、铁路接触网服务、铁路机车牵引服务、车辆停放服务等业务活动。

打捞救助服务，是指提供船舶人员救助、船舶财产救助、水上救助和沉船沉物打捞服务的业务活动。

货物运输代理服务，是指接受货物收货人、发货人、船舶所有人、船舶承租人或船舶经营人的委托，以委托人的名义或者以自己的名义，在不直接提供货物运输服务的情况下，为委托人办理货物运输、船舶进出港口、联系安排引航、靠泊、装卸等货物和船舶代理相关业务手续的业务活动。

代理报关服务，是指接受进出口货物的收、发货人委托，代为办理报关手续的业务活动。

仓储服务，是指利用仓库、货场或者其他场所代客贮放、保管货物的业务活动。

装卸搬运服务，是指使用装卸搬运工具或人力、畜力将货物在运输工具之间、装卸现场之间或者运输工具与装卸现场之间进行装卸和搬运的业务活动。

收派服务，是指接受寄件人委托，在承诺的时限内完成函件和包裹的收件、分拣、派送服务的业务活动。收件服务，是指从寄件人收取函件和包裹，并运送到服务提供方同城的集散中心的业务活动；分拣服务，是指服务提供方在其集散中心对函件和包裹进行归类、分发的业务活动；派送服务，是指服务提供方从其集散中心将函件和包裹送达同城的收件人的业务活动。

(5) 有形动产租赁服务

有形动产租赁，包括有形动产融资租赁和有形动产经营性租赁。

有形动产融资租赁，是指具有融资性质和所有权转移特点的有形动产租赁业务活动，即出租人根据承租人所要求的规格、型号、性能等条件购入有形动产租赁给承租人，合同期内设备所有权属于出租人，承租人只拥有使用权，合同期满付清租金后，承租人有权按照残值购入有形动产，以拥有其所有权。不论出租人是否将有形动产残值销售给承租人，均属于融资租赁。

有形动产经营性租赁，是指在约定时间内将物品、设备等有形动产转让他人使用且租赁物所有权不变更的业务活动。

远洋运输的光租业务、航空运输的干租业务，属于有形动产经营性租赁。

光租业务，是指远洋运输企业将船舶在约定的时间内出租给他人使用，不配备操作人员，不承担运输过程中发生的各项费用，只收取固定租赁费的业务活动。

干租业务，是指航空运输企业将飞机在约定的时间内出租给他人使用，不配备机组人员，不承担运输过程中发生的各项费用，只收取固定租赁费的业务活动。

(6) 鉴证咨询服务

鉴证咨询服务，包括认证服务、鉴证服务和咨询服务。

认证服务，是指具有专业资质的单位利用检测、检验、计量等技术，证明产品、服务、管理体系符合相关技术规范、相关技术规范的强制性要求或者标准的业务活动。

鉴证服务，是指具有专业资质的单位，为委托方的经济活动及有关资料进行鉴证，发表具有证明力的意见的业务活动，包括会计鉴证、税务鉴证、法律鉴证、工程造价鉴证、资产评估、环境评估、房地产土地评估、建筑图纸审核、医疗事故鉴定等。

咨询服务，是指提供和策划财务、税收、法律、内部管理、业务运作和流程管理等信息或者建议的业务活动。

代理记账、翻译服务按照“咨询服务”征收增值税。

(7) 广播影视服务

广播影视服务，包括广播影视节目（作品）的制作服务、发行服务和播映（含放映，下同）服务。

广播影视节目（作品）制作服务，是指进行专题（特别节目）、专栏、综艺、体育、动画片、广播剧、电视剧、电影等广播影视节目和作品制作的服务，具体包括与广播影视节目和作品相关的策划、采编、拍摄、录音、音视频文字图片素材制作、场景布置、后期的剪辑、翻译（编译）、字幕制作、片头、片尾、片花制作、特效制作、影片修复、编目和确权等业务活动。

广播影视节目（作品）发行服务，是指以分账、买断、委托、代理等方式，向影院、电台、电视台、网站等单位和个人发行广播影视节目（作品）以及转让体育赛事等活动的报道及播映权的业务活动。

广播影视节目（作品）播映服务，是指在影院、剧院、录像厅及其他场所播映广播影视节目（作品），以及通过电台、电视台、卫星通信、互联网、有线电视等无线或有线装置播映广播影视节目（作品）的业务活动。

7. 进口货物

进口货物是指申报进入我国海关境内的货物。通常，境外产品要输入境内，必须向我国海关申报进口，并办理有关报关手续。只要是报关进口的应税货物，均属于增值税征税范围，在进口环节缴纳增值税（享受免税政策的货物除外）。

◆ 特别规定

(1) 对工业企业生产中的废品以及工业企业（含非工业企业）、商业企业的下脚料和废旧包装物等销售时，应一律按销售货物补缴增值税。

(2) 货物期货（包括商品期货和贵金属期货），在期货的实物交割环节纳税。

(3) 银行销售金银的业务应缴纳增值税。

(4) 典当业销售的死当物品，寄售商店代销的寄售物品（包括居民个人寄售的物品）应缴纳增值税。

(5) 基本建设单位和从事建筑安装业务的企业附设工厂、车间。

① 在附设工厂或车间生产的水泥预制构件、其他构件或建筑材料，凡用于本单位或本企业的建筑工程，均应视同对外销售，在移送使用环节征收增值税。

② 在建筑现场制造的预制构件，直接用于本单位或本企业建筑工程的，不征收增值税。

(6) 集邮商品（包括邮票、小型张、小本票、明信片、首日封、邮折、集邮簿、邮盘、邮票目录、护邮袋、贴片及其他集邮商品）的生产、调拨，以及邮政部门以外的其他单位与个人销售集邮商品，应征收增值税。

(7) 罚没物品根据不同情况予以不同处理。

① 执法部门和单位查处的属于一般商业部门经营的商品，具备拍卖条件的由执法部门或单位经同级财政部门同意后公开拍卖。其拍卖收入作为罚没收入，由执法部门或单位如数上缴财政的不予征税。经营单位购入拍卖物品再销售的，应照章征收增值税。

② 执法部门或单位查处的属于一般商业部门经营的罚没商品，不具备拍卖条件的，由执法部门、财政部门、国家指定的销售单位会同有关部门按质论价，交由国家指定销售单位纳入正常销售渠道变价处理。执法部门按商定价格所取得的变价收入作为罚没收入，如数上交，不予缴税。国家指定销售单位将罚没商品纳入正常销售渠道销售的，应照章缴纳增值税。

③ 执法部门或单位查处的属于专管机关管理或专管企业经营的财物，如金银（不包括金银首饰）、外币、有价证券、非禁止出口文物，应交由专管机关或专营企业收兑或收购。执法部门和单位按收兑或收购价所取得的收入作为罚没收入如数上缴财政，不予征税。专管机关或专营企业经营上述物品中属于应征增值税的货物，应照章征收增值税。

(8) 电力公司向发电企业收取的过网费，征收增值税，不征收营业税。

(9) 印刷企业接受出版单位委托，自行购买纸张，印刷有统一刊号(CN)以及采用国际标准书号编序的图书、报纸和杂志按货物销售征收增值税。

(10) 对国家管理部门行使其管理职能发放的执照、牌照和有关证书等取得的工本费收入不缴增值税。

(11) 货物的生产企业为搞好售后服务，支付给经销企业的修理费用，作为经销企业为用户提供售后服务的费用支出。对经销企业从货物的生产企业取得的"三包"收入，应按"修理修配"缴纳增值税。

(12) 缝纫，应当征收增值税。

(13) 根据国家税务总局公告 2011 年第 56 号《关于纳税人为其他单位和个人开采矿产资源提供劳务有关货物和劳务税问题的公告》的规定，自 2011 年 12 月 1 日起，纳税人提供的矿产资源开采、挖掘、切割、破碎、分拣、洗选等劳务，属于增值税应税劳务，应当缴纳增值税；纳税人提供的矿山爆破、穿孔、表面附着物（包括岩层、土层、沙层等）剥离和清理劳务，以及矿井、巷道构筑劳务，属于营业税应税劳务，应当缴纳营业税。

(14) 国家税务总局公告 2011 年第 13 号《关于纳税人资产重组有关增值税问题的公告》规定，自 2011 年 3 月 1 日起，纳税人在资产重组过程中，通过合并、分立、出售、置换等方式，将全部或者部分实物资产以及与其相关联的债权、负债和劳动力一并转让给其他单位和个人，不属于增值税的征税范围，其中涉及的货物转让，不征收增值税。

◆ **特殊行为**

1. 视同销售行为

单位或个体经营者的下列行为，视同销售货物，征收增值税。

(1) 将货物交付他人代销。

(2) 销售代销货物。

(3) 统一核算的不同机构间的货物移动（跨县、市）并用于销售。

(4) 自产或委托加工的货物用于非应税项目。

(5) 自产、委托加工或购买的货物用于投资，提供给其他单位或个体经营者。

(6) 自产、委托加工或购买的货物分配给股东或投资者。

(7) 自产或委托加工的货物用于集体福利或个人消费。

(8) 自产、委托加工或购买的货物无偿赠送他人。

上述行为视同销售征收增值税：一是为了保证增值税税款抵扣制度的实施，不致因发生上述行为而造成税款抵扣环节中断；二是避免因发生上述行为而造成货物销售税收负担不平衡，防止逃避纳税。

2. 混合销售行为

一项销售行为如果既涉及增值税应税货物又涉及非增值税应税劳务，即为混合销售行为。

纳税人的下列混合销售行为，应当分别核算货物的销售额和非增值税应税劳务的营业额，并根据其销售货物的销售额计算缴纳增值税，非增值税应税劳务的营业额不缴纳增值税；未分别核算则由主管税务机关核定其货物的销售额。

如纳税人销售林木以及销售林木的同时提供林木管护劳务的行为，属于增值税征收范围；纳税人单独提供林木管护劳务行为，属于营业税征收范围，其取得的收入中，属于提供农业机耕、排灌、病虫害防治、植保劳务收入部分，免征营业税；属于其他收入部分，照章征收营业税。

3. 兼营非应税劳务行为

兼营非应税项目是指纳税人既经营货物销售，又提供营业税应税劳务，但销售货物或应税劳务不同时发生在同一购买者身上，且所从事的劳务与某一项销售货物或加工修理修配劳务并无直接的联系或从属关系。《增值税暂行条例实施细则》规定，纳税人兼营非增值税应税项目的，应分别核算不同货物或应税劳务和非应税项目的销售额，对货物和应税劳务的销售额征收增值税，对非应税劳务的销售额征收营业税。未分别核算的，其应税劳务与货物或应税劳务一并征收增值税。

混合销售与兼营销售，两者既有相同的方面，又有明显的区别。两种行为的经营范围都有销售货物和提供劳务这两类经营项目。但混合销售强调的是在同一销售行为中存在两类经营项目的混合，销售货款及劳务价款是同时从一个购买方取得的。兼营强调的是在同一纳税人的经营活动中存在着两类经营项目，但是这两类经营项目不在同一销售行为中发生，即销售货物和应税劳务不是同时发生在同一购买者身上。

从税务处理上来说，混合销售的纳税原则按“经营主业”划分，经营主业的认定为年营业额或货物销售额超过50%的，只征收一种税。经营主业如纳增值税，则混合销售纳增值税；经营主业如纳营业税，则混合销售纳营业税。而兼营的纳税原则为：分别核算、分别征税，即对销售货物或应税劳务的销售额征收增值税；对提供非增值税的服务业务征收营业税。

4. 代购货物行为

凡代购货物行为，如果同时具备以下条件的不征收增值税，如果不同时具备以下条件的(无论会计制度规定如何核算)均征收增值税。

(1) 受托方不垫付资金。

(2) 销货方将发票开具给委托方，并由受托方将该项发票转交给委托方。

(3) 受托方按销售方实际收取的销售额和增值税额与委托方结算货款，并另外收取手续费。

代理进口货物的行为，属于代购货物行为，应按增值税代购货物的征税规定来执行。

5. 视同提供应税服务行为

单位和个体工商户的下列情形，视同提供应税服务：

(1) 向其他单位或者个人无偿提供交通运输业、邮政业、电信业和部分现代服务业服务,但以公益活动为目的或者以社会公众为对象的除外;

(2) 财政部和国家税务总局规定的其他情形。

航空运输企业的政策规定:航空运输企业提供的旅客利用里程积分兑换的航空运输服务,不征收增值税;航空运输企业根据国家指令无偿提供的航空运输服务,属于《交通运输业和部分现代服务业营业税改征增值税试点实施办法》第十一条规定的以公益活动为目的的服务,不征收增值税。

2.2 增值税的纳税人

要 点

纳税人又称为纳税义务人。根据《增值税暂行条例》的规定,凡在中华人民共和国境内销售货物或者提供加工、修理修配劳务、应税服务以及进口货物的单位和个人,为增值税的纳税人。显然,从事属于上述增值税征收范围的行为的单位和个人,都是增值税的纳税义务人。

解 释

◆ **单位**

单位是指一切从事销售或进口货物、提供应税劳务的单位,包括企业、行政单位、事业单位、军事单位、社会团体及其他单位。

◆ **个人**

凡从事销售或进口货物、提供应税劳务的个人均属增值税纳税义务人,包括个体工商户和其他个人。

◆ **承租人和承包人**

单位租赁或者承包给其他单位或者个人经营的,以承租人或者承包人为纳税人。

◆ **提供应税服务的承租人、承包人和挂靠人**

单位以承包、承租、挂靠方式经营的,承包人、承租人、挂靠人(以下称承包人)以发包人、出租人、被挂靠人(以下称发包人)名义对外经营并由发包人承担相关法律责任的,以该发包人为纳税人。否则,以承包人为纳税人。

◆ **进口货物的收货人或办理报关手续的单位和个人**

对代理进口货物,以海关开具的完税凭证上的纳税人为增值税纳税人,即对报关进口货物,凡是海关的完税凭证开具给委托方的,对代理方不征增值税;凡是海关的完税凭证开具给代理方的,对代理方应按规定征收增值税。

◆ **扣缴义务人**

境外的单位或个人在境内销售应税劳务和应税服务而境内未设有经营机构的，其应纳税款以代理人为扣缴义务人；没有代理人的，以购买者为扣缴义务人。

2.3 增值税一般纳税人与小规模纳税人

要 点

由于增值税纳税人数量众多，经营规模、管理水平差异很大，为了便于提高税收管理的有效性，降低税收成本，在实际工作中，按经营规模和会计核算健全标准将增值税纳税人划分为一般纳税人和小规模纳税人，并实行不同的计税方法和征管要求。衡量企业规模的大小一般以年销售额为依据，现行增值税制度就是以纳税人年销售额的大小和会计核算水平这两个标准为依据来划分的。

解 释

◆ **增值税一般纳税人的认定**

1. 增值税一般纳税人的认定范围

增值税一般纳税人资格认定条件有以下两类。

(1) 增值税纳税人，年应税销售额超过财政部、国家税务总局规定的小规模纳税人标准的，除特殊规定外，应当向主管税务机关申请一般纳税人资格认定。

年应税销售额是指纳税人在连续不超过 12 个月的经营期内（含未取得销售收入的月份）累计应征增值税销售额，包括稽查查补销售额、纳税评估调整销售额、纳税申报销售额、税务机关代开发票销售额和免税销售额。

按"营改增"有关规定，在确定销售额时可以差额扣除的试点纳税人，其应税服务年销售额按未扣除之前的销售额计算。

特殊规定是指不办理一般纳税人资格认定的纳税人，具体情况如下。

销售货物或者提供加工、修理修配劳务的纳税人，具体包括以下几个方面。

① 个体工商户以外的其他个人，即自然人。

② 选择按照小规模纳税人纳税的非企业性单位，即行政单位、事业单位、军事单位、社会团体和其他单位。

③ 选择按照小规模纳税人纳税的不经常发生应税行为的企业，即非增值税的纳税人。

提供应税服务的营业税改征增值税试点纳税人，具体包括以下几个方面。

① 应税服务年销售额超过规定标准的其他个人，即自然人。

② 选择按照小规模纳税人纳税的不经常提供应税服务的非企业性单位，即行政单位、事业单位、军事单位、社会团体和其他单位。

③ 选择按照小规模纳税人纳税的不经常提供应税服务的企业和个体工商户，即非增值税的纳税人。

(2) 年应税销售额未超过财政部、国家税务总局规定的小规模纳税标准以及新开业的纳税人,可以向主管税务机关申请一般纳税人资格认定。

对提出申请并且同时符合下列条件的纳税人,主管税务机关应当为其办理一般纳税人资格认定。

① 有固定的生产经营场所。

② 能够按照国家统一的会计制度规定设置账簿,根据合法、有效凭证核算,能够提供准确的税务资料。

2. 申请认定权限

纳税人应当向其机构所在地主管税务机关申请一般纳税人资格认定。

一般纳税人资格认定的权限,属于在县(市、区)国家税务局或者同级别的税务分局。

3. 办理一般纳税人资格的认定程序

按现行政策,申请一般纳税人资格认定的纳税人,要经过申请、资料审核、实地查验、审核批准等程序,商业企业需要约谈程序,实地查验的范围和方法由省级税务机关确定。办理一般纳税人资格认定程序具体如下。

(1) 纳税人年应税销售额超过财政部、国家税务总局规定的小规模纳税人标准的,办理一般纳税人资格认定的程序如下。

① 纳税人应当在申报期结束后40日(工作日,下同)内向主管税务机关报送《增值税一般纳税人申请认定表》,申请一般纳税人资格认定。

② 认定机关应当在主管税务机关受理申请之日起20日内完成一般纳税人资格认定,并由主管税务机关制作并送达《税务事项通知书》,告知纳税人。

③ 纳税人未在规定期限内申请一般纳税人资格认定的,主管税务机关应当在规定期限结束后20日内制作并送达《税务事项通知书》,告知纳税人。

纳税人符合不办理一般纳税人资格认定纳税人规定的,应在收到税务事项通知书后10日内向主管税务机关报送《不认定增值税一般纳税人申请表》,经认定机关批准后不办理一般纳税人资格认定。认定机关应在主管税务机关受理申请之日起20日内批准完毕,并由主管税务机关制作并送达《税务事项通知书》,告知纳税人。

④ 主管税务机关应在一般纳税人《税务登记证》副本"资格认定"栏内加盖"增值税一般纳税人"戳记。

(2) 年应税销售额未超过财政部、国家税务总局规定的小规模纳税人标准的纳税人以及新开业的纳税人,办理一般纳税人资格认定的程序如下。

① 纳税人应当向主管税务机关填报《增值税一般纳税人申请认定表》,并提供下列资料。

➢《税务登记证》副本。

➢ 财务负责人和办税人员的身份证明及复印件。

➢ 会计人员的从业资格证明或者与中介机构签订的代理记账协议及复印件。

➢ 经营场所产权证明或者租赁协议,或者其他可使用场地证明及复印件。

➢ 国家税务总局规定的其他有关资料。

② 主管税务机关应当当场核对纳税人的申请资料,经核对一致且申请资料齐全、符合

填列要求的，当场受理，制作《文书受理回执单》并将有关资料的原件退还纳税人。

对申请资料不齐全或者不符合填列要求的，应当当场告知纳税人需要补正的全部内容。

③ 主管税务机关受理纳税人申请以后，可以根据需要进行实地查验，并制作查验报告。查验报告由纳税人法定代表人（负责人或者业主）、税务查验人员共同签字（签章）确认。

实地查验时，应当有两名或者两名以上税务机关工作人员同时到场。

实地查验的范围和方法由各省税务机关确定并报国家税务总局备案。

④ 认定机关应当自主管税务机关受理申请之日起 20 日内完成一般纳税人资格认定，将由主管税务机关制作的《税务事项通知书》送达并告知纳税人。

⑤ 主管税务机关应当在一般纳税人《税务登记证》副本"资格认定"栏内加盖"增值税一般纳税人"戳记。

4. 一般纳税人的认定管理

纳税人自认定机关认定为一般纳税人的次月起（新开业纳税人自认定机关认定为一般纳税人的当月起），按照税法的有关规定计算应纳税额，并按照规定领购、使用增值税专用发票。

除国家税务总局另有规定外，纳税人经认定为一般纳税人后，不得转为小规模纳税人。

主管税务机关可以在一定期限内对新认定为一般纳税人的小型商贸批发企业及国家税务总局规定的其他一般纳税人实行纳税辅导期管理。

新认定为一般纳税人的小型商贸批发企业实行纳税辅导管理的期限为 3 个月，纳税辅导期自主管税务机关制作《税务事项通知书》的当月起执行；其他一般纳税人实行纳税辅导管理的期限为 6 个月，纳税辅导期自主管税务机关制作《税务事项通知书》的次月起执行。

新开业的符合一般纳税人条件的企业，应在办理税务登记的同时申请办理一般纳税人认定手续。税务机关对其（非商贸企业）预计年应税销售额超过小规模企业标准的一般纳税人，其开业后的实际年应税销售额未超过小规模纳税人标准的，应重新申请办理一般纳税人认定手续。

年应税销售额未超过标准的商业企业以外的其他小规模企业，会计核算健全，能准确核算并提销项税额、进项税额的，可申请办理一般纳税人认定手续。

纳税人总分支机构实行统一核算，其总机构年应税销售额超过小规模企业标准，但分支机构是商业企业以外的其他企业，年应税销售未超过小规模企业标准的，其分支机构可申请办理一般纳税人认定手续。在办理认定手续时，须提供总机构所在地主管税务机关批准其总机构为一般纳税人的证明（总机构申请认定表的影印件）。

由于销售免税货物不得开具增值税专用发票，因而所有销售免税货物的企业都不办理一般纳税人认定手续。

增值税纳税人（以下简称纳税人）年应税销售额超过财政部、国家税务总局规定的小规模纳税人标准的，纳税人应当在申报期结束后 40 日（工作日，下同）内向主管税务机关报送《增值税一般纳税人申请认定表》，申请一般纳税人资格认定。纳税人未在规定期限内申请一般纳税人资格认定的，主管税务机关应当在规定期限结束后 20 日内制作并送达《税务事项通知书》，告知纳税人。

对于被认定为增值税一般纳税人的企业，由于其可以使用增值税专用发票，并实行税款抵扣制度。因此,必须对一般纳税人加强管理,进行税务检查。根据1995年1月国家税务总局《关于加强增值税征收管理工作的通知》的规定,一般纳税人如果违反增值税专用发票使用规定的,税务机关应按《中华人民共和国税收征收管理法》和《中华人民共和国发票管理办法》的有关规定处罚;对会计不健全,不能向税务机关提供准确税务资料的,停止其抵扣进项税额,取消其增值税专用发票使用权;对某些年销售额在一般纳税人规定标准以下的,如限期还不纠正,则取消其一般纳税人资格,按小规模纳税人的征税规定征税;纳税人在停止抵扣进项税额期间所购进货物或应税劳务的进项税额,不得结转到经批准准许抵扣进项税额时抵扣。

为了加强对加油站成品油销售的增值税征收管理,从2002年1月1日起,对从事成品油销售的加油站,无论其年应税销售额是否超过180万元,一律按增值税一般纳税人征税。

为加强增值税一般纳税人(以下简称一般纳税人)的管理,在一般纳税人年审和临时一般纳税人转为一般纳税人过程中,对已使用增值税防伪税控系统但年应税销售额未达到规定标准的一般纳税人,如会计核算健全,且未有下列情形之一者,不取消其一般纳税人资格。

① 虚开增值税专用发票或者有偷、骗、抗税行为。

② 连续3个月未申报或者连续6个月纳税申报异常且无正当理由。

③ 不按规定保管、使用增值税专用发票、税控装置,造成严重后果。

上述一般纳税人在年审后的1个年度内,领购增值税专用发票应限定为千元版(最高开票限额1万元),个别确有需要经严格审核可领购万元版(最高开票限额10万元)的增值税专用发票,月领购增值税专用发票份数不得超过25份。

根据《国家税务总局关于增值税一般纳税人认定有关问题的通知》(国税函〔2008〕1079号)的规定,新修订的《增值税暂行条例实施细则》降低了小规模纳税人标准(以下称新标准),自2009年1月1日起实施。目前,国家税务总局正在制定增值税一般纳税人认定管理的具体办法,在该办法颁布之前,为保证新标准的顺利执行,增值税一般纳税人认定工作暂按以下原则办理。

① 现行增值税一般纳税人认定的有关规定仍继续执行。

② 2008年应税销售额超过新标准的小规模纳税人向主管税务机关申请一般纳税人资格认定的,主管税务机关应按照现行规定为其办理一般纳税人认定手续。

③ 2009年应税销售额超过新标准的小规模纳税人,应当按照《增值税暂行条例》及其实施细则的有关规定向主管税务机关申请一般纳税人资格认定。未申请办理一般纳税人资格认定手续的,应按销售额依照增值税税率计算应纳税额,不得抵扣进项税额,也不得使用增值税专用发票。

④ 年应税销售额未超过新标准的小规模纳税人,可以按照现行规定向主管税务机关申请一般纳税人资格认定。

◆ 增值税小规模纳税人的认定

1. 增值税小规模纳税人的认定范围

小规模纳税人是指年销售额在规定标准以下,并且会计核算不健全,不能按规定报送有关税务资料的增值税纳税人。会计核算不健全是指不能正确核算增值税的进项税额、销项税额和应纳税额。

对小规模纳税人的界定如下：

（1）从事货物生产或者提供应税劳务的纳税人，以及以从事货物生产或者提供应税劳务为主，并兼营货物批发或者零售的纳税人，年应征增值税销售额（以下简称应税销售额）在50万元以下的。

（2）其他纳税人，年应税销售额在80万元（含）以下的。

（3）年应税销售额超过小规模纳税人标准的其他个人按小规模纳税人纳税；非企业性单位、不经常发生应税行为的企业视同小规模纳税人纳税。

自2013年5月1日起，旅店业和饮食业纳税人销售非现场消费的食品，属于不经常发生增值税应税行为，可以选择按小规模纳税人缴纳增值税。

营改增对小规模纳税人的界定如下：

（1）应税服务年销售额满500万元的（包括试点纳税人）纳税人（按照现行营业税规定差额征收营业税的试点纳税人，其应税服务营业额按未扣除之前的营业额计算）；

（2）应税服务年销售额超过规定标准的其他个人按小规模纳税人纳税；不经常提供应税服务的非企业性单位、企业和个体工商户可选择按照小规模纳税人纳税。

2．增值税小规模纳税人的认定管理

小规模纳税人按简易办法征收增值税，一般不使用增值税专用发票。

（1）基层税务机关应加强对小规模生产企业财会人员的培训，帮助其建立企业账簿。小规模企业有会计、有账册，能够正确计算进项税额、销项税额和应纳税额，并能按规定报送有关税务资料，年应税销售额不低于30万元，则可以认定为增值税一般纳税人。

（2）没有条件设置专职会计人员的小规模企业，在纳税人自愿并配有本单位兼职会计人员的前提下，可采取以下措施，使兼职人员尽快独立工作，进行会计核算。

① 税务机关帮助小规模企业从税务咨询机构、税务师事务所等聘请会计人员建账、核算。

② 税务机关组织从事过财会业务，有一定工作经验，政治上可靠，遵纪守法的离、退休会计人员，帮助小规模企业建账、核算。

③ 在职会计人员经所在单位同意及主管税务机关批准，也可以到小规模企业兼任会计。

（3）小规模企业可以单独聘请会计人员，也可以几个企业联合聘请会计人员。

◆ 新办商贸企业一般纳税人的分类管理

（1）对新办小型商贸企业改变以前按照预计年销售额认定增值税一般纳税人的办法。新办小型商贸企业必须自税务登记之日起，1年内实际销售额达到80万元，方可申请一般纳税人资格认定。新办小型商贸企业在认定为一般纳税人之前一律按照小规模纳税人管理。

（2）1年内销售额达到80万元以后，税务机关对企业申报材料以及实际经营、申报缴税情况进行审核评估，确认无误后方可认定为一般纳税人，并相继实行纳税辅导期管理制度（以下简称辅导期一般纳税人管理）。辅导期结束后，经主管税务机关审核同意可转为正式一般纳税人，按照正常的一般纳税人管理。

(3) 对设有固定经营场所和拥有货物实物的新办商贸零售企业，注册资金在500万元以上、人员在50人以上的新办大中型商贸企业，提出一般纳税人资格认定申请的，经主管税务机关案头审核、法定代表人约谈和实地查验，确认符合规定条件的，可直接认定为一般纳税人，不实行辅导期一般纳税人管理。对具有一定经营规模、拥有固定的经营场所，有相应的经营管理人员，有货物购销合同或书面意向，有明确的货物购销渠道(供货企业证明)，预计年销售额可达80万元以上的新办商贸企业，经主管税务机关审核，可直接认定其为一般纳税人，实行辅导期一般纳税人管理。

◆ 新办商贸企业一般纳税人资格认定的审批管理

对申请一般纳税人资格认定的新办商贸企业，主管税务机关应严格按照一般纳税人认定标准、程序对申请资料进行审核。要与有关人员进行约谈并且派专人(2人以上)实地查验。未经实地查验或查验情况与申请资料不符的，不得认定为一般纳税人。

(1) 案头审核：对商贸企业一般纳税人资格认定申请全部资料进行认真审核，审核其资料是否齐全准确。

(2) 约谈：约谈的根本目的是通过与约谈对象的直接交流，了解印证纳税人的相关情况，以确认其是否为正常经营户。与企业法定代表人约谈，应着重了解企业登记注册情况、企业章程、组织结构、决策的程序、管理层的情况、经营范围及经营状况等企业的整体情况。与企业出资人约谈，应着重了解出资人与企业经营管理方面的关系。与主管财务人员约谈，应着重了解企业的银行账户情况、企业注册资金及经营资金情况、销售收入情况、财务会计核算情况、纳税申报和实际缴税情况。与销售、采购、仓储运输等相关业务主管人员约谈，了解企业购销业务的真实度。对于约谈的内容，要做好记录，并由参与约谈的人员签字。

(3) 实地查验：实地查验是印证评估疑点和约谈内容的重要过程。实地查验时需两名(或两名以上)税务人员同时到场。查验内容包括营业执照和税务登记证、企业经营场所的所有权或租赁证明、原材料和商品的出入库单据、运费凭据、水电等费用凭据、法定代表人和主要管理人员身份证明、财务人员的资格证明、银行存款证明、有关机构的验资报告、购销合同原件及公证资料、资金往来账等。在实地查验中，要认真核实区分商业零售企业、大中型商贸企业、小型商贸企业和生产企业，除按照上述查验内容全面核查外，对生产企业要特别检查有无生产厂房、设备等必备的生产条件；对商贸零售企业要特别检查有无固定经营场所和拥有货物实物；对大中型商贸企业要特别核实注册资金、银行存款证明、银行账户及企业人数。

◆ 辅导期的一般纳税人管理

对新办小型商贸企业和取得一般纳税人资格的营改增企业发生增值税偷税、骗取出口退税和虚开增值税扣税凭证等行为，可实行纳税辅导期管理。一般纳税人的纳税辅导期一般应不少于6个月。在辅导期内，主管税务机关应积极做好增值税税收政策和征管制度的宣传辅导工作，同时按以下办法对其进行增值税征收管理。

对小型商贸企业，主管税务机关应根据约谈和实地核查的情况对其限量限额发售增值税专用发票，其增值税防伪税控开票系统最高开票限额不得超过1万元。增值税专用发票的领购实行按次限量控制，主管税务机关可根据企业的实际年销售额和经营情况确定每次的增值税专用发票供应数量，但每次发售增值税专用发票数量不得超过25份。

对商贸零售企业和大中型商贸企业，主管税务机关也应根据企业实际经营情况对其限量限额发售增值税专用发票，其增值税防伪税控开票系统最高开票限额由相关税务机关按照现行规定审批。增值税专用发票的领购也实行按次限量控制，主管税务机关可根据企业的实际经营情况确定每次的供应数量，但每次发售增值税专用发票数额不得超过25份。

企业按次领购数量不能满足当月经营需要的，可以再次领购，但每次增购前必须依据上一次已领购并开具的增值税专用发票销售额的3%向主管税务机关预缴增值税，未预缴增值税税款的企业，主管税务机关不得向其增售增值税专用发票。

预缴的增值税可在本期增值税应纳税额中抵减，抵减后预缴增值税仍有余额的，应于下期增购增值税专用发票时，按次抵减。纳税人发生预缴税款抵减的，应自行计算需抵减的税款并向主管税务机关提出抵减申请。主管税务机关接到申请后，经审核，纳税人缴税和增值税专用发票发售情况无误，且纳税人预缴增值税余额大于本次预缴增值税的，不再预缴税款，可直接发售增值税专用发票；纳税人本次预缴增值税大于预缴增值税余额的，应按差额部分预缴后再发售增值税专用发票。主管税务机关应在纳税人辅导期结束后的第一个月内，一次性退还纳税人因增购增值税专用发票发生的预缴增值税余额。

对每月第一次领购的增值税专用发票在月末尚未使用的，主管税务机关在次月发售增值税专用发票时，应当按照上月未使用增值税专用发票份数相应核减其次月增值税专用发票供应数量。

对每月最后一次领购的增值税专用发票在月末尚未使用的，主管税务机关在次月首次发售增值税专用发票时，应当按照每次核定的数量与上月未使用增值税专用发票份数相减后发售差额部分。

在辅导期内，商贸企业取得的增值税专用发票抵扣联、海关进口增值税专用缴款书和废旧物资普通发票以及货物运输发票要在交叉稽核比对无误后，方可予以抵扣。

企业在次月进行纳税申报时，按照一般纳税人计算应纳税额方法计算申报增值税。如预缴增值税税额超过应纳税额的，经主管税务机关评估核实无误，多缴税款可在下期应纳税额中抵减。

◆ **转为正式一般纳税人的审批**

纳税辅导期达到6个月后，主管税务机关应对商贸企业进行全面审查，对同时符合以下条件的，可认定为正式一般纳税人：① 纳税评估的结论正常；② 约谈、实地查验的结果正常；③ 企业申报、缴纳税款正常；④ 企业能够准确核算进项、销项税额，并正确取得和开具增值税专用发票和其他合法的进项税额抵扣凭证。

凡不符合上述条件之一的商贸企业，主管税务机关可延长其纳税辅导期或者取消其一般纳税人资格。

◆ **转为正式一般纳税人的管理**

商贸企业结束辅导期转为正式一般纳税人后，原则上其增值税防伪税控开票系统最高限额不得超过1万元，对辅导期内实际销售额在300万元以上并且足额缴纳了税款的，经审核批准，可开具金额在10万元以下的增值税专用发票。对于只开具金额在1万元以下增值税专用发票的小型商贸企业，如有大宗货物交易，可凭国家公证部门公证的货物交易合同，经主管税务机关审核同意，适量开具金额在10万元以下增值税专用发票，以满足该宗交易的需要。

大中型商贸企业结束辅导期转为正式一般纳税人后，其增值税防伪税控开票系统最高限额由相关税务机关根据企业实际经营情况按照现行规定审核批准。

相关知识

◆ 一般纳税人与小规模纳税人的区别

一般纳税人和小规模纳税人在增值税的纳税处理上应区别对待，但在计税销售额的确定和进口货物应纳税额计算方向是一致的。

一般纳税人和小规模纳税人的不同表现在以下两个方面。

(1) 小规模纳税人销售货物或者提供应税劳务，只能使用普通发票，不得使用增值税专用发票。一般纳税人除销售给消费者和免税项目使用普通发票外，其他的都使用增值税发票。

(2) 小规模纳税人不实行规范化的抵扣办法，一般纳税人则实行规范化税款的抵扣办法。

◆ 小规模纳税人向一般纳税人的转变

小规模纳税人会计核算健全，能够提供准确税务资料的，可以向主管税务机关申请资格认定，不作为小规模纳税人，依照《增值税暂行条例》有关一般纳税人增值税应纳税额计算的规定计算应纳税额。会计核算健全是指能够按照国家统一的会计制度规定设置账簿，根据合法、有效凭证核算。

◆ 一般纳税人的特别处理

有下列情形之一者，应按销售额依照增值税税率计算应纳税额，不得抵扣进项税额，也不得使用增值税专用发票。

(1) 一般纳税人会计核算不健全，或者不能够提供准确税务资料的。

(2) 除《增值税暂行条例实施细则》第二十九条所规定的可选择按小规模纳税人纳税外，纳税人销售额超过小规模纳税人标准，未申请办理一般纳税人认定手续的。

实例详解

【例 2-1】 某企业是从事儿童玩具生产和销售的企业，该企业年销售额达到100万元，该企业认为自己已经符合增值税一般纳税人的条件，因此，属于一般纳税人，请问这种理解是否正确?

【分析】 仅从销售额来看，该企业已经达到了增值税一般纳税人的条件，但是，企业并不能自动取得增值税一般纳税人的资格。企业如果要成为增值税一般纳税人，必须向当地税务机关申请，经税务机关认定以后，才能成为增值税一般纳税人，否则应当按照增值税小规模纳税人对待。

实战训练

一、单项选择题

1. 下列选项中,应征收增值税的是(　　)。

A. 饮食业举办的啤酒屋销售生产的啤酒

B. 邮政部门的报刊发行费

C. 执行所预定火车票的手续费

D. 典当业销售死当物品

2. 下列行为中不属于视同销售行为的是(　　)。

A. 企业销售代销货物

B. 企业将货物交付他人代销

C. 企业将外购的汽车用于分红

D. 企业将外购的汽车发给职员福利

3. 下列混合销售行为中,应当征收增值税的是(　　)。

A. 零售商店销售家具并有偿送货上门

B. 电信部门销售移动电话并为客户有偿提供电信服务

C. 装潢公司包工包料装修房屋

D. 饭店销售酒水并提供餐饮服务

4. 某服装厂受托加工一批工作服,衣料由某企业提供并支付加工费 5 600 元,增值税由(　　)缴纳。

A. 服装厂

B. 企业

C. 服装厂代扣代缴

D. 企业代扣代缴

5. 销售货物是指有偿转让货物的所有权,而对于税法规定的视同销售行为而言,货物的转让(　　)。

A. 是无偿的

B. 是有偿的

C. 有的有偿,有的无偿

D. 以上说法均不正确

二、多项选择题

1. 下列销售行为中不征或免征增值税的有(　　)。

A. 销售自产农产品

B. 百货公司销售邮票

C. 销售金银

D. 销售商品房

2. 应当征收增值税的混合销售行为有(　　)。

A. 家电城销售家电并有偿送货到家

B. 企业生产防盗门并负责安装

C. 医疗器械厂销售医疗器械并提供医疗服务

D. 电信部门销售电话并提供电信服务

3. 下列单位和个人可以成为增值税一般纳税人的有(　　)。

A. 小规模生产企业

B. 个体工商户

C. 小规模商业企业

D. 经常发生增值税应税行为,并且符合一般纳税人条件的非企业性单位

4. 下列各项中可以视同销售货物并计算销项税额的是(　　)。

A. 企业将自产的货物作为福利发给个人

B. 企业将自产的货物作为礼品赠送给客户

C. 企业将部分外购的生产用水泥用于扩建厂房

D. 企业将自产的货物作为投资,提供给其他单位或个体经营者

5. 单位或者个体工商户的下列行为,视同销售货物的是(　　)。

A. 将自产或委托加工的货物用于非增值税应税项目

B. 设有两个以上机构并实行统一核算的纳税人,将货物从一个机构移送其他机构用于销售,但相关机构设在同一县(市)的除外

C. 将自产、委托加工或购进的货物用于集体福利或者个人消费

D. 将自产、委托加工或购进的货物无偿赠送其他单位或者个人

三、判断题

1. 增值税一般纳税人兼营不同税率的货物或者应税劳务未分别核算销售额的,由主管税务机关分别核定销售额征税。(　　)

2.《中华人民共和国增值税暂行条例》所说的货物是指有形资产,不包括固定资产和流动资产。(　　)

3. 通常情况下,纳税人一经认定为一般纳税人后,不得再转为小规模纳税人。(　　)

4. 凡从事销售或进口货物、提供应税劳务的个人均属增值税纳税义务人。(　　)

5. 小规模纳税人实行简易办法征收增值税,一般不使用增值税专用发票。(　　)

四、问答题

1. 哪些行为视同销售行为,应当征收增值税?

2. 不办理一般纳税人资格认定的纳税人都包括哪些?

3. 增值税征税对象具体内容和具体界限的一般规定是什么?

第3章　增值税的计算

我国现行的增值税实行凭增值税专用发票抵扣税款的制度。其基本计税公式为：

应纳税额＝销项税额－进项税额

销项税额＝销售额×税率

其中，销项税额指纳税人销售货物或者应税劳务，按照销售额和条例规定的税率计算并向购买方收取的增值税额。

进项税额是指纳税人购进货物或者接受应税劳务所支付或者负担的增值税税额。通常就是增值税专用发票上注明的税额。

销售额是指应税销售额。

因此，增值税的计算取决于三个因素：应税销售额、税率和进项税额。

3.1　增值税的税率

要　点

税率是应纳税额与计税依据的比率，体现国家征税的强度。目前，我国增值税采取了基本税率增设一档低税率的模式，这是因为对某些货物还要通过征收消费税，使其来承担税收负担的特殊条件功能。因此，无须设置高税率。

解　释

◆ **增值税税率的设计原理**

增值税税率按照货物的整体税负设计，用应税货物的销售额乘以增值税税率，即该货物在这一环节所负担的全部增值税税额(包括本环节的应纳税额及以前环节的已纳税额)。其公式表示为：

增值税税率＝(货物在本环节的应纳税额＋以前环节的已纳税额)÷货物在本环节的销售额×100%

根据应税货物的销售额和增值税税率，可计算出该项货物到本环节为止所应承担的全部税额。从全部税额中减去以前环节已纳的税额就是该货物在本环节新增价值部分所承担的税额。这种设计税率的方法以及从全部应纳税额中扣除以前环节已纳税额的计税方式，既保证了财政收入，又彻底排除了重复征税，使增值税成为一种全新的流转税。

◆ 增值税税率的确定原则

我国现行增值税税率设计主要遵循以下四个方面的原则。

(1) 简化税率,体现增值税中性和简便的要求。

(2) 兼顾大多数纳税人的负担能力和财政需要。增值税以取得财政收入为主要目的,以货物购买者、劳务承受人为税负归宿。因此,增值税税率的设计,应正确兼顾需要与可能这两个方面。

(3) 体现国家的经济政策。在市场经济条件下,保持增值税中性的同时,可在一定范围内通过高低税率的设计,体现国家一定时期的社会经济政策,但其范围不宜过宽。

(4) 有利于增值税税款抵扣制的推行。增值税应纳税额为销项税金减进项税金,进项税金可凭发票注明税款进行抵扣。因此,增值税税率的档次不宜过多,税率差距不宜过大,以免出现大面积的"高征低扣"或企业因销项税额小于进项税额,导致部分销项税额不足抵扣的现象。

◆ 增值税税率的设定类型

从世界各国设置增值税税率的情况看,一般包括以下几种类型。

(1) 基本税率

基本税率也称标准税率,是各个国家根据本国生产力发展水平、历史流转税税负水平、财政政策的需要、消费者的承受能力等所确定的,适用于绝大多数货物和应税劳务的税率。

(2) 低税率

低税率是对基本生活用品和劳务所确定的适用税率。根本目的是鼓励某些货物或劳务的消费,或照顾消费者的利益,保证消费者对基本生活用品的消费。各国对低税率货物和劳务的选择具有一致性,一般都是对属于生活必需品的货物和劳务实行低税率,并将实行低税率的货物和劳务在税制中单独列举品目。通常,采用低税率的货物和劳务不宜过多,否则会影响增值税发挥其应有的作用。

(3) 高税率

高税率是对奢侈品、非生活必需品或劳务所确定的适用税率。高税率是为了发挥增值税的宏观调控作用,限制某些货物和劳务的消费,增加财政收入。各国对高税率货物和劳务的选择也具有一致性并在税制中单独列举,并且采用高税率的货物和劳务也不宜过多。

(4) 零税率

零税率主要针对出口货物。

除了对出口货物实施的零税率,一般来说,实行增值税的国家凡采取两档税率的,大都是一个基本税率,一个低税率;凡采取三档税率的,大都是一个基本税率,一个低税率和一个高税率;或者是一个基本税率,两个低税率;有少数国家采用三档以上的税率。近些年采用单一税率的国家已越来越多,到 2011 年,166 个实行增值税的国家中,采用单一税率的国家是 80 个。

◆ 我国的增值税税率

根据增值税确定的基本原则,我国增值税设置了五档:分别为 17%、13%、11%、6%,出口货物或应税服务税率为零。当纳税人兼营不同税率的货物或者应税劳务，应当分别核算不同税率货物或者应税劳务的销售额；未分别核算销售额的，从高适用税率。

(1) 17%税率

一般纳税人销售或者进口货物，除本节列举的适用低税率13%和零税率情况以外，税率均为17%；纳税人提供加工、修理修配劳务的，税率也为17%；提供有形动产租赁服务，税率也为17%。

(2) 13%税率

纳税人销售或者进口特定货物，适用税率为13%。特定货物的范围是由国务院规定和调整的。因此，纳税人应随时注意政府的税收政策变化，同时，还应搞清楚特定货物的具体适用范围。

(3) 11%税率

纳税人提供交通运输业服务、邮政业服务、基础电信业服务，税率为11%。

(4) 6%税率

纳税人提供现代服务业服务和增值电信业服务，税率为6%。

(5) 零税率

纳税人出口货物和提供国际运输服务、向境外单位提供研发服务和设计服务，税率为零；但是，国务院另有规定的除外。

国务院另有规定是指，纳税人出口原油、援外出口货物、糖以及经国务院批准的其他商品，如天然牛黄、麝香、铜及铜基合金、铂金等。

◆ 适用13%低税率的特定货物的范围

(1) 粮食

粮食是指各种主食食科植物果实的总称。本货物的征税范围包括小麦、稻谷、玉米、高粱、谷子和其他杂粮(如大麦、燕麦等)，以及经碾磨、脱壳等工艺加工后的粮食(如面粉、米、玉米面、玉米渣等)。

切面、饺子皮、馄饨皮、面皮、米粉等粮食复制品，也属于粮食的征税范围。以粮食为原料加工的速冻食品、方便面、副食品和各种熟食品，不属于本货物的征税范围。

挂面按照粮食复制品适用13%的增值税税率。

自2012年5月1日起，玉米胚芽适用13%的增值税税率；玉米浆、玉米皮、玉米纤维(又称喷浆玉米皮)和玉米蛋白粉不属于初级农产品，也不属于免税饲料，适用17%的增值税税率。

(2) 食用植物油

植物油是从植物根、茎、叶、果实、花或胚芽组织中加工提取的油脂。食用植物油仅指芝麻油、花生油、豆油、菜籽油、米糠油、葵花籽油、棉籽油、玉米胚油、茶油、胡麻油，以及以上述油为原料生产的混合油。

棕榈油、棉籽油按照食用植物油13%的税率征收增值税。

自2011年7月1日开始，花椒油按照食用植物油13%的税率征收增值税。

自2014年6月1日开始，杏仁油、葡萄籽油属于食用植物油，适用13%的税率征收增值税。

薄荷油、皂脚、环氧大豆油、氢化植物油应按17%的税率征收增值税。

(3) 自来水

自来水是指自来水公司及工矿企业经抽取、过滤、沉淀、消毒等工序加工后，通过供水系统向用户供应的水。农业灌溉用水、引水工程输送的水等，不属于自来水的范围。桶装饮用水不属于自来水。

(4) 暖气、热水

暖气、热水是指利用各种燃料(如煤、石油、其他各种气体或固体、液体燃料)和电能将水加热，使之生成的气体和热水，以及开发自然热能，如开发地热资源或用太阳能生产的暖气、热气、热水。利用工业余热生产、回收的暖气、热气和热水也属于暖气、热水的范围。

(5) 冷气

冷气是指为了调节室内温度，利用制冷设备生产的，并通过供风系统向用户提供的低温气体。

(6) 煤气

煤气是指由煤、焦炭、半焦和重油等经干馏或汽化等生产过程所得气体产物的总称。

煤气的范围包括焦炉煤气、发生炉煤气和液化煤气。

① 焦炉煤气是指煤在炼焦炉中进行干馏所产生的煤气。

② 发生炉煤气是指用空气(或氧气)和少量的蒸气将煤或焦炭、半焦，在煤气发生炉中进行汽化所产生的煤气、混合煤气、水煤气、单水煤气、双水煤气等。

③ 液化煤气是指压缩成液体的煤气。

(7) 石油液化气

石油液化气是指由石油加工过程中所产生的低分子量的烃类炼厂气经压缩成的液体，其主要成分是丙烷、丁烷、丁烯等。

(8) 天然气

天然气是蕴藏在地层内的碳氢化合物可燃气体。主要含有甲烷、乙烷等低分子烷烃和丙烷、丁烷、戊烷及其他重质气态烃类。天然气包括气田天然气、油田天然气、煤矿天然气和其他天然气。

天然二氧化碳不属于天然气，不应比照天然气征税，仍应按17%的适用税率征收增值税。

(9) 沼气

沼气的主要成分为甲烷，由植物残体在与空气隔绝的条件下经自然分解而成。沼气主要作燃料，包括天然沼气和人工生产的沼气。

(10) 居民用煤炭制品

居民用煤炭制品是指煤球、煤饼、蜂窝煤和引火炭。

(11) 图书、报纸、杂志

图书、报纸、杂志是采用印刷工艺，按照文字、图画和线条原稿印刷成的纸制品，其范围包括以下几个方面。

① 图书是指由国家新闻出版广电总局批准的出版单位出版，采用国际标准书号编序的

书籍以及图片。

自2013年4月1日起，国内印刷企业承印的经新闻出版主管部门批准印刷且采用国际标准书号编序的境外图书，适用13%增值税税率。此前已发生但尚未处理的事项，可以按此规定执行。

② 报纸是指经国家新闻出版广电总局批准，在各省、自治区、直辖市新闻出版部门登记，具有国内统一刊号(CN)的报纸。

③ 杂志是指经国家新闻出版广电总局批准，在省、自治区、直辖市新闻出版管理部门登记，具有国内统一刊号(CN)的刊物。

教材配套产品与中小学课本辅助使用，包括各种纸制品或图片，是课本的必要组成部分。对纳税人生产销售的与中小学课本相配套的教材配套产品(包括各种纸制品或图片)，应按照税目《图书》13%的增值税税率征税。

印刷企业接受出版单位委托，自行购买纸张，印刷有统一刊号(CN)以及采用国际标准书号编序的图书、报纸和杂志，按货物销售征收增值税。即印刷企业自己购买纸张，受托印刷有统一刊号(CN)以及采用国际标准书号编序的图书、报纸和杂志按13%的税率征收增值税。

(12) 饲料

饲料是指用于动物饲养的产品或其加工品。直接用于动物饲养的粮食、饲料添加剂不属于饲料。饲料的范围包括以下几个方面。

① 单一饲料是指作饲料用的某一种动物、植物、微生物产品或其加工品。

② 混合饲料是指采用简单方法，将两种以上的单一饲料混合到一起的饲料。

③ 配合饲料是指根据不同的饲养对象，饲养对象的不同生长发育阶段对各种营养成分的不同需要量，采用科学的方法，将不同的饲料按一定的比例配合到一起，并均匀地搅拌，制成一定料型的饲料。

宠物饲料产品不属于免征增值税的饲料，应按照饲料产品13%的税率征收增值税。

豆粕属于征收增值税的饲料产品，进口或国内生产豆粕，均按13%的税率征收增值税。

(13) 化肥

化肥是指经化学和机械加工制成的各种化学肥料。化肥的范围包括以下几个方面。

① 化学氮肥：主要品种有尿素和硫酸铵、硝酸铵、碳酸氢铵、氯化铵、石灰氨、氨水等。

② 磷肥：主要品种有磷矿粉、过磷酸钙(包括普通过磷酸钙和重过磷酸钙两种)、钙镁磷肥、钢渣磷肥等。

③ 钾肥：主要品种有硫酸钾、氯化钾等。

④ 复合肥料：用化学方法合成或混配制成含有氮、磷、钾中的两种或两种以上的营养元素的肥料。含有两种的称二元复合肥料，含有三种的称三元复合肥料。含三种元素和某些其他元素的称多元复合肥料，主要产品有硝酸磷肥、磷酸铵、磷酸二氢钾肥、钙镁磷钾肥、磷酸一铵、磷粉二铵、氮磷钾复合肥等。

⑤ 微量元素肥：含有一种或多种植物生长所必需的，但需要量又极少的营养元素的肥料，如硼肥、锰肥、锌肥、铜肥、钼肥等。

⑥ 其他化肥：上述列举以外的其他化学肥料。

（14）农药

农药是指用于农林业防治病虫害、除草及调节植物生长的药剂。

农药包括农药原药和农药制剂，如杀虫剂、杀菌剂、除草剂、植物生长调节剂、植物性农药、微生物农药、卫生用药、其他农药原药、制剂等。

（15）农膜

农膜是指用于农业生产的各种地膜、大棚膜。

抛秧盘不在农膜的征收范围内。此外，由于抛秧盘为塑料制品，也不属于现行税收法规规定的农机的征收范围。因此，应按照17%的税率征收增值税。

（16）农机

农机是指用于农业生产（包括林业、牧业、副业、渔业）的各种机器和机械化、半机械化农具，以及小农具。农机零部件不属于农机的征收范围。

农机的范围包括以下几种。

① 拖拉机：以内燃机为驱动牵引机具从事作业和运载物资的机械，包括轮拖拉机、履带拖拉机、手扶拖拉机、机耕船。

② 土壤耕整机械：对土壤进行耕翻整理的机械，包括机引犁、机引耙、旋耕机、镇压器、联合整地器、合壤器、其他土壤耕整机械。

③ 农田基本建设机械：从事农田基本建设的专用机械，包括开沟筑埂机、开沟铺管机、铲抛机、平地机、其他农田基本建设机械。

④ 种植机械：指将农作物种子或秧苗移植到适于作物生长的苗床机械，包括播作机、水稻插秧机、栽植机、地膜覆盖机、复式播种机、秧苗准备机械。

⑤ 植物保护和管理机械：指农作物在生长过程中的管理、施肥、防治病虫害的机械，包括机动喷粉机、喷雾机（器）、弥雾喷粉机、修剪机、中耕除草机、播种中耕机、培土机具、施肥机。

自2012年4月1日起，密集型烤房设备、频振式杀虫灯、自动虫情测报灯、粘虫板作为农机，适用13%的增值税税率。

⑥ 收获机械：指收获各种农作物的机械，包括粮谷、棉花、薯类、甜菜、甘蔗、茶叶、油料等收获机。

⑦ 场上作业机械：指对粮食作物进行脱粒、清选、烘干的机械设备，包括各种脱粒机、清选机、粮谷干燥机、种子精选机。

自2012年8月1日起，卷帘机作为农机，适用13%的增值税税率。

⑧ 排灌机械：指用于农牧业排水、灌溉的各种机械设备，包括喷灌机、半机械化提水机具、打井机。

⑨ 农副产品加工机械：指对农副产品进行初加工、加工后的产品仍属农副产品的机械，包括茶叶机械、剥壳机构、棉花加工机械（包括棉花打包机）、食用菌机械（培养木耳、蘑菇等）、小型粮谷机械。以农副产品为原料加工工业产品的机械，不属于农机。

⑩ 农业运输机械：指农业生产过程中所需的各种运输机械，包括人力车（不包括三轮运货车）、畜力车和拖拉机挂车。农用汽车不属于农机的范围。

不带动力的手扶拖拉机（也称“手扶拖拉机底盘”）和三轮农用运输车（指以单缸柴油机

为动力装置的三个车轮的农用运输车辆）属于“农机”，应当适用13%的增值税税率。

⑪ 畜牧业机械：指畜牧业生产中所需的各种机械，包括草原建设机械、牧业收获机械、饲料加工机械、畜禽饲养机械、畜产品采集机械。

⑫ 渔业机械：指捕捞、养殖水产品所用的机械，包括捕捞机械、增氧机、饵料机。机动渔船不属于渔业机械的范围。

⑬ 林业机械：指用于林业的种植、育林的机械，包括清理机械、育林机械、树苗栽植机械。森林砍伐机械、集材机械不属于林业机械的征收范围。

⑭ 小农具：包括畜力犁、畜力耙、锄头和镰刀等农具。

自2014年4月1日起，农用挖掘机、养鸡设备系列、养猪设备系列产品属于农机，适用13%增值税税率。

⑮ 农用挖掘机：指型式和相关参数符合《农用挖掘机质量评价技术规范》（NY/T 1774—2009）要求，用于农田水利建设和小型土方工程作业的挖掘机械，包括拖拉机挖掘机组和专用动力挖掘机。拖拉机挖掘机组是指挖掘装置安装在轮式拖拉机三点悬挂架上，且以轮式拖拉机为动力的挖掘机械；专用动力挖掘机指挖掘装置回转角度小于270°，以专用动力和行走装置组成的挖掘机械。

⑯ 养鸡设备系列：包括喂料设备（系统）、送料设备（系统）、刮粪清粪设备、集蛋分蛋装置（系统）、鸡只生产性能测定设备（系统）、产品标示鸡脚环、孵化机、小鸡保温装置、环境控制设备（鸡只）等。

⑰ 养猪设备系列：包括猪只群养管理设备（系统）、猪只生产性能测定设备（系统）、自动喂养系统、刮粪清粪设备、定位栏、分娩栏、保育栏（含仔猪保温装置）、环境控制设备（猪）等。

(17) 农产品

农产品是指种植业、养殖业、林业、牧业、水产业生产的各种植物、动物的初级产品。

① 植物类

植物类包括人工种植和天然生长的各种植物的初级产品。具体征税范围包括以下内容。

➢ 粮食。

➢ 蔬菜。蔬菜是指可作副食的草本、木本植物的总称。本货物的征税范围包括各种蔬菜、菌类植物和少数可作副食的木本植物。经晾晒、冷藏、冷冻、包装、脱水等工序加工的蔬菜、腌菜、咸菜、酱菜和盐渍蔬菜等，也属于本货物的征税范围。各种蔬菜罐头（罐头是指以金属罐、玻璃瓶和其他材料包装，经排气密封的各种食品。下同）不属于本货物的征税范围。

➢ 烟叶。烟叶是指各种烟草的叶片和经过简单加工的叶片。本货物的征税范围包括晒烟叶、晾烟叶和初烤烟叶。

晒烟叶是指利用太阳能露天晒制的烟叶。

晾烟叶是指在晾房内自然干燥的烟叶。

初烤烟叶是指烟草种植者直接烤制的烟叶。不包括专业复烤厂烤制的复烤烟叶。

➢ 茶叶。茶叶是指从茶树上采摘下来的鲜叶和嫩芽（即茶青），以及经吹干、揉拌、发酵、烘干等工序初制的茶。本货物的征税范围包括各种毛茶（如红毛茶、绿毛茶、乌龙毛茶、白毛茶、黑毛茶等)，不包括精制茶、边销茶及掺兑各种药物的茶和茶饮料。

➢ 园艺植物。园艺植物是指可供食用的果实，如水果、果干(如荔枝干、桂圆干、葡萄干等)、干果、果仁、果用瓜(如甜瓜、西瓜、哈密瓜等)，以及胡椒、花椒、大料、咖啡豆等。经冷冻、冷藏、包装等工序加工的园艺植物，也属于本货物的征税范围。各种水果罐头、果脯、蜜饯，炒制的果仁、坚果，碾磨后的园艺植物(如胡椒粉、花椒粉等)，不属于本货物的征税范围。

➢ 药用植物。药用植物是指用作中药原药的各种植物的根、茎、皮、叶、花、果实等。利用上述药用植物加工制成的片、丝、块、段等中药饮片，也属于本货物的征税范围。中成药不属于本货物的征税范围。

➢ 油料植物。油料植物是指主要用作榨取油脂的各种植物的根、茎、叶、果实、花或者胚芽组织等初级产品，如菜子(包括芥菜子)、花生、大豆、葵花子、蓖麻子、芝麻子、胡麻子、茶子、桐子、橄榄仁、棕榈仁、棉籽、花椒等。提取芳香油的芳香油料植物，也属于本货物的征税范围。

根据国家税务总局《关于皂脚适用增值税税率问题的公告》(国家税务总局公告 2011 年第 20 号)的规定，皂脚是碱炼动植物油脂时的副产品，不能食用，主要用作化学工业原料。因此，皂脚不属于食用植物油，也不属于《财政部、国家税务总局关于印发〈农业产品征税范围注释〉的通知》(财税字〔1995〕52 号)中农业产品的范围，应按照 17%的税率征收增值税。

从豆奶粉的生产工艺流程等方面看，豆奶粉不属于农业产品的范围，应按照 17%的税率征收增值税。

➢ 纤维植物。纤维植物是指利用其纤维作纺织、造纸原料或者绳索的植物，如棉(包括籽棉、皮棉、絮棉)、大麻、黄麻、槿麻、苎麻、苘麻、亚麻、罗布麻、蕉麻、剑麻等。还包括棉短绒和麻纤维经脱胶后的精干(洗)麻。

➢ 糖料植物。糖料植物是指主要用作制糖的各种植物，如甘蔗、甜菜等。

➢ 林业产品。林业产品是指乔木、灌木和竹类植物，以及天然树脂、天然橡胶。林业产品的征税范围包括以下几种。

a. 原木。原木是指将砍伐倒的乔木去其枝芽、梢头或者皮的乔木、灌木，以及锯成一定长度的木段。锯材不属于本货物的征税范围。

b. 原竹。原竹是指将砍倒的竹去其枝、梢或者叶的竹类植物，以及锯成一定长度的竹段。

c. 天然树脂。天然树脂是指木科植物的分泌物，包括生漆、树脂和树胶，如松脂、桃胶、樱胶、阿拉伯胶、古巴胶和天然橡胶(包括乳胶和干胶)等。

d. 其他林业产品。其他林业产品是指除上述列举林业产品以外的其他各种林业产品，如竹笋、笋干、棕竹、棕榈衣、树枝、树叶、树皮、藤条等。盐水竹笋也属于本货物的征税范围。竹笋罐头不属于本货物的征税范围。

➢ 其他植物。其他植物是指除上述列举植物以外的其他各种人工种植和野生的植物，如树苗、花卉、植物种子、植物叶子、草、麦秸、豆类、薯类、藻类植物等。干花、干草、薯干、干制的藻类植物，农业产品的下脚料等，也属于本货物的征税范围。

茴油是八角树枝叶、果实简单加工后的农业产品，毛椰子油是椰子经初加工而成的农业产品，二者均属于农业初级产品，可按 13%的税率征收增值税。

纳税人以薄荷植物(杆、叶)经简单加工生产的薄荷原油，属于初级农业产品，其对外销售薄荷原油应按照农产品的增值税征免税规定征免增值税。

根据国家税务总局《关于干姜、姜黄增值税适用税率问题的公告》(国家税务总局公告2010年第9号)的规定，干姜、姜黄属于《财政部、国家税务总局关于印发〈农业产品征税范围注释〉的通知》(财税字〔1995〕52号)中农业产品的范围，根据《财政部、国家税务总局关于部分货物适用增值税低税率和简易办法征收增值税政策的通知》(财税〔2009〕9号)的规定，其增值税适用税率为13%。干姜是将生姜经清洗、刨皮、切片、烘烤、晾晒、熏硫等工序加工后制成的产品。姜黄包括生姜黄，以及将生姜黄经去泥、清洗、蒸煮、晾晒、烤干、打磨等工序加工后制成的产品。

从淀粉的生产工艺流程等方面看，淀粉不属于农业产品的范围，应按照17%的税率征收增值税。

② 动物类

动物类包括人工养殖和天然生长的各种动物的初级产品。具体征税范围包括以下几种。

➢ 水产品。水产品是指人工放养和人工捕捞的鱼、虾、蟹、鳖、贝类、棘皮类、软体类、腔肠类、海兽类动物。本货物的征税范围包括鱼、虾、蟹、鳖、贝类、棘皮类、软体类、腔肠类、海兽类、鱼苗(卵)、虾苗、蟹苗、贝苗(秧)，以及经冷冻、冷藏、盐渍等防腐处理和包装的水产品。干制的鱼、虾、蟹、贝类、棘皮类、软体类、腔肠类，如干鱼、干虾、干虾仁、干贝等，以及未加工成工艺品的贝壳、珍珠，也属于本货物的征税范围。熟制的水产品和各类水产品的罐头，不属于本货物的征税范围。

➢ 畜牧产品。畜牧产品是指人工饲养、繁殖取得和捕获的各种畜禽。本货物的征税范围包括如下内容。

a. 兽类、禽类和爬行类动物，如牛、马、猪、羊、鸡、鸭等。

b. 兽类、禽类和爬行类动物的肉产品，包括整块或者分割的鲜肉、冷藏或者冷冻肉、盐渍肉，兽类、禽类和爬行类动物的内脏、头、尾、蹄等组织。各种兽类、禽类和爬行类动物的肉类生制品，如腊肉、腌肉、熏肉等，也属于本货物的征税范围。各种肉类罐头、肉类熟制品，不属于本货物的征税范围。

c. 蛋类产品。蛋类产品是指各种禽类动物和爬行类动物的卵，包括鲜蛋、冷藏蛋，经加工的咸蛋、松花蛋、腌制的蛋等，也属于本征税范围，但是不包括各种蛋类的罐头。

d. 鲜奶。鲜奶是指各种哺乳类动物的乳汁和经净化、杀菌等加工工序生产的乳汁。用鲜奶加工的各种奶制品，如酸奶、奶酪、奶油等，不属于本货物的征税范围。

根据《国家税务总局关于部分液体乳增值税适用税率的公告》(国家税务总局公告2011年第38号)的规定，按照《食品安全国家标准——巴氏杀菌乳》(GB 19645—2010)生产的巴氏杀菌乳和按照《食品安全国家标准——灭菌乳》(GB 25190—2010)生产的灭菌乳，均属于初级农业产品，可依照《农业产品征收范围注释》中的鲜奶按13%的税率征收增值税；按照《食品安全国家标准——调制乳》(GB 25191—2010)生产的调制乳，不属于初级农业产品，应按照17%的税率征收增值税。

➢ 动物皮张。动物皮张是指从各种动物(兽类、禽类和爬行类动物)身上直接剥取的，未经鞣制的生皮、生皮张。将生皮、生皮张用清水、盐水或者防腐药水浸泡、刮里、脱毛、晒干或者熏干,未经鞣制的,也属于动物皮张。

➢ 动物毛绒。动物毛绒是指未经洗净的各种动物的毛发、绒发和羽毛。洗净毛、洗净绒等不属于本货物的征税范围。

水洗猪鬃是生猪鬃经过浸泡(脱脂)、打洗、分绒等加工过程生产的产品,不属于农业产品征税范围,应按“洗净毛、洗净绒”征收增值税。

➢ 其他动物组织。其他动物组织是指上述列举以外的兽类、禽类和爬行类动物的其他组织,以及昆虫类动物。

a. 蚕茧。蚕茧包括鲜茧和干茧,以及蚕蛹。

b. 天然蜂蜜。天然蜂蜜是指采集的未经加工的天然蜂蜜、鲜蜂王浆等。

c. 动物树脂,如虫胶等。

d. 其他动物组织,如动物骨(动物骨粒)、壳、兽角、动物血液、动物分泌物、蚕种等。

(18) 音像制品

音像制品是指正式出版的录有内容的录音带、录像带、唱片、激光唱盘和激光视盘。

(19) 电子出版物

电子出版物是指以数字代码方式,使用计算机应用程序,将图文声像等内容信息编辑加工后存储在具有确定的物理形态的磁、光、电等介质上,通过内嵌在计算机、手机、电子阅读设备、电子显示设备、数字音/视频播放设备、电子游戏机、导航仪以及其他具有类似功能的设备上读取使用,具有交互功能,用以表达思想、普及知识和积累文化的大众传播媒体。

电子出版物的载体形态和格式主要包括只读光盘(CD 只读光盘 CD-ROM、交互式光盘 CD-I、照片光盘 Photo-CD、高密度只读光盘 DVD-ROM、蓝光只读光盘 HD-DVD ROM 和 BD-ROM)、一次写入式光盘(一次写入 CD 光盘 CD-R、一次写入高密度光盘 DVD-R、一次写入蓝光光盘 HD-DVD/R,BD-R)、可擦写光盘(可擦写 CD 光盘 CD-RW、可擦写高密度光盘 DVD-RW、可擦写蓝光光盘 HDDVD-RW 和 BD-RW、磁光盘 MO)、软磁盘(FD)、硬磁盘(HD)、集成电路卡(CF 卡、MD 卡、SM 卡、MMC 卡、RS-MMC 卡、MS 卡、SD 卡、XD 卡、T-Flash 卡、记忆棒)和各种存储芯片。

(20) 食用盐

食用盐的具体范围是指符合《食用盐》和《食用盐卫生标准》两项国家标准的食用盐。

在 2009 年 1 月 1 日以后,金属矿采选产品、非金属矿采选产品增值税税率由 13%恢复到 17%。金属矿采选产品,包括黑色和有色金属矿采选产品;非金属矿采选产品,包括除金属矿采选产品以外的非金属矿采选产品、煤炭和盐。水煤浆产品应适用增值税 17%的基本税率。

相关知识

◆ 征收率

增值税征收率是指对特定的货物或特定的纳税人所销售的货物或应税劳务在某一生产流通环节应纳税额与销售额的比率。

税率与征收率稍有区别。税率是在税收法律中明确定义的，是税法的构成要素，征收率则不是税法的构成要素，是针对特定纳税主体的特定课税对象设定的。征收率是计算纳税人应纳增值税税额的一种尺度，不能体现货物或劳务的整体税收负担水平。

由于小规模纳税人经营规模小，会计核算不健全，无法准确计算销项税额和进项税额，不允许使用增值税专用发票。因此，实行按销售额与征收率计算应纳税额的简易方法。

1. 征收率的一般规定

小规模纳税人（包括工业、商业和营改增行业）征收率为 3%；一般纳税人采用简易计税办法计税的征收率有 6%、5%、4%和 3%四种（从 2014 年 7 月 1 日起，将自来水、小型水利发电等特定一般纳税人适用的增值税税率 6%、5%、4%、3%四档征收率合并为一档，按现行简易计税办法，执行 3%的征收率）。

2. 征收率的特殊规定

（1）一般纳税人销售自产的下列货物，可选择按照简易办法依照 6%征收率计算缴纳增值税。

① 县级及县级以下小型水力发电单位生产的电力。小型水力发电单位，是指各类投资主体建设的装机容量为 5 万千瓦以下（含 5 万千瓦）的小型水力发电单位。

② 建筑用和生产建筑材料所用的砂、土、石料。

③ 以自己采掘的砂、土、石料或其他矿物连续生产的砖、瓦、石灰（不含黏土实心砖、瓦）。

④ 用微生物、微生物代谢产物、动物毒素、人或动物的血液或组织制成的生物制品。

⑤ 自来水（对属于一般纳税人的自来水公司销售自来水按简易办法依照 6%征收率征收增值税，不得抵扣其购进自来水取得增值税扣税凭证上注明的增值税税款）。

⑥ 商品混凝土（仅限于以水泥为原料生产的水泥混凝土）。

一般纳税人选择简易办法计算缴纳增值税后，36 个月内不得变更。

（2）一般纳税人销售货物属于下列情形之一的，暂按简易办法依照 4%征收率计算缴纳增值税：

① 寄售商店代销寄售物品（包括居民个人寄售的物品在内）；

② 典当业销售死当物品；

③ 经国务院或国务院授权机关批准的免税商店零售的免税品。

（3）一般纳税人销售自己使用过的属于《增值税暂行条例》第十条规定不得抵扣且未抵扣进项税额的固定资产，按简易办法依 4%征收率减半征收增值税。

（4）小规模纳税人（除其他个人外，下同）销售自己使用过的固定资产，减按 2%征收率征收增值税。

（5）纳税人销售旧货，按照简易办法依照 4%征收率减半征收增值税。

所称旧货，是指进入二次流通的具有部分使用价值的货物（含旧汽车、旧摩托车和旧游艇），但不包括自己使用过的物品。

（6）对拍卖行受托拍卖增值税应税货物，向买方收取的全部价款和价外费用，应当按照 4%的征收率征收增值税。拍卖货物属免税货物范围的，经拍卖行所在地县级主管税务机关批准，可以免征增值税。

(7) 营改增试点纳税人中的一般纳税人提供的公共交通运输服务,可以选择按照简易计税方法计算缴纳增值税。公共交通运输服务,包括轮客渡、公交客运、地铁、城市轻轨、出租车、长途客运、班车。其中,班车,是指按固定路线、固定时间运营并在固定站点停靠的运送旅客的陆路运输。

(8) 营改增试点纳税人中的一般纳税人,以该地区试点实施之日前购进或者自制的有形动产为标的物提供的经营租赁服务,试点期间可以选择按照简易计税方法计算缴纳增值税。

(9) 自本地区试点实施之日起至2017年12月31日,被认定为动漫企业的营改增试点纳税人中的一般纳税人,为开发动漫产品提供的动漫脚本编撰、形象设计、背景设计、动画设计、分镜、动画制作、摄制、描线、上色、画面合成、配音、配乐、音效合成、剪辑、字幕制作、压缩转码(面向网络动漫、手机动漫格式适配)服务,以及在境内转让动漫版权(包括动漫品牌、形象或者内容的授权及再授权),可以选择按照简易计税方法计算缴纳增值税。

(10) 营改增试点纳税人中的一般纳税人提供的电影放映服务、仓储服务、装卸搬运服务和收派服务,可以选择按照简易计税办法计算缴纳增值税。

实例详解

【例3-1】 超级市场经营的农业产品如何确定征收增值税适用税率?

【分析】 对以农业产品为原料制作的初级产品,可按产品生熟程度判断是否适用13%税率,即生制品或经过加热等简单加工制作的生制品适用税率为13%,熟食或可直接食用的适用税率为17%。具体列举如下。

(1) 以各种豆类加工的豆制品,如豆腐、豆浆、豆奶、豆腐干等,该类豆制品以大豆为原料,通过碾磨、提浆、点卤、成型、发酵、烘干等简单工艺加工制成的生制品,按农业产品13%税率计征增值税。

(2) 以粮食为原料加工的粮食复制品,如粉条、粉丝、粉皮、切面、挂面、拉面(不含方便面)、凉皮、烧卖皮等,该类粮食复制品以大米、绿豆、豌豆、蚕豆、玉米、地瓜、南瓜、山芋、莲藕等粮食作物为原料,通过碾磨、提浆、加热、成型、发酵、烘干等简单工艺加工制成的生制品,按农业产品13%税率计征增值税。

(3) 以粮食为原料碾磨成粉状、片状或粒状的粮食加工品,如淀粉、生粉、豆粉、豆片、豆饼、生大麦片、生燕麦片、碎玉米粒等,该类粮食加工品以大米、绿豆、豌豆、玉米、大麦、燕麦等粮食为原料,通过碾磨、提浆、发酵、烘干等简单工艺加工制成的生制品,按农业产品13%税率计征增值税。

【例3-2】 一般纳税人印刷企业接受出版单位委托,印刷有统一刊号(CN)以及采用国际标准书号编序的图书、报纸和杂志,其增值税的适用税率是多少?

【分析】 印刷企业的适用税率应视其业务不同情况而定:① 印刷企业接受出版单位委托,自行购买纸张,印刷有统一刊号(CN)以及采用国际标准书号编序的图书、报纸和杂志,按货物销售征收增值税。因此,发生以上业务的,其适用税率为13%;② 如果属于印刷厂接受出版单位委托印刷图书、报纸、杂志,由出版单位提供原料和主要材料(包括纸张)的,其印刷收入属加工收入,应按17%的税率征收增值税。

【例 3-3】 生产蚕豆酱、黄豆酱、甜面酱及其他酱腌菜等产品如何适用增值税税率？

【分析】 对纳税人生产销售的蚕豆酱、黄豆酱、甜面酱及其他酱腌菜产品，凡采用罐头包装（指以金属罐、玻璃瓶和其他材料包装，经排气密封）的，应按17%的税率征收增值税；采用包装容器简单包装，未进行排气密封的，应按13%的税率征收增值税。

【例 3-4】 水洗芝麻如何适用增值税税率？

【分析】 水洗芝麻是经筛选、浸泡、脱皮、脱水等工序加工处理后的芝麻，性质和用途未发生改变。因此，水洗芝麻仍属于农业产品的征税范围，应按13%的税率征收增值税。

【例 3-5】 某县蜂业中心生产蜂蜜如何适用增值税税率？

【分析】 天然蜂蜜属于应税农业产品的范畴，经过简单加工生产的蜂蜜（含瓶装蜂蜜），也属于应税农业产品的范畴，按现行增值税有关政策执行。

【例 3-6】 2013 年 7 月，某单位开具增值税专用发票时把税率弄错了，把 13%税率开成了 17%税率，对方也将该发票进行了认证抵扣且做了账务处理，请问该怎么办？

【分析】 依据国家税务总局《关于进一步做好增值税纳税申报"一窗式"管理工作的通知》的规定，因购货方无法退回专用发票的发票联和抵扣联，销货方收到购货方当地主管税务机关开具的《进货退出或索取折让证明单》的，一律通过防伪税控系统开具负数专用发票作为扣减销项税额的凭证，不得作废已开具的蓝字专用发票，也不得以红字普通发票作为扣减销项税额的凭证。

【例 3-7】 某商业企业于 2013 年 10 月购进一批新鲜的香菇后，将其晒干并分包，请问出售时的适用增值税税率是多少？

【分析】 根据《财政部、国家税务总局关于印发〈农业产品征税范围注释〉的通知》（财税字〔1995〕52 号）中对农业产品征税范围的注释，蔬菜是指可作副食的草本、木本植物的总称。本货物的征税范围包括各种蔬菜、菌类植物和少数可作副食的木科植物，经晾晒、冷藏、冷冻、包装、脱水等工序加工的蔬菜、腌菜、咸菜、酱菜和盐渍蔬菜等，也属于本货物的征税范围。因此，经晒干及分包的香菇的增值税税率为13%。

【例 3-8】 2013 年 3 月，某医药公司从药农手中以 50 万元收购一批中药材，经简单地晾晒处理后以 80 万元出售，请问该医药公司需要缴纳增值税吗？

【分析】 根据现行增值税政策，农业产品是指种植业、养殖业、林业、牧业、水产业生产的各种植物、动物的初级产品。其中，植物类包括人工种植和天然生长的各种植物的初级产品，包括药用植物，药用植物是指用作中药原药的各种植物的根、茎、皮、叶、花、果实等。利用上述药用植物加工制成的片、丝、块、段等中药饮片，也属于本货物的征税范围。中成药不属于本货物的征税范围。农业产品的增值税率由17%调整为13%。所以，该公司如果属于一般纳税人，则应该按照13%的税率缴纳增值税，如果是小规模纳税人，则应该按照3%的税率缴纳增值税。

【例 3-9】 某商贸企业专门从事粮食和各类油的销售，其中主要以食用植物油为主，兼营其他种类的油。2013 年度，该企业的总营业额为 400 万元，属于增值税小规模纳税人，其中大约有 300 万元的营业额属于粮食和各类油的销售收入，但是该企业并未分别核算粮食、食用植物油和其他种类油的销售额。请问该企业应当按照什么税率缴纳增值税？

【分析】 根据最新《增值税暂行条例》的规定，销售粮食和食用植物油适用13%的税率，销售其他油适用17%的税率。同时，如果纳税人兼营不同税率的货物或者应税劳务，应当分别核算不同税率货物或者应税劳务的销售额。未分别核算销售额的，从高适用税率。由于该企业并未分别核算不同税率货物的销售额，应当从高适用税率。因此，该企业400万元的营业额都应当适用17%的税率缴纳增值税。

3.2 销项税额的计算

要 点

一般纳税人应纳增值税额的计算，围绕两个关键环节：一是销项税额如何计算；二是进项税额如何抵扣，这是增值税计算中的重点。

解 释

◆ 销项税额的概念

销项税额指纳税人销售货物或者应税劳务，按照销售额和《增值税暂行条例》规定的税率计算并向购买方收取的增值税额。

◆ 销项税额的计算公式

销项税额是销售货物或提供应税劳务的销售额与税率的乘积，相应的计算公式为：

销项税额＝销售额×税率

或销项税额＝组成计税价格×税率

◆ 销售额的范围

销售额是指纳税人销售货物或提供应税劳务、应税服务向购买方(承受应税劳务也视为购买方)收取的全部价款和价外费用，但不包括收取的销项税额。

经中国人民银行、商务部、银监会批准从事融资租赁业务的试点纳税人提供有形动产融资租赁服务，以取得的全部价款和价外费用(包括残值)扣除由出租方承担的有形动产的贷款利息(包括外汇借款和人民币借款利息)、关税、进口环节消费税、安装费、保险费的余额为销售额。

试点纳税人从全部价款和价外费用中扣除价款，应当取得符合法律、行政法规和国家税务总局有关规定的有效凭证。否则，不得扣除。

上述凭证是指：

(1) 支付给境内单位或者个人的款项，以发票为合法有效凭证；

(2) 缴纳的税款，以完税凭证为合法有效凭证；

(3) 支付给境外单位或者个人的款项，以该单位或者个人的签收单据为合法有效凭证，税务机关对签收单据有疑议的，可以要求其提供境外公证机构的确认证明；

(4) 国家税务总局规定的其他凭证。

混合销售行为依照《增值税暂行条例实施细则》第五条规定应当缴纳增值税的，其销售额为货物的销售额与非增值税应税劳务营业额剔除增值税后余额的合计。

价外费用(实属价外收入)是指价外向购买方收取的手续费、补贴、集资费、基金、奖励费、返还利润、违约金(延期付款利息)、包装物租金、包装费、优质费、储备费、运输装卸费、代收款项、代垫款项及其他各种性质的价外费用。上述价外费用无论其会计制度如何进行核算,都应并入销售额计税。但价外费用中不包括以下几个项目。

(1) 向购买方收取的销项税额。因为增值税属于价外税,其税款不应包含在销售货物的价款之中。

(2) 受托加工应征消费税的货物,而由受托方向委托方代收代缴的消费税。因为代收代缴消费税只是受托方履行法定义务的一种行为,此项税金虽然构成委托加工货物成本的一部分,但它同受托方加工业务及其收取的应税加工费没有内在的关联。

(3) 同时符合以下条件代为收取的政府性基金或者行政事业性收费。

① 由国务院或者财政部批准设立的政府性基金,由国务院或者省级人民政府及其财政、价格主管部门批准设立的行政事业性收费。

② 收取时开具省级以上财政部门印制的财政票据。

③ 所收款项全额上缴财政。

(4) 销售货物的同时代办保险而向购买方收取的保险费,以及向购买方收取的代购买方缴纳的车辆购置税、车辆牌照费。

(5) 各燃油电厂从政府财政专户取得的发电补贴不属于增值税规定的价外费用,不计入应税销售额,也不征收增值税。

(6) 自 2013 年 2 月 1 日起,纳税人取得的中央财政补贴,不属于增值税应税收入,不征收增值税。此前已发生未处理的,按上述规定执行。

(7) 从事热力、电力、燃气、自来水等公用事业的增值税纳税人所收取的一次性费用,凡与货物的销售数量无直接关系的,不征收增值税;凡与货物的销售数量有直接关系的,均征收增值税。

值得注意的是,根据国家税务总局的规定,对增值税一般纳税人(包括纳税人自己或代其他部门)向购买方收取的价外费用和逾期包装物押金,应视为含税收入,在征税时换算成不含税收入再并入销售额。按现行会计制度的规定,这些价外费用一般不列入企业的“主营业务收入”科目中核算,而在“其他应付款”“其他业务收入”及“营业外收入”等科目中核算。因此,如不规定对其并入应税销售额核算,就容易造成纳税人以各种名目收费和各种手段侵蚀应税销售额,导致国家税款的流失。

◆ 价款和税款合并收取情况下的销售额的确定

增值税属于价外税,纳税人销售货物开具发票时,应将销售额和增值税额分项记录。作为增值税税基的只是增值税专用发票上单独列明的不含增值税税款的销售额。但是,根据税法的规定,有些一般纳税人,如商品零售企业或其他企业将货物或应税劳务出售给消费者、使用单位或小规模纳税人时,只能开具普通发票。由于普通发票上价款和税款不能分别注明,一部分纳税人在销售货物或应税劳务时,就会出现将销售额与增值税额合并定价的方法,即为含税销售额。在计算应纳税额时,如果不将含税销售额换算成不含税销售额,就会导致增值税计税环节出现重复纳税的现象，甚至出现物价非正常上涨的局面。因此，为了准确计算应纳税额，需要将含税销售额换算成不含税销售额。

其不含税销售额的计算公式如下：

不含税销售额＝含税销售额÷(1＋增值税税率)

对于一般纳税人从事的销售活动，没有上述特定情况或者特殊指明，一般意义上的“销售额”应理解为“不含税销售额”。

◆ **直销企业采取直销方式销售货物，其应纳增值税销售额的确定**

自2013年3月1日起，直销企业先将货物销售给直销员，直销员再将货物销售给消费者的，直销企业的销售额为其向直销员收取的全部价款和价外费用。直销员将货物销售给消费者时，应按照现行规定缴纳增值税。

直销企业通过直销员向消费者销售货物，直接向消费者收取货款，直销企业的销售额为其向消费者收取的全部价款和价外费用。

◆ **视同销售货物行为的销售额的确定**

在视同销售行为中，由于某些行为不以资金的形式反映出来，会出现无销售额的现象；另外，在纳税人销售货物或者提供应税劳务活动中，有时会出现其价格明显偏低而无正当理由。在这种情况下，税务机关应按下列顺序及方法确定其销售额。

(1) 按纳税人当月同类货物的平均销售价格确定。

(2) 按纳税人最近时期同类货物的平均销售价格确定。

(3) 按组成计税价格确定。组成计税价格的公式为：

组成计税价格＝成本×(1＋成本利润率)

属于应征消费税的货物，其组成计税价格中应加计消费税税额，公式为：

组成计税价格＝成本×(1＋成本利润率)＋消费税税额

或组成计税价格＝成本×(1＋成本利润率)÷(1－消费税税率)

公式中的“成本”，销售自产货物时为实际生产成本，销售外购货物时为实际采购成本。公式中的“成本利润率”由国家税务总局统一确定为10%，但不包括属于应按从价定率征收消费税的货物，其成本利润率应为消费税有关法规中确定的成本利润率。

◆ **视同提供应税服务行为的销售额的确定**

纳税人提供应税服务的价格明显偏低或者偏高且不具有合理商业目的的，或者发生视同提供应税服务而无销售额的，主管税务机关有权按照下列顺序确定销售额：

(1) 按照纳税人最近时期提供同类应税服务的平均价格确定；

(2) 按照其他纳税人最近时期提供同类应税服务的平均价格确定；

(3) 按照组成计税价格确定。组成计税价格的公式为：

组成计税价格＝成本×(1＋成本利润率)

成本利润率由国家税务总局确定。

◆ **特殊销售方式下销售额的确定**

在企业的销售活动中，为了达到促销的目的，企业往往采用多种销售方式。不同销售方式下，销售额有所不同。由此税法对以下几种销售方式分别做了规定。

1. 采取折扣方式销售货物

纳税人销售过程中的折扣分为两种，即商业折扣和现金折扣。

（1）商业折扣，也称价格折扣或折扣销售。它是销货方为鼓励购货方增加购买数量而给予的价格优惠，即购买数量越多，价格越低。商业折扣一般由销售价格中直接扣算，即购买方的价款和销售方所收的货款，均按打折以后的售价计算。大多数情况下销售额和折扣额需要在同一张发票上注明。但纳税人销售货物并向购买方开具增值税专用发票后，由于购货方在一定时期内累计购买货物达到一定数量，或者由于市场价格下降等原因，销货方给予购货方相应的价格优惠或补偿等折扣、折让行为，销货方也可按现行有关规定开具红字增值税专用发票。

（2）现金折扣，也称销售折扣，是销货方为鼓励购买方在一定期限内早日偿还货款，而给予购买方的一种债务扣除。如某企业销售一批商品，付款条件为：2/10，1/20，n/30。即：购买方在 10 日内付款，货款折扣 2%；20 日内付款，货款折扣 1%；30 日内付款，要全额支付。现金折扣发生在销货之后，是一种融资性质的理财费用，税法规定现金折扣不得从销售额中扣除。

在理解折扣方式销售货物时，应注意以下情况。

① 必须将现金折扣与销售折让进行准确区分。销售折让是指货物销售后，由于品种、质量等原因购货方未退货，销货方给予购货方的一种价格折让。销售折让与现金折扣都是在货物销售后发生的，但销售折让是由于货物的品种和质量引起销售额的减少，可以以折让后的货款为销售额。

② 商业折扣仅限于货物价格的折扣，如果销货方将自产、委托加工和购买的货物用于实物折扣，则该实物的款额或折合的价值量不能从货物销售额中减除，且该实物应按“视同销售货物”中的“赠送他人”计算征收增值税。

2. 采取以旧换新方式销售货物

以旧换新是指纳税人在销售自己的货物时，折价收回同类旧货物，并以折价款部分冲减货物价款的一种销售方式。鉴于销售货物和收购货物是两种不同的业务活动，销售额和收购额不能相互抵减。根据相关税法规定，采取以旧换新方式销售货物的（金银首饰除外），应按新货物的同期销售价格确定销售额，不得扣减旧货物的收购价格。

金银首饰以旧换新业务具有特殊性，对金银首饰以旧换新业务，可以按销售方实际收取的不含增值税的全部价款征收增值税。

3. 采取还本销售方式销售货物

还本销售是指纳税人在销售货物后，按约定时间，一次或分次将购货款部分或全部退还给购货方，所退还的货款为还本支出。这种方式实际上是以提供货物而取得还本不付息的资金的一种融资行为。税法规定，纳税人采取还本销售方式销售货物的，其销售额就是货物的销售价格，不得从销售额中减除还本支出。

4. 采取以物易物方式销售货物

以物易物是指在货物所有权转让过程中，交易双方不以货币结算，而以同等价款的货物相互结算。尽管以物易物销售方式不直接涉及货币收支活动，但其实质上仍是一种购销行为。从税务处理角度看，以物易物双方都应做购销处理，即以各自发出的货物核算销售额并计算销项税额，以各自收到的货物核算购货额并计算进项税额。值得注意的是，以物易物活动中，双方应分别开具合法的票据，如收到的货物不能取得相应的增值税专用发票和其他合法票据的，一律不得抵扣进项税额。

5. 包装物押金的处理

包装物是指纳税人包装本单位货物的各种物品。纳税人销售货物时另收取包装物押金，目的是促使购货方及时退还包装物以便循环使用。因此，对销货单位收取的包装物押金不应看做是一种收入，而只能作为一项短期负债。税法规定，纳税人为销售货物而出租出借包装物收取的押金，单独记账核算的，时间在1年以内，又未过期的，不并入销售额征税；但对因逾期未收回包装物不再退还的押金，应按所包装货物的适用税率计算销项税额。其中，"逾期"是指按合同约定实际逾期或以1年为期限，对收取1年以上的押金，无论是否退还均并入销售额征税。税法之所以有这样的规定，一方面是为了促使企业尽早回收包装物；另一方面也是为了堵塞税法漏洞，防止一些企业借押金之名，行偷税之实。当然，在将包装物押金并入销售额征税时，需要先将该押金换算为不含税价，再并入销售额征税。另外，包装物押金不应混同于包装物租金，包装物租金在销货时是作为价外费用并入销售额计算销项税额的。对销售除啤酒、黄酒外的其他酒类产品而收取的包装物押金，无论是否返还以及会计上如何核算，均应并入当期销售额征税。对销售啤酒、黄酒所收取的押金，按上述一般押金的规定处理。

相关知识

◆ **销售额的货币单位**

销售额以人民币计算。纳税人以人民币以外的货币结算销售额的，应当折合成人民币计算。

纳税人按人民币以外的货币结算销售额的，其销售额的人民币折合率可以选择销售额发生的当天或者当月1日的人民币汇率中间价。纳税人应在事先确定采用何种折合率，确定后1年之内不得变更。

实例详解

【例3-10】 某增值税一般纳税人销售地热用管件一批，开出增值税专用发票，销售额为150 000元，另开一张普通发票收取包装费110元，则该笔业务的计税额应为多少？

【分析】 该笔业务的计税销售额＝150 000＋110÷(1＋10％)＝150 100(元)

【例3-11】 2013年3月，纳税人甲向纳税人乙销售其生产的冰箱500台，不含增值税单价每台1 500元，增值税税率为17％，已开出增值税专用发票。请问纳税人甲的销售额和销项税额分别是多少？

【分析】 根据增值税法的有关规定，纳税人销售货物的销项税额等于销售额乘以税率。销售额是纳税人所收取的不含增值税的销售额。因此，纳税人甲的销售额＝500×1 500＝750 000（元）。纳税人甲的销项税额＝750 000×17％＝127 500（元）。

【例 3-12】 2013 年 5 月，某复印件生产企业销售复印机 1 000 台，每台售价 900 元（不含增值税），每台收取运输费 100 元，已经开具增值税专用发票。同月，该企业发现，2012 年 4 月底之前收取的包装物押金因购买方没有退还包装物尚有 10 000 元没有退还。请问该企业 2013 年 5 月的销项税额是多少？

【分析】 根据增值税法的规定，纳税人的销项税额等于销售额乘以税率，销售额是不含增值税的销售额，包括价外费用。因此，该企业销售复印机的不含增值税销售额为：1 000×[900＋100÷(1＋17％)]＝985 470（元）。该企业超过 1 年尚未退还的包装物押金的不含增值税销售额为：10 000÷(1＋17％)＝8 547（元）。该企业的销售额合计为：985 470＋8 547＝994 017（元）。因此，该企业 2013 年 5 月的销项税额＝994 017×17％＝168 982（元）。

【例 3-13】 2013 年 8 月，某冰箱生产企业向某家电零售企业销售冰箱 1 000 台，每台售价 1 000 元（不含增值税），已经开具增值税专用发票。但是，税务机关发现，同类产品的市场价格在 2 000 元（不含增值税）左右，该冰箱企业 2013 年 8 月同类冰箱的平均销售价格为 1 800 元（不含增值税）。税务机关要求该企业提供低价销售的理由，该企业以促销来掩饰。但经税务机关调查，该企业的产品并不存在滞销现象，而且该企业当月销售同类冰箱达 2 000 台，仅对该家电零售企业给予了促销价格，企业促销的理由不成立。请问该企业 2013 年 8 月的销项税额是多少？

【分析】 根据增值税法的规定，纳税人销售货物或者应税劳务的价格明显偏低并无正当理由的，由主管税务机关核定其销售额。由于该企业销售货物的价格明显偏低，而且没有正当理由。因此，税务机关有权按照合理的方法核定其销售额。由于该冰箱企业 2013 年 8 月同类冰箱的平均销售价格为 1800 元（不含增值税），可以按照该价格来核定其销售额。因此，该企业 2013 年 8 月的销项税额＝1 000×1 800×17％＝306 000（元）。

3.3 进项税额的计算

要 点

我国现行的增值税制，实行凭增值税专用发票抵扣税款的制度。作为进项税抵扣，有两个特点：一是进项税抵扣只认凭证（限于增值税专用发票和海关完税凭证等四种）；二是有抵扣范围限制。

解 释

◆ 进项税额的概念

进项税额是指纳税人购进货物或者接受应税劳务所支付或者负担的增值税税额。它是与销项税额相对应的概念。在开具增值税专用发票时，它们之间的对应关系是，销售方收取的销项税额，就是购买方支付的进项税额。

例如，某增值税一般纳税人向A公司购进某货物1 000件，金额为10 000元，但该增值税一般纳税人实际上要付给对方10 000+10 000×17%（假设增值税率为17%）=11 700(元)。这1 700元增值税对A公司来说就是“进项税”。若该增值税一般纳税人把购进的1 000件货物加工成乙产品800件，出售给B公司，取得销售额15 000万元，该增值税一般纳税人要向B公司收取的乙产品货款是15 000+15 000×17%=17 550(元)，因为B公司这时作为消费者也应该向该增值税一般纳税人支付2 550元的增值税款，这就是该增值税一般纳税人的“销项税”。

◆ 进项税额的抵扣范围

任何一个增值税的一般纳税人，其在经营过程中，都会同时以卖方和买方的身份存在，既会发生销售货物或者提供应税劳务，也会发生购进货物或接受应税劳务。因此，每一个增值税一般纳税人都会有需要收取的销项税额和支付的进项税额。增值税一般纳税人当期应纳增值税额采用购进抵扣法计算，即用当期的销项税额扣除当期进项税额，余额则为应纳增值税额。进项税额的大小影响纳税人实际缴纳的增值税。但并不是购进货物或者接受应税劳务所支付或者负担的增值税都可以在销项税额中抵扣，税法对哪些进项税额可以抵扣，哪些进项税额不能抵扣均有严格的规定。

一般而言，准予抵扣的进项税额可以根据以下两种方法来确定。

(1) 体现支付或者负担的进项税额直接在销货方开具的增值税专用发票和海关完税凭证上注明，不需要计算。

(2) 购进某些货物或者接受应税劳务时的进项税额，根据支付金额和法定的扣除率计算。

◆ 准予从销项税额中抵扣的进项税额

1. 有法定扣税凭证，并允许扣除的进项税额的规定

(1) 从销售方或者提供方取得的增值税专用发票(含货物运输业增值税专用发票、税控机动车销售统一发票，下同)上注明的增值税额。

(2) 从海关取得的海关进口增值税专用缴款书上注明的增值税额。

纳税人进口货物，凡已缴纳了进口环节增值税的。不论是否支付货款，其取得的海关进口增值税专用缴款书均可作为增值税进项税额抵扣凭证。

上述规定说明，纳税人在进行增值税账务处理时，每抵扣一笔进项税额，都有法定扣税凭证与之相对应；没有从销售方或海关取得注明增值税税额的法定扣税凭证，就不能抵扣进项税额。

2. 无法定扣税凭证，但允许计提并扣除进项税额的特殊规定

(1) 一般纳税人向农业生产者、农民专业合作社购买免税的农业产品，或者向小规模纳税人购买的农业产品，准予按照买价13%的扣除率计算进项税额抵扣。其计算公式为：

准予抵扣的进项税额=买价×扣除率

对这项规定需要说明的是：

① “免税农业产品”指直接从事植物的种植、收割和动物饲养、捕捞的单位及个人销售

自产农业产品，免征增值税；

② 农业产品具体品目按照《财政部、国家税务总局关于印发的〈农业产品征收范围注释〉的通知》执行；

③ 购买免税农业产品的买价，应为经主管税务机关批准使用的收购凭证上注明的价款；

④ 纳税人按规定缴纳的烟叶税，准予并入烟叶产品的买价计算增值税进项税额，并在计算缴纳增值税时予以扣除。购进烟叶准予抵扣的增值税进项税额，按照规定的烟叶收购金额和烟叶税及法定扣除率计算。烟叶收购金额包括纳税人支付给烟叶销售者的烟叶收购价款和价外补贴。价外补贴暂时统一按烟叶收购价款的10%计算，即：

烟叶收购金额＝烟叶收购价款×(1＋10%)。

烟叶税应纳税额＝烟叶收购金额×税率(20%)

准予抵扣的进项税额＝(烟叶收购金额＋烟叶税应纳税额)×扣除率

(2) 接受铁路运输服务，按照铁路运输费用结算单据上注明的运输费用金额和7%的扣除率计算的进项税额(自2014年1月1日起，改征增值税)。进项税额计算公式：

进项税额＝运输费用运费×扣除率

运输费用金额，是指铁路运输费用结算单据上注明的运输费用(包括铁路临管线及铁路专线运输费用)、建设基金，不包括装卸费、保险费等其他杂费。

(3) 接受境外单位或者个人提供的应税服务，从税务机关或者境内代理人取得的解缴税款的中华人民共和国税收缴款凭证(以下称税收缴款凭证)上注明的增值税额。

纳税人凭税收缴款凭证抵扣进项税额的，应当具备书面合同、付款证明和境外单位的对账单或者发票。资料不全的，其进项税额不得从销项税额中抵扣。

(4) 自2013年1月1日起，增值税一般纳税人(以下称"原纳税人")在资产重组过程中，将全部资产、负债和劳动力一并转让给其他增值税一般纳税人(以下称"新纳税人")，并按程序办理注销税务登记的，其在办理注销登记前尚未抵扣的进项税额可结转至新纳税人处继续抵扣。

原纳税人主管税务机关应核实原纳税人在办理注销税务登记前尚未抵扣的进项税额，填写《增值税一般纳税人资产重组进项留抵税额转移单》一式三份，原纳税人主管税务机关留存一份，交纳税人一份，传递新纳税人主管税务机关一份。

新纳税人主管税务机关将原纳税人主管税务机关传递来的《增值税一般纳税人资产重组进项留抵税额转移单》与纳税人报送资料进行认真核对，对原纳税人尚未抵扣的进项税额，在确认无误后，允许新纳税人继续申报抵扣。

3. 农产品增值税核定扣除进项税额的规定

(1) 试点范围

自2012年7月1日起，以购进农产品为原料生产销售液体乳及乳制品、酒及酒精、植物油的增值税一般纳税人，其购进农产品无论是否用于生产上述产品，增值税进项税额实施核定扣除办法。

"液体乳及乳制品""酒及酒精""植物油"的行业范围分别按《国民经济行业分类》(GB/T4754—2011)中"乳制品制造"类别(代码C1440)、"酒的制造"类别(代码C151)、"植物油加工"类别(代码C133)执行。

农产品是指列入《农业产品征税范围注释》(财税字〔1995〕52号)的初级农业产品。

委托其他单位和个人加工液体乳及乳制品、酒及酒精、植物油,其购进的农产品也适用本办法。

试点纳税人购进农产品不再凭增值税扣税凭证抵扣增值税进项税额,购进除农产品以外的货物、应税劳务和应税服务,增值税进项税额仍按上述1、2有关规定抵扣。

(2) 核定方法

① 试点纳税人以购进农产品为原料生产货物的,农产品增值税进项税额可按照以下方法核定:

➢ 投入产出法:参照国家标准、行业标准(包括行业公认标准和行业平均耗用值)确定销售单位数量货物耗用外购农产品的数量(以下称农产品单耗数量)。

当期允许抵扣农产品增值税进项税额依据农产品单耗数量、当期销售货物数量、农产品平均购买单价(含税,下同)和农产品增值税进项税额扣除率(以下简称"扣除率")计算。其计算公式为:

当期允许抵扣农产品增值税进项税额＝当期农产品耗用数量×农产品平均购买单价×扣除率/(1＋扣除率)

当期农产品耗用数量＝当期销售货物数量(不含采购除农产品以外的半成品生产的货物数量)×农产品单耗数量

对以单一农产品原料生产多种货物或者多种农产品原料生产多种货物的,在核算当期农产品耗用数量和平均购买单价时,应依据合理的方法归集和分配。

平均购买单价是指购买农产品期末平均买价,不包括买价之外单独支付的运费和入库前的整理费用。期末平均买价计算公式:

期末平均买价＝(期初库存农产品数量×期初平均买价＋当期购进农产品数量×当期买价)/(期初库存农产品数量＋当期购进农产品数量)

按照"投入产出法"的有关规定核定农产品增值税进项税额时,如果期初没有库存农产品,当期也未购进农产品的,农产品"期末平均买价"以该农产品上期期末平均买价计算;上期期末仍无农产品买价的依此类推。

➢ 成本法:依据试点纳税人年度会计核算资料,计算确定耗用农产品的外购金额占生产成本的比例(以下称农产品耗用率)。当期允许抵扣农产品增值税进项税额依据当期主营业务成本、农产品耗用率以及扣除率计算。其计算公式为:

当期允许抵扣农产品增值税进项税额＝当期主营业务成本×农产品耗用率×扣除率/(1＋扣除率)

农产品耗用率＝上年投入生产的农产品外购金额/上年生产成本

农产品外购金额(含税)不包括不构成货物实体的农产品(包括包装物、辅助材料、燃料、低值易耗品等)和在购进农产品之外单独支付的运费、入库前的整理费用。

对以单一农产品原料生产多种货物或者多种农产品原料生产多种货物的,在核算当期主营业务成本以及核定农产品耗用率时,试点纳税人应依据合理的方法进行归集和分配。

农产品耗用率由试点纳税人向主管税务机关申请核定。

年度终了,主管税务机关应根据试点纳税人本年实际对当年已抵扣的农产品增值税进项税额进行纳税调整,重新核定当年的农产品耗用率,并作为下一年度的农产品耗用率。

按照“成本法”的有关规定核定试点纳税人农产品增值税进项税额时，“主营业务成本”“生产成本”中不包括其未耗用农产品的产品的成本。

➢ 参照法：新办的试点纳税人或者试点纳税人新增产品的，试点纳税人可参照所属行业或者生产结构相近的其他试点纳税人确定农产品单耗数量或者农产品耗用率。次年，试点纳税人向主管税务机关申请核定当期的农产品单耗数量或者农产品耗用率，并据此计算确定当年允许抵扣的农产品增值税进项税额，同时对上一年增值税进项税额进行调整。核定的进项税额超过实际抵扣增值税进项税额的，其差额部分可以结转下期继续抵扣；核定的进项税额低于实际抵扣增值税进项税额的，其差额部分应按现行增值税的有关规定将进项税额做转出处理。

② 试点纳税人购进农产品直接销售的，农产品增值税进项税额按照以下方法核定扣除：

当期允许抵扣农产品增值税进项税额＝当期销售农产品数量/(1－损耗率)×农产品平均购买单价×13%/(1＋13%)

损耗率＝损耗数量/购进数量

③ 试点纳税人购进农产品用于生产经营且不构成货物实体的(包括包装物、辅助材料、燃料、低值易耗品等)，增值税进项税额按照以下方法核定扣除：

当期允许抵扣农产品增值税进项税额＝当期耗用农产品数量×农产品平均购买单价×13%/(1＋13%)

农产品单耗数量、农产品耗用率和损耗率统称为农产品增值税进项税额扣除标准(以下称扣除标准)。

上述规定的扣除率为销售货物的适用税率。

省级(包括计划单列市，下同)税务机关应根据上述核定方法顺序，确定试点纳税人适用的农产品增值税进项税额核定扣除方法。

(3) 进项税额的处理

试点纳税人销售货物，应合并计算当期允许抵扣农产品增值税进项税额。

试点纳税人购进农产品取得的农产品增值税专用发票和海关进口增值税专用缴款书，按照注明的金额及增值税额一并计入成本科目；自行开具的农产品收购发票和取得的农产品销售发票，按照注明的买价直接计入成本。

试点纳税人应自执行《农产品增值税进项税额核定扣除试点实施办法》之日起，将期初库存农产品以及库存半成品、产成品耗用的农产品增值税进项税额作转出处理。

试点纳税人应当按照《农产品增值税进项税额核定扣除试点实施办法》第四条的规定准确计算当期允许抵扣农产品增值税进项税额，并从相关科目转入“应交税金—应交增值税(进项税额)”科目。未能准确计算的，由主管税务机关核定。

试点纳税人购进的农产品价格明显偏高或偏低，且不具有合理商业目的的，由主管税务机关核定。

(4) 相关管理

试点纳税人在计算农产品增值税进项税额时，应按照下列顺序确定适用的扣除标准：

① 财政部和国家税务总局不定期公布的全国统一的扣除标准。

② 省级税务机关商同级财政机关根据本地区实际情况，报经财政部和国家税务总局备案后公布的适用于本地区的扣除标准。

③ 省级税务机关依据试点纳税人申请，按照《农产品增值税进项税额核定扣除试点实施办法》第十三条规定的核定程序审定的仅适用于该试点纳税人的扣除标准。

(5) 试点纳税人扣除标准核定程序如下所示。

① 试点纳税人以农产品为原料生产货物的扣除标准核定程序。

➢ 申请核定。以农产品为原料生产货物的试点纳税人应于当年 1 月 15 日前(2012 年为 7 月 15 日前)或者投产之日起 30 日内，向主管税务机关提出扣除标准核定申请并提供有关资料。申请资料的范围和要求由省级税务机关确定。

➢ 审定。主管税务机关应对试点纳税人的申请资料进行审核，并逐级上报给省级税务机关。省级税务机关尚未下达核定结果前，试点纳税人可按上年确定的核定扣除标准计算申报农产品进项税额。

② 试点纳税人购进农产品直接销售、购进农产品用于生产经营且不构成货物实体扣除标准的核定采取备案制，抵扣农产品增值税进项税额的试点纳税人应在申报缴纳税款时向主管税务机关备案。备案资料的范围和要求由省级税务机关确定。

试点纳税人对税务机关核定的扣除标准有疑义或者生产经营情况发生变化的，可以自税务机关发布公告或者收到主管税务机关《税务事项通知书》之日起 30 日内，向主管税务机关提出重新核定扣除标准申请，并提供说明其生产、经营真实情况的证据，主管税务机关应当自接到申请之日起 30 日内书面答复。

4. 营改增后原增值税一般纳税人允许抵扣进项税额的新规定

原增值税一般纳税人接受试点纳税人提供的应税服务，取得的增值税专用发票上注明的增值税额为进项税额，准予从销项税额中抵扣。

原增值税一般纳税人自用的应征消费税的摩托车、汽车、游艇，其进项税额准予从销项税额中抵扣。

原增值税一般纳税人接受境外单位或者个人提供的应税服务，按照规定应当扣缴增值税的，准予从销项税额中抵扣的进项税额为从税务机关或者代理人取得的解缴税款的中华人民共和国税收缴款凭证(以下称税收缴款凭证)上注明的增值税额。上述纳税人凭税收缴款凭证抵扣进项税额的，应当具备书面合同、付款证明和境外单位的对账单或者发票。否则，进项税额不得从销项税额中抵扣。

原增值税一般纳税人购进货物或者接受加工修理修配劳务，用于《应税服务范围注释》所列项目的，不属于《增值税暂行条例》第十条所称的用于非增值税应税项目，其进项税额准予从销项税额中抵扣。

原增值税一般纳税人取得的试点小规模纳税人由税务机关代开的增值税专用发票，按增值税专用发票注明的税额抵扣进项税额。

◆ 不得从销项税额中抵扣的进项税额

纳税人购进货物或者应税劳务，取得的增值税扣税凭证不符合法律、行政法规或者国务院税务主管部门有关规定的，其进项税额不得从销项税额中抵扣。

根据《关于调整增值税扣税凭证抵扣期限有关问题的通知》（国税函〔2009〕617 号）的规定，增值税一般纳税人申请抵扣的防伪税控系统开具的增值税专用发票，必须自该专用发票开具之日起 180 日内到税务机关认证，除非具有 2011 年国家税务总局第 50 号公告中的客观原因，否则不予抵扣进项税额。增值税一般纳税人认证通过的防伪税控系统开具的增值税专用发票，应在认证通过的当月按照增值税有关规定核算当期进项税额并申报抵扣，除非具有 2011 年国家税务总局第 78 号公告中的客观原因，否则不予抵扣进项税额。

下列项目的进项税额不得从销项税额中抵扣。

（1）用于适用简易计税方法计税项目、非增值税应税项目、免征增值税项目、集体福利或者个人消费的购进货物、接受加工修理修配劳务或者应税服务。其中涉及的固定资产、专利技术、非专利技术、商誉、商标、著作权、有形动产租赁，仅指专用于上述项目的固定资产、专利技术、非专利技术、商誉、商标、著作权、有形动产租赁。

所称非增值税应税项目，是指非增值税应税劳务、转让无形资产（专利技术、非专利技术、商誉、商标、著作权除外）、销售不动产以及不动产在建工程。其中，非增值税应税劳务，是指《应税服务范围注释》所列项目以外的营业税应税劳务；不动产，是指不能移动或者移动后会引起性质、形状改变的财产，包括建筑物、构筑物和其他土地附着物，纳税人新建、改建、扩建、修缮、装饰不动产，均属于不动产在建工程。

所称个人消费，包括纳税人的交际应酬消费；固定资产，是指使用期限超过 12 个月的机器、机械、运输工具以及其他与生产经营有关的设备、工具、器具等。

（2）非正常损失的购进货物及相关的加工修理修配劳务和交通运输业服务。

（3）非正常损失的在产品、产成品所耗用的购进货物（不包括固定资产）、加工修理修配劳务或者交通运输业服务。

（2）、（3）中所称非正常损失，是指因管理不善造成被盗、丢失、霉烂变质的损失，以及被执法部门依法没收或者强令自行销毁的货物。

（4）接受的旅客运输服务。

◆ 抵扣凭证

1. 增值税专用发票

《增值税专用发票使用规定》（国税发〔2006〕156 号）定义了增值税专用发票，是指增值税一般纳税人销售货物或者提供应税劳务开具的发票，是购买方支付增值额并可按照增值税有关规定据以抵扣增值税进项额的凭证。本书将在第 8 章中单独做详细介绍。

2. 货物运输业增值税专用发票

自本地区营改增试点实施之日起，一般纳税人提供货物运输服务使用货物运输业增值税专用发票税控系统开具货物运输业增值税专用发票。

3. 税控机动车销售统一发票

自 2013 年 8 月 1 日起，一般纳税人从事机动车（旧机动车除外）零售业务应使用机动车销售统一发票税控系统开具机动车销售统一发票。

4. 海关专用缴款书

海关专用缴款书是进口货物的纳税人在进口货物时由海关代征增值税后取得的进口货

物增值税专用缴款书。根据《增值税一般纳税人取得海关进口增值税专用缴款书抵扣进项税额的通知》(国税发〔2004〕148号),纳税人进口货物,凡已缴纳了增值税的,不论货款是否已支付,其取得的海关专用缴款书均可作为增值税进项税额抵扣凭证。

(1) 丢失海关缴款书。

根据国税函〔2009〕617号的规定,增值税一般纳税人丢失海关缴款书,应在开具之日起180日内,凭报关地海关出具的相关已完税证明,向主管税务机关提出抵扣申请。主管税务机关受理申请后,应当进行审核,并将纳税人提供的海关缴款书电子数据纳入稽核系统进行比对。稽核比对无误后,方可允许计算进项税额抵扣。

(2) 增值税专用缴款书上既有代理进口单位名称,又有委托进口单位名称的抵扣问题。

对海关代征进口环节增值税开具的增值税专用缴款书上标明有两个单位名称,即既有代理进口单位名称,又有委托进口单位名称的,只准予其中取得专用缴款书原件的一个单位抵扣税款。

根据国税发〔1996〕32号的规定,申报抵扣税款的委托进口单位,必须提供相应的海关代征增值税专用缴款书原件、委托代理合同及付款凭证,否则,不予抵扣进项税款。

(3) 境外供货商向国内进口方退还或返还的资金,或进口货物向境外实际支付的货款低于进口报关价格的差额,是否应当做进项税额转出。

纳税人从海关取得的海关进口增值税专用缴款书上注明的增值税额准予从销项税额中抵扣。因此,纳税人进口货物取得的合法海关进口增值税专用缴款书,是计算增值税进项税额的唯一依据,其价格差额部分以及从境外供应商取得的退还或返还的资金,不做进项税额转出处理。

5. 农产品收购发票

两种发票:一种是农业产品统一收购发票,一种是销售农产品的普通发票。

农业产品统一收购发票是指向农业生产者个人(不含从事农产品收购的个体经营者)收购自产农业产品时,由付款方向收款方开具的发票。农业产品是指种植业、养殖业、林业、牧业、水产业生产的各种植物、动物的初级产品。

经税务机关批准可以购买发票的纳税人,销售农产品,可以自行开具普通发票,也可以用于抵扣增值税。

收购发票仅限于向农业生产者收购自产的免税农产品时使用。通过商贩收购的农副产品只能由商贩开具普通发票注明的价款进行抵扣。

6. 铁路运输费用结算单据

铁路运输企业利用铁路(包括国有和地方合资或地方投资铁路、未列明的新增的铁路临管线及铁路专线)提供运输服务而开具的运输费用结算单据(自2014年1月1日起,改征增值税)。

7. 税收缴款凭证

境外的单位或者个人在境内提供应税服务,在境内未设有经营机构的,应有其代理人扣缴税款;在境内没有代理人的,应由接受方为其扣缴税款。税务机关为扣缴义务办理解缴税款手续并开具中华人民共和国税收通用缴款书。

◆ **抵扣期限**

1. 增值税专用发票抵扣时间

增值税一般纳税人取得2010年1月1日以后开具的增值税专用发票、机动车销售统一发票，应在开具之日起180日内到税务机关办理认证，并在认证通过的次月申报期内，向主管税务机关申报抵扣进项税额。

根据2011年国家税务总局第50号公告的规定，2007年1月1日以后开具的发生真实交易但由于客观原因造成增值税扣税凭证（包括增值税专用发票、货物运输业增值税专用发票、海关进口增值税专用缴款书）逾期的，经主管税务机关审核、逐级上报，由国家税务总局认证、稽核比对后，对比对相符的增值税扣税凭证，允许纳税人继续抵扣其进项税额。客观原因包括：(1) 因自然灾害、社会突发事件等不可抗力因素造成增值税扣税凭证逾期；(2) 增值税扣税凭证被盗、抢，或者因邮寄丢失、误递导致逾期；(3) 有关司法、行政机关在办理业务或者检查中，扣押增值税扣税凭证，纳税人不能正常履行申报义务，或者税务机关信息系统、网络故障，未能及时处理纳税人网上认证数据等导致增值税扣税凭证逾期；(4) 买卖双方因经济纠纷，未能及时传递增值税扣税凭证，或者纳税人变更纳税地点，注销旧户和重新办理税务登记的时间过长，导致增值税扣税凭证逾期；(5) 由于企业办税人员伤亡、突发危重疾病或者擅自离职，未能办理交接手续，导致增值税扣税凭证逾期；(6) 国家税务总局规定的其他情形。

除上述以外的其他原因造成增值税扣税凭证逾期的，仍应按照增值税扣税凭证抵扣期限有关规定执行。

同时，根据2011年国家税务总局第78号公告的规定，增值税一般纳税人取得的增值税扣税凭证（包括增值税专用发票、货物运输业增值税专用发票、海关进口增值税专用缴款书）已认证或已采集上报信息但未按照规定期限申报抵扣；实行纳税辅导期管理的增值税一般纳税人以及实行海关进口增值税专用缴款书“先比对后抵扣”管理办法的增值税一般纳税人，取得的增值税扣税凭证稽核比对结果相符但未按规定期限申报抵扣，属于发生真实交易且符合规定的客观原因的，经主管税务机关审核，允许纳税人继续申报抵扣其进项税额。

客观原因包括：(1) 因自然灾害、社会突发事件等不可抗力原因造成增值税扣税凭证未按期申报抵扣；(2) 有关司法、行政机关在办理业务或者检查中，扣押、封存纳税人账簿资料，导致纳税人未能按期办理申报手续；(3) 税务机关信息系统、网络故障，导致纳税人未能及时取得认证结果通知书或稽核结果通知书，未能及时办理申报抵扣；(4) 由于企业办税人员伤亡、突发危重疾病或者擅自离职，未能办理交接手续，导致未能按期申报抵扣；(5) 国家税务总局规定的其他情形。

2. 海关专用缴款书“先比对后抵扣”时限规定

依据国家税务总局海关总署2013年第31号公告，自2013年7月1日起，增值税一般纳税人（以下简称纳税人）进口货物取得的属于增值税扣税范围的海关缴款书，需经税务机关稽核比对相符后，其增值税额方能作为进项税额在销项税额中抵扣。纳税人进口货物取得的属于增值税扣税范围的海关缴款书，自开具之日起180天内向主管税务机关报送《海关完税凭证抵扣清单》（电子数据），申请稽核比对，逾期未申请的其进项税额不予抵扣。

3. 农产品收购和销售发票、货物运输业增值税专用发票抵扣时间

上述抵扣凭证计算进项税没有 180 天的时间限制。

根据国税函〔2009〕617 号的规定，增值税一般纳税人取得 2010 年 1 月 1 日以后开具的增值税专用发票、机动车销售统一发票，应在开具之日起 180 日内到税务机关办理认证。实行海关进口增值税专用缴款书（以下简称海关缴款书）“先比对后抵扣”管理办法的增值税一般纳税人取得海关缴款书，应在开具之日起 180 日内向主管税务机关报送《海关完税凭证抵扣清单》（电子数据）申请稽核比对。因此，农产品收购、货物运输业增值税专用发票计算进项税没有 180 天的时间限制。

相关知识

◆ **增值税转型改革的过渡措施**

根据《财政部、国家税务总局关于全国实施增值税转型改革若干问题的通知》（财税〔2008〕170 号）的规定，为推进增值税制度完善，促进国民经济平稳较快发展，国务院决定，自 2009 年 1 月 1 日起，在全国实施增值税转型改革。为保证改革实施到位，现实行以下过渡措施。

自 2009 年 1 月 1 日起，纳税人购进（包括接受捐赠、实物投资，下同）或者自制（包括改扩建、安装，下同）固定资产发生的进项税额（以下简称固定资产进项税额），可根据《增值税暂行条例》和《增值税暂行条例实施细则》的有关规定，凭增值税专用发票、海关进口增值税专用缴款书和运输费用结算单据（以下简称增值税扣税凭证）从销项税额中抵扣，其进项税额应当记入“应交税费—应交增值税（进项税额）”科目。

纳税人允许抵扣的固定资产进项税额，是指纳税人 2009 年 1 月 1 日以后（含 1 月 1 日，下同）实际发生，并取得 2009 年 1 月 1 日以后开具的增值税扣税凭证上注明的或者依据增值税扣税凭证计算的增值税税额。

东北老工业基地、中部六省老工业基地城市、内蒙古自治区东部地区已纳入扩大增值税抵扣范围试点的纳税人，2009 年 1 月 1 日以后发生的固定资产进项税额，不再采取退税方式，其 2008 年 12 月 31 日以前（含 12 月 31 日，下同）发生的待抵扣固定资产进项税额期末余额，应于 2009 年 1 月份一次性转入“应交税费—应交增值税（进项税额）”科目。

纳税人已抵扣进项税额的固定资产发生《增值税暂行条例》第十条第一项至第三项项所列情形的，应在当月按下列公式计算不得抵扣的进项税额：

不得抵扣的进项税额＝固定资产净值×适用税率

固定资产净值，是指纳税人按照财务会计制度计提折旧后计算的固定资产净值。

纳税人发生《增值税暂行条例实施细则》第四条规定，固定资产视同销售行为，对已使用过的固定资产无法确定销售额的，以固定资产净值为销售额。

自 2009 年 1 月 1 日起，进口设备增值税免税政策和外商投资企业采购国产设备增值税退税政策停止执行。

实例详解

【例 3-14】 某企业收购一批免税农产品用于生产，在税务机关批准使用的专用收购凭证上注明价款 900 000 元，可抵扣增值税进项税额为多少？记账采购成本是多少？

【分析】 可抵扣税额为＝900 000×13%＝117 000(元)

采购成本为＝900 000－117 000＝783 000(元)

【例 3-15】 某卷烟厂 2013 年 9 月收购烟叶生产卷烟，并向烟叶生产者支付价外补贴，收购凭证上注明价款 250 万元。该卷烟厂 9 月份收购烟叶可抵扣的进项税额为是多少？

【分析】 烟叶收购金额＝250×(1＋10%)＝275(万元)；

烟叶税应纳税额＝275×20%＝55(万元)

准予抵扣进项税＝(275＋55)×13%＝42.9(万元)。

【例 3-16】 某企业于 2013 年 6 月采购原材料支付运杂费共计 4 000 元，取得运输发票上注明运输费 3 400 元、装卸费 300 元、建设基金 240 元、保险费 60 元。其可计算可抵扣增值税进项税额为多少？记入采购成本的运输费是多少？

【分析】 根据税法的规定，运费准予抵扣的进项税额按照运输费用结算单据上注明的运输费用金额，按 7%的扣除率计算。运输费用仅包括运费和建设基金，不包括其他杂费。因此该企业 2013 年 6 月取得的该运输发票准予抵扣的进项税额＝(3 400＋240)×7%＝254.8(元)

记入采购成本的运输费用＝4 000－254.8＝3 745.2(元)

按规定对运费计算抵扣进项税时，应按运费发票上注明的运输费金额和建设基金金额的 7%计算抵扣进项税。如果发票所列项目不能把运输费与其他杂费分开，则不可计算抵扣进项税。

【例 3-17】 某公司为一般纳税人，2013 年 1 月购进一批原材料，取得防伪税控系统开具的增值税专用发票，由于该公司相关人员工作调动，导致该增值税专用发票一直以来未进行认证。2013 年 6 月，该公司相关领导发现这一问题，认为该发票是真实的，应该可以抵扣进项税额。请问该公司是否还能申请抵扣该增值税专用发票上的进项税额？

【分析】 根据税法的规定，增值税一般纳税人申请抵扣的防伪税控系统开具的增值税专用发票，必须自该增值税专用发票开具之日起 90 日内到税务机关认证，否则不予抵扣进项税额。由于该公司超过了申请认证的期限，因此，该增值税专用发票上的进项税额已经不能抵扣。

【例 3-18】 某公司 2013 年 7 月购进一批甲类原材料，取得增值税专用发票，发票上注明的增值税进项税额为 200 万元，该原材料用于正常的生产经营。同月，该公司还购进一批乙类原材料，取得增值税专用发票，发票上注明的增值税进项税额为 20 万元，该批原材料后来全部用于集体福利。同月，该公司还购进一批丙类原材料，取得增值税专用发票，发票上注明的增值税进项税额为 44 万元，该批原材料在一次意外火灾中全部被烧毁。请问该公司 2013 年 7 月购进的三批原材料所包含的进项税额中可以抵扣的数额是多少？

【分析】 根据税法的规定，用于非增值税应税项目、免征增值税项目、集体福利或者个人消费的购进货物或者应税劳务的进项税额不能抵扣，非正常损失的购进货物及相关的应税劳务的进项税额不能抵扣，因此，该公司购进的乙类原材料和丙类原材料所包含的进项税额均不能抵扣，甲类原材料所包含的进项税额可以抵扣。因此，2013 年 7 月购进的三批原材料所包含的进项税额中可以抵扣的数额是 200 万元。

3.4 增值税一般纳税人应纳税额的计算

要 点

增值税一般纳税人采用税款抵扣的方法计算应纳增值税额。一般纳税人销售货物或者提供应税劳务，应纳税额为当期销项税额抵扣当期进项税额后的余额。在分别确定销项税额和进项税额的情况下，就可以计算出应纳增值税税额。

解 释

◆ 一般纳税人应纳增值税计算的一般规定

应纳税额为当期销项税额抵扣当期进项税额后的余额，计算公式为：

应纳税额＝当期销项税额－当期进项税额

◆ 一般纳税人应纳增值税计算思路

一般纳税人实行凭增值税专用发票购进扣税法。一般纳税人销售货物或者提供应税劳务时，应纳税额为当期销项税额抵扣当期进项税额后的余额，计算公式为：

应纳税额＝当期销项税额－当期进项税额

公式中的"应纳税额"是纳税人实际应缴纳的增值税税额，即纳税人当期销项税额抵扣进项税额后的余额。

如果应纳税额为正数，即为纳税人当期应纳税额；如果应纳税额为负数，即当期销项税额小于当期进项税额而发生不足抵扣时，可将不足部分结转下期继续抵扣。

◆ 应纳税额的时间界定

1. 销项税额的时间界定

销项税额时间界定的原则：销项税额的确定不得滞后。

(1) 纳税人销售货物或提供加工、修理修配劳务确定销项税额的具体时间界定。

采取不同销售结算方式销售货物或者应税劳务，销项税额确定时间如下规定，但先开具发票的，为开具发票的当天。

① 采取直接收款方式销售货物，不论货物是否发出，均为收到销售款或者取得索取销售款凭据的当天。

根据国家税务总局公告 2011 年第 40 号《关于增值税纳税义务发生时间有关问题的公告》的规定，纳税人生产经营活动中采取直接收款方式销售货物，已将货物移送对方并暂估销售收入入账，但既未取得销售款或取得索取销售款凭据，也未开具销售发票的，其增值税纳税义务发生时间为取得销售款或取得索取销售款凭据的当天。

② 采取托收承付和委托银行收款方式销售货物，为发出货物并办妥托收手续的当天。

③ 采取赊销和分期收款方式销售货物，为书面合同约定的收款日期的当天，无书面合同的或者书面合同没有约定收款日期的，为货物发出的当天。

④ 采取预收货款方式销售货物，为货物发出的当天，但生产销售生产工期超过 12 个月的大型机械设备、船舶、飞机等货物，为收到预收款或者书面合同约定的收款日期的当天。

⑤ 委托其他纳税人代销货物，为收到代销单位的代销清单或者收到全部或者部分货款的当天。未收到代销清单及货款的，为发出代销货物满 180 天的当天。

⑥ 销售应税劳务，为提供劳务同时收讫销售款或者取得索取销售款的凭据的当天。

⑦ 纳税人发生上述以外视同销售货物行为，为货物移送的当天。

（2）纳税人提供应税服务确定销项税额的具体时间界定。

① 纳税人提供应税服务并收讫销售款项或者取得索取销售款项凭据的当天；先开具发票的，为开具发票的当天。

收讫销售款项，是指纳税人提供应税服务过程中或者完成后收到款项。

取得索取销售款项凭据的当天，是指书面合同确定的付款日期；未签订书面合同或者书面合同未确定付款日期的，为应税服务完成的当天。

② 纳税人提供有形动产租赁服务采取预收款方式的，其纳税义务发生时间为收到预收款的当天。

③ 纳税人发生视同提供应税服务的，其纳税义务发生时间为应税服务完成的当天。

2. 进项税额抵扣时限的界定

进项税额的抵扣时间的原则：进项税额的抵扣不得提前。

不同扣税凭证的抵扣时间规定如下。

增值税一般纳税人取得防伪税控系统开具的增值税专用发票，抵扣的进项税额按以下规定处理：

（1）增值税一般纳税人申请抵扣的防伪税控系统所开具的增值税专用发票，必须自发票开具之日起 180 日内到税务机关认证，除非具有 2011 年国家税务总局第 50 号公告中的客观原因，否则不予抵扣进项税额。

（2）增值税纳税人认证通过的防伪税控系统所开具的增值税专用发票，应在认证通过当月按照增值税有关规定核算当期进项税额并申报抵扣，除非具有 2011 年国家税务总局第 78 号公告中的客观原因，否则不予抵扣进项税额。

增值税一般纳税人取得由税务机关代开的专用发票后，应按发票注明的销售额和征收率计算的应纳税额为抵扣的进项税额。

◆ 扣减当期销项税额的规定

纳税人在销售货物时，往往因货物质量、规格等原因而发生销货退回或销售折让。销货退回或销售折让不仅涉及销货价款或折让价款的退回，还涉及增值税的退回，因此，销货方应对当期销项税额进行调整。税法规定，一般纳税人因销货退回和折让而退还给购买方的增值税额，应从发生销货退回或折让当期的销项税额扣减。

◆ **扣减当期进项税额的规定**

由于增值税实行以当期销项税额抵扣当期进项税额的“购进扣税法”，当期购进的货物或应税劳务如果事先并未确定将用于非生产经营项目，其进项税额则应在当期销项税额中予以抵扣。但在领用货物时将其用于非生产经营项目，包括按简易计税方法计税项目、非增值税应税项目、免增值税项目、集体福利和个人消费等，其已抵扣进项税额要扣减当期进项税额。

◆ **进项税额不足抵扣的税务处理**

由于增值税采用购进扣税法，有时企业当期购进的货物价款较多，而同期销售额却较少，纳税人在计算应纳税额时会出现当期销项税额小于当期进项税额。当期销项税额小于当期进项税额不足抵扣的，不足部分可以结转下期继续抵扣（形成本期留抵税额）。这种情况下，下期增值税应纳税额的计算公式就为：

应纳税额＝（当期销项税额－当期进项税额）－上期留抵税额

◆ **一般纳税人注销时存货及留抵税额处理问题**

一般纳税人注销或取消辅导期一般纳税人资格，转为小规模纳税人时，其存货不做进项税额转出处理，其留抵税额也不予以退税。

◆ **纳税人既欠缴增值税，又有增值税留抵税额问题的税务处理**

销项税额小于进项税额而产生期末留抵税额的，应以期末留抵税额抵减增值税欠税。

抵减欠缴税款时，应按欠税发生时间逐笔抵扣，先发生的先抵。抵缴的欠税包括呆账税金及欠税滞纳金。增值税一般纳税人拖欠纳税检查应补缴的增值税税款，如果有进项留抵税额，可按照《国家税务总局关于增值税一般纳税人用进项留抵税额抵减增值税欠税问题的通知》（国税发[2004]112号）的规定，用增值税留抵税额抵减查补税款欠税。

◆ **营改增兼有应税服务的原一般纳税人增值税期末留抵税额的税务处理**

原增值税一般纳税人兼有应税服务的，截止到本地区试点实施之日前的增值税期末留抵税额，不得从应税服务的销项税额中抵扣。

相关知识

◆ **一般纳税人按简易办法征收应纳增值税的计算**

1. 一般纳税人销售自己使用过的物品

《增值税暂行条例》及其实施细则施行后与“销售自己使用过的物品”相关的文件有以下几项。

（1）一般纳税人销售自己使用过的固定资产。

已使用过的固定资产是指纳税人根据财务会计制度已经计提折旧的固定资产。

① 根据财税〔2008〕170号规定，自2009年1月1日起，销售自己使用过的2009年1月1日以后购进或者自制的固定资产，按照适用税率征收增值税。

因为考虑到我国已实行消费型增值税，购进固定资产可以抵扣。所以，购进时抵扣了，再转让时按照适用税率征收增值税。

对于有些固定资产购进时进项税不得抵扣，可根据财税[2009]9号文件的规定，一般纳税人销售自己使用过的属于《增值税暂行条例》第十条规定不得抵扣且未抵扣进项税额的固定资产，按简易办法依4%征收率减半征收增值税。

② 根据财税〔2008〕170号规定，2008年12月31日以前未纳入扩大增值税抵扣范围试点的纳税人，销售自己使用过的2008年12月31日以前购进或者自制的固定资产，按照4%征收率减半征收增值税。

③ 根据财税〔2008〕170号规定，2008年12月31日以前已纳入扩大增值税抵扣范围试点的纳税人，销售自己使用过的在本地区扩大增值税抵扣范围试点以前购进或者自制的固定资产，按照4%征收率减半征收增值税；销售自己使用过的在本地区扩大增值税抵扣范围试点以后购进或者自制的固定资产，按照适用税率征收增值税。

④ 根据国家税务总局公告2012年第1号规定，自2012年2月1日起增值税一般纳税人销售自己使用过的固定资产，属于这两种情形之一：纳税人购进或者自制固定资产时为小规模纳税人，认定为一般纳税人后销售该固定资产；增值税一般纳税人发生按简易办法征收增值税应税行为，销售其按照规定不得抵扣且未抵扣进项税额的固定资产。可按简易办法依4%征收率减半征收增值税，同时不得开具增值税专用发票。

(2) 根据财税〔2009〕9号规定，一般纳税人销售自己使用过的除固定资产以外的物品，应当按照适用税率征收增值税。

2. 易与"销售自己使用过的物品"混淆的旧货

纳税人销售旧货，按照简易办法依照4%征收率减半征收增值税。

销售额＝含税销售额÷(1＋4%)

应纳税额＝销售额×4%÷2

所称旧货，是指进入二次流通的具有部分使用价值的货物(含旧汽车、旧摩托车和旧游艇)，但不包括自己使用过的物品。

自2012年7月1日起经批准允许从事二手车经销业务的纳税人按照《中华人民共和国机动车登记规定》的有关规定，收购二手车时将其办理过户登记到自己名下，销售时再将该二手车过户登记到买家名下的行为，属于《增值税暂行条例》规定的销售货物的行为，应按照现行规定征收增值税。

除上述行为以外，纳税人受托代理销售二手车，凡同时具备以下条件的，不征收增值税；不同时具备以下条件的，视同销售征收增值税。

① 受托方不向委托方预付货款；

② 委托方将二手车销售统一发票直接开具给购买方；

③ 受托方按购买方实际支付的价款和增值税额(如系代理进口销售货物则为海关代征的增值税额)与委托方结算货款，并另外收取手续费。

3. 一般纳税人销售自产货物的简易计算

一般纳税人销售自产的下列货物，可选择按照简易办法依照6%征收率计算缴纳增值税。

(1) 县级及县级以下小型水力发电单位生产的电力。小型水力发电单位是指各类投资主体建设的装机容量为5万千瓦以下(含5万千瓦)的小型水力发电单位。

(2) 建筑用和生产建筑材料所用的砂、土、石料。

(3) 以自己采掘的砂、土、石料或其他矿物连续生产的砖、瓦、石灰(不含黏土实心砖、瓦)。

(4) 用微生物、微生物代谢产物、动物毒素、人或动物的血液或组织制成的生物制品。

(5) 自来水。

对属于一般纳税人的自来水公司销售自来水按简易办法依照6%征收率征收增值税,不得抵扣其购进自来水取得增值税扣税凭证上注明的增值税税款。

(6) 商品混凝土(仅限于以水泥为原料生产的水泥混凝土)。

销售额=含税销售额÷(1+6%)

应纳税额=销售额×6%

一般纳税人选择简易办法计算缴纳增值税后,36个月内不得变更。

4. 其他按简易办法征税的物品

寄售代销商店代销寄售物品、典当业销售死当物品、经国务院或国务院授权机关批准的免税商店零售的免税品,暂按简易办法依照4%征收率计算缴纳增值税。

销售额=含税销售额÷(1+4%)

应纳税额=销售额×4%

5. 药品经营企业销售生物制品

自2012年7月1日起,属于增值税一般纳税人的药品经营企业销售生物制品,可以选择简易办法按照生物制品销售额和3%的征收率计算缴纳增值税。

药品经营企业,是指取得(食品)药品监督管理部门颁发的《药品经营许可证》,获准从事生物制品经营的药品批发企业和药品零售企业。

选择简易办法计算缴纳增值税的,36个月内不得变更计税方法。

6. 营改增一般纳税人提供特定应税服务的简易计税

营改增一般纳税人提供特定应税服务并选择简易计税方法计算缴纳增值税的一般纳税人,按照3%征收率计算缴纳增值税。

销售额=含税销售额÷(1+3%)

应纳税额=销售额×3%

◆ 增值税税控系统专用设备和技术维护费用抵减增值税税额的政策规定

国家税务总局为减轻纳税人负担,经国务院批准,自2011年12月1日起,增值税纳税人(包括一般纳税人和小规模纳税人)购买增值税税控系统专用设备支付的费用以及缴纳的技术维护费(以下称二项费用)可在增值税应纳税额中全额抵减。

1. 初次购买增值税税控系统专用设备的费用税额抵减

增值税纳税人2011年12月1日(含,下同)以后初次购买增值税税控系统专用设备(包括分开票机)支付的费用,可凭购买增值税税控系统专用设备取得的增值税专用发票,在增值税应纳税额中全额抵减(抵减额为价税合计额),不足抵减的可结转下期继续抵减。增值税纳税人非初次购买增值税税控系统专用设备支付的费用，由其自行负担，不得在增值税应纳税额中抵减。

增值税税控系统包括增值税防伪税控系统、货物运输业增值税专用发票税控系统、机动车销售统一发票税控系统和公路、内河货物运输业发票税控系统(2013 年 8 月 1 日后该系统已停止使用)。

增值税防伪税控系统的专用设备包括金税卡、IC 卡、读卡器或金税盘和报税盘；货物运输业增值税专用发票税控系统专用设备包括税控盘和报税盘；机动车销售统一发票税控系统和公路、内河货物运输业发票税控系统专用设备包括税控盘和传输盘。

2. 技术维护费的税额抵减

增值税纳税人 2011 年 12 月 1 日以后缴纳的技术维护费(不含补缴的 2011 年 11 月 30 日以前的技术维护费)，可凭技术维护服务单位开具的技术维护费发票，在增值税应纳税额中全额抵减，不足抵减的可结转下期继续抵减。

3. 两项费用相关进项税额的处理

增值税一般纳税人支付的二项费用在增值税应纳税额中全额抵减的，其增值税专用发票不作为增值税抵扣凭证，其进项税额不得从销项税额中抵扣。

4. 后续维修费用的税务处理

纳税人购买的增值税税控系统专用设备自购买之日起 3 年内因质量问题无法正常使用的，由专用设备供应商负责免费维修，无法维修的免费更换。

实例详解

【例 3-19】 某电视机生产厂为增值税一般纳税人，2013 年 6 月发生如下业务。

(1) 6 个月前发给某代理商一批电视，本月 18 日已经满 180 天，尚有 100 台未收款，该批电视原发货价格为每台 8 200 元。

(2) 向甲家电商场销售 A 型电视 100 台，统一出厂价为 6 800 元/台。采取交款提货结算方式。给予商场出厂价 5%的优惠，货款全部以银行存款收讫；向乙家电商场销售 A 型电视 50 台，给予价税合计金额 2%的现金折扣，乙家电商场及时付款并享受了现金折扣。

(3) 采取以旧换新方式，向消费者收购旧电视，销售 A 型电视 10 台。旧电视作价 1 800 元/台。

(4) 采取还本销售方式销售 A 型电视 15 台，5 年后将全部货款以价税合计总额退还给购货方。销售后，开出普通发票 15 张，含税销售收入合计金额 127 250 元。

(5) 以 28 台 A 型电视与丙单位换取等价原材料，A 型电视成本每台 4 300 元。双方均按 17%的税率开具增值税专用发票。

(6) 向丁商场销售 A 型电视 180 台。

本月其他业务共发生可抵扣进项税额 290 000 元，假设上述增值税专用发票均已通过认证。

计算下列每一问题的共计金额：

(1) 计算向甲家电商场及乙家电商场销售货物所产生的增值税销项税额；

(2) 计算以旧换新方式销售货物产生的增值税销项税额；

(3) 计算还本销售方式产生的增值税销项税额；

(4) 计算以物易物方式销售产生的增值税销项税额；

(5) 计算向丁商场销售产生的销项税额；

(6) 计算企业当期应缴纳的增值税。

【分析】

(1) 向甲家电商场销售的货物5%的优惠允许扣减销售额，而对乙家电商场采取的是现金折扣方式，即先销售后折扣，折扣部分不得减除销售额。

销项税额＝6 800×(1－5%)×100×17%＋6 800×50×17%＝167 620(元)

(2) 采取以旧换新方式销售货物的，应按新货物的同期销售价格确定销售额。

销项税额＝6 800×10×17%＝11 560(元)

(3) 采取还本销售方式销售货物的，不得从销售额中减除还本支出。

销项税额＝127 250÷(1＋17%)×17%＝18 489(元)

(4) 以物易物方式销售，双方均开具增值税专用发票等价交换，因此，该笔业务的销项税额和进项税额相等，即销项税额＝6 800×28×17%＝32 368(元)

(5) 向丁商场销售，销项税额＝6 800×180×17%＝208080(元)

(6) 当期应纳增值税＝167 620＋11 560＋18 489＋32 368＋208080－[290 000＋32 368－127 250×17%]＝137 381.5(元)

【例 3-20】 某生产企业为增值税一般纳税人，2013 年 2 月发生下列业务，计算其应纳增值税额。

(1) 向某大商场销售甲产品，开具增值税专用发票，取得不含税销售额 80 万元；取得销售甲产品的送货运输费收入 5.85 万元，开具普通发票。

(2) 销售乙产品，取得含税销售额 36.74 万元，开具普通发票。

(3) 企业基建工程应用一批试制的应税新产品，成本价为 60 万元，成本利润率为 10%，该新产品无同类产品市场销售价格。

(4) 购进货物取得增值税专用发票，注明支付的货款 60 万元、进项税额 10.2 万元；另外支付购货的运输费用 6 万元，取得运输公司开具的普通发票。

(5) 向农业生产者购进免税农产品一批，支付收购价 40 万元，支付给运输单位的运费 7 万元，取得相关的合法票据。本月下旬将购进的农产品的 20%用于本企业职工福利(以上相关票据均符合税法的规定)。

根据上述资料计算增值税额。

【分析】 (1) 销项税额＝80×17%＋5.85÷(1＋17%)×17%＝14.45(万元)

(2) 销项税额＝36.74÷(1＋17%)×17%＝5.34(万元)

(3) 销项税额＝60×(1＋10%)×17%＝11.22(万元)

(4) 进项税额＝10.2＋6×7%＝10.62(万元)

(5) 进项税额＝(40×13%＋7×7%)×(1－20%)＝4.552(万元)

(6) 则该企业 2013 年 2 月份应缴纳的增值税额为＝14.45＋5.34＋11.22—10.62—4.552＝15.838(万元)

【例 3-21】 某进出口公司当月进口办公设备 900 台，每台进口完税价格 7 万元，将进口办公用品从海关运回本单位，支付运输费用 9 万元，取得了普通发票。当月以每台 12.8 万元的含税价格售出 700 台，为全国运动会捐赠 6 台。另支付销货运输费 1.3 万元（有运输发票）。假设进口关税税率为 15%，计算该企业当月应纳增值税。

【分析】 (1) 进口货物进口环节应纳增值税＝7×(1＋15%)×900×17%＝1 231.65（万元）

(2) 当月销项税额＝(700＋6)×[12.8÷(1＋17%)]×17%＝1 313.04（万元）

(3) 当月进项税额＝1 231.65＋9×7%＋1.3×7%＝1 232.37（万元）

(4) 当月应纳增值税＝1 313.04—1 232.37＝80.67（万元）

【例 3-22】 某商业企业是增值税一般纳税人，2013 年 6 月初留抵税额 2 000 元，6 月发生以下业务：

(1) 购入一批商品，取得认证税控发票，价款 50 000 元，税款 8 500 元；

(2) 3 个月前从农民手中收购的一批粮食毁损，账面成本 6 750 元；

(3) 从农民手中收购大豆 1 吨，收购凭证上注明收购款 1 500 元；

(4) 从小规模纳税人处购买商品一批，取得税务机关代开的发票，价款 30 000 元，税款 900 元，款已付清，货物未入库，发票已认证；

(5) 购买建材一批用于修缮仓库，价款 20 000 元，税款 3 400 元；

(6) 零售日用商品，取得含税收入 150 000 元；

(7) 将 2 个月前购入的一批布料捐赠受灾地区，账面成本 20 000 元，同类不含税销售价格为 30 000 元；

(8) 外购电脑 20 台，并取得增值税发票，每台不含税单价 6 000 元，购入后 5 台捐赠希望小学，5 台办公使用，另 10 台全部零售，零售价每台 8 000 元。

假定相关可抵扣进项税的发票均经过认证，试计算：

(1) 当期可从销项税中抵扣的增值税进项税合计总额（考虑转出的进项税）；

(2) 当期增值税销项税额；

(3) 当期应纳增值税额。

【分析】 (1) 当期购进商品进项税额＝8 500＋1 500×13%＋900＋6 000×20×17%＝29 995（元）

粮食毁损进项税转出＝6 750÷(1－13%)×13%＝1 008.62（元）

当期可抵扣的进项税＝29 995－1 008.62＋2 000（上期留抵）＝30 986.38（元）

(2) 当期销项税额＝[150 000＋8 000×(10＋5)]÷(1＋17%)×17%＋30 000×17%＝44 330.77（元）

(3) 当期应纳税额＝44 330.77－30 986.38＝13 344.39（元）

【例 3-23】 某一般纳税人转让一台 2013 年 7 月购置的饭店用冰箱，作价 1800 元。请问该一般纳税人应纳增值税额为多少？

【分析】 先转成不含税销售额，再按 4%减半。申报应纳增值税＝1 800÷(1＋4%)×4%÷2＝34.62（元）

【例 3-24】 某江苏省的一般纳税人于 2008 年 3 月（2008 年 12 月 31 日以前未纳入扩大

增值税抵扣范围试点)转让一台从东北某省(不管2008年12月31日以前是否纳入扩大增值税抵扣范围试点)购置的设备一台,作价18 000元。请问该一般纳税人申报应纳增值税为多少?

【分析】 先转成不含税销售额,再按4%减半。申报应纳增值税=18 000÷(1+4%)×4%÷2=346.15(元)

3.5　增值税小规模纳税人应纳税额的计算

要　点

小规模纳税人经营规模小,会计核算不健全,无法按照一般纳税人那样分别核算进项税额和销项税额,所以为了简化计算,有利于加强税收征管,税法规定对小规模企业实行简易征收办法,即按销售额3%的征收率计算应纳税额,不得抵扣进项税额。

解　释

◆ 应纳税额的计算公式

小规模纳税人销售货物或提供应税劳务按销售额和规定征收率计算应纳税额,不得抵扣进项税额,其应纳税额的计算公式为:

应纳税额=销售额×征收率

◆ 含税销售额的换算

小规模纳税人销售货物、提供应税劳务和应税服务采用销售额和应纳税额合并定价方式的,换算公式为:

不含税销售额=含税销售额÷(1+征收率)

小规模纳税人缴纳的税尽管似乎不是真正意义上的"增值税",但同样具有增值税的两大特点。

一是税负转嫁。例如,某人到一个小店买香烟付了103元,这个103元小店怎么缴税呢?交3元(100元×3%=3元)。所以,在付香烟钱时,100元是价格,3元是税款。小规模纳税人是将从消费者手中收取的增值税到次月规定日期前向税务机关申报缴纳。

二是增值税是价外税,是对不含税价征税。消费者支付的103元称为含税价,即等于100元+3元。含税价与不含税价的折算是:

不含税价100元=含税价103元÷(1+3%),

不含税价100元×征收率3%=增值税3元。

含税价与不含税价在企业签订供销合同时要特别注意。通常理论上讲售价、销售价格都是指不含税价。但实际工作中,很多人却一直认为收到的钱才是售价,只有会计计算缴税时才分含税与不含税,这是错误的。

所以,从这个角度看,小规模纳税人当然是缴增值税。

小规模纳税人申报计算时注意"销售额",销售收到的钱或应收款是含税价,增值税是对不含税价征税，故首先要把含税转成不含税。

◆ **主管税务机关为小规模纳税人代开发票应纳税额的计算**

主管税务机关为小规模纳税人（包括小规模纳税人中的企业、企业性单位及其他小规模纳税人，下同）代开专用发票，应在专用发票"单价"栏和"金额"栏分别填写不含增值税税额的单价和销售额，应纳税额按销售额依照征收率计算。

主管税务机关为小规模纳税人代开专用发票后，发生退票的，由销售方到税务机关比照增值税一般纳税人开具专用发票后作废或开具红字发票的有关规定处理；对于重新开票的，应同时进行新开票税额与原开票税额的清算，多退少补；对无须重新开票的，退还其已征的税款或抵顶下期正常申报税款。

◆ **小规模纳税人购进税控收款机的进项税额抵扣**

自 2004 年 12 月 1 日起，增值税小规模纳税人购置税控收款机，经主管税务机关审核批准后，按照购进税控收款机取得的普通发票上注明的价款，依下列公式计算可抵免的税额：

可抵免的税额＝价款÷(1＋17％)×17％

当期应纳税额不足抵免的，未抵免的部分可在下期继续抵免。

或者凭购进税控收款机取得的增值税专用发票，按照发票上注明的增值税税额，抵免当期应纳增值税。

相关知识

◆ **小规模纳税人销售自己使用过的物品**

(1) 小规模纳税人销售自己使用过的固定资产，减按 2％征收率征收增值税。

销售额＝含税销售额÷(1＋3％)

应纳增值税额＝销售额×2％

因为，小规模纳税人的征收率是 3％，只不过特殊情况减按 2％征收率征收增值税。

(2) 小规模纳税人销售自己使用过的除固定资产以外的物品，应按 3％的征收率征收增值税。

实例详解

【例 3-25】 某商业零售企业为增值税小规模纳税人，2013 年第 3 季度购进货物（商品）取得普通发票，支付金额 150 000 元；销售货物取得零售收入共计 172 220 元。计算当期应缴纳的增值税税额。

【分析】 销售额＝172 220÷(1＋3％)＝167 203(元)

应纳税额＝167 203×3％＝5 016(元)

【例 3-26】 某生产企业为增值税小规模纳税人，2013 年 9 月对部分资产盘点后进行处理，其中销售边角余料，含税收入 93 750 元，由税务机关代开增值税专用发票；销售使用过的小汽车 1 辆，取得含税收入176 700元（原值为 280 000 元）。计算该企业应缴纳的增值税税额。

【分析】 该企业上述业务应缴纳的增值税税额＝93 750÷(1＋3％)×3％＋176 700÷(1＋3％)×2％＝2 730.58＋3 431.07＝6 161.65(元)。

【例 3-27】 某商店为增值税小规模纳税人，2013 年 7 月取得零售收入总额 17.48 万元。计算该商店 7 月应缴纳的增值税额。

【分析】 7 月取得的不含税销售额为＝17.48÷(1＋3％)＝16.97(万元)

7 月应缴纳的增值税额为＝16.97×3％＝0.5091(万元)

3.6 进口货物应纳增值税额的计算

要 点

根据税法规定，进入我国境内的货物，都必须向我国海关申报进口并办理有关报关手续。报关进口的应税货物，包括国外产制或我国已出口而转销国内的货物，进口者自行采购或国外捐赠的货物，进口者自用或作为贸易或其他用途等，均应按照规定缴纳进口环节增值税。

国家在规定对进口货物征税的同时，对某些进口货物制定了减免税的特殊规定。如属于来料加工、进料加工贸易方式进口国外的原材料、零部件等在国内加工后复出口的，对进口的原材料、零部件按规定给予免税或减税；但这些进口减、免税的原材料、零部件若不能加工复出口，而是销往国内的，就要予以补税。

解 释

◆ 进口货物的纳税人

对于国内一切从事进口业务的企事业单位、机关团体和个人，都应视为进口货物增值税的纳税人，具体包括：

(1) 进口货物的收货人；

(2) 办理进口报关手续的单位和个人；

(3) 对于委托代理进口应征增值税的货物，一律由进口代理者代缴进口环节增值税。

◆ 进口货物的适用税率

进口货物的增值税税率与国内销售的货物规定相同。

◆ 进口货物应纳税额的计算

纳税人进口货物，按照组成计税价格和条例适用的税率计算应纳税额，并且不得抵扣任何税额。组成计税价格和应纳税额的计算公式如下：

组成计税价格＝关税完税价格＋关税＋消费税

或：组成计税价格＝(关税完税价＋关税)÷(1－消费税税率)

应纳税额＝组成计税价格×税率

进口货物增值税的组成计税价格中包括已纳关税税额，如果进口货物属于消费税应税消费品，其组成计税价格中还应包括已纳消费税税额。

相关知识

◆ 关税完税价格的确定

（1）完税价格是进口货物以海关确认的正常成交价格为基准的 CIF（Cost Insurance and Freight）价格。正常成交价格是指成交双方不具有特殊经济关系，且该项货物在公开市场上可以用来购到的正常价格。所称的 CIF 价格，包括货价以及加上货物运抵中国境内输入地起卸前的包装、运输、保险和其他劳务等费用。对于卖方付给买方的正常回扣、佣金，在合同内订明的，应从成交价格内扣除。在成交价格外，买方另行付给卖方一部分佣金，应加入成交价格。

（2）进口货物的成交价格经海关审查未能确定的，应以从该货物的同一出口国（地区）购进的相同或类似货物的正常成交价格为基础的 CIF 价格作为完税价格。

（3）如按上述规定，完税价格仍未能确定的，应当以相同或类似进口货物在国内市场的批发价格，减去进口关税、进口环节其他税收以及进口后的正常运输、储存、营业费用、利润作为完税价格，上述进口后的各项费用及利润经综合计算定为完税价格的 20%。

实例详解

【例 3-28】 某进出口公司为增值税一般纳税人，2013 年 7 月报关进口小汽车 400 辆，每辆关税完税价格 21 000 元，假定其进口关税税率为 60%。已交进口关税和海关代征的增值税和消费税，并已取得增值税完税凭证。试计算该公司当月进口环节应纳增值税。（进口小汽车的消费税税率为 10%）

【分析】 组成计税价格＝(21 000＋21 000×60%)÷(1－10%)×400＝14 933 333.33（元）

应纳税额＝14 933 333.33×17%＝2 538 666.66（元）

【例 3-29】 某商场于 2013 年 9 月进口一批货物。该批货物在国外的买价为 50 万元，另外该批货物运抵我国海关前发生的包装费、运输费、保险费等共计 25 万元。货物报关后，商场按规定缴纳了进口环节的增值税并取得了海关开具的完税凭证。假定该批进口货物在国内全部销售，取得不含税销售额为 100 万元。请计算该批货物进口环节、国内销售环节分别应缴纳的增值税税额（货物进口关税税率 15%，增值税税率 17%）。

【分析】 根据税法的相关规定，该商场的纳税情况如下：

（1）关税的组成计税价格＝50＋25＝75（万元）

（2）应缴纳进口关税＝75×15%＝11.25（万元）

（3）进口环节应纳增值税的组成计税价格＝75＋11.25＝86.25（万元）

（4）进口环节应缴纳增值税的税额＝86.25×17%＝14.66（万元）

（5）国内销售环节的销项税额＝100×17%＝17（万元）

（6）国内销售环节应缴纳增值税税额＝17－14.66＝2.34（万元）

实战训练

一、单项选择题

1. 某企业为增值税一般纳税人，月销售收入为 2 925 000 元，该企业当月计税销售额为(　　)元。

A. 2 500 000　　B. 2 588 400

C. 2 759 400　　D. 3 524 000

2. 某企业外购下列货物，按照增值税法的相关规定，可作为进项税额从销项税额中抵扣的是(　　)。

A. 外购的应征消费税的小汽车

B. 将外购的货物作为福利分给本企业职工

C. 外购的低值易耗品

D. 将外购货物用于基建工程

3. 下述销售行为中，可按销售差额作为增值税计税销售额的是(　　)。

A. 以旧换新销售　　B. 折扣销售并开在同一张发票上

C. 还本销售　　D. 以物易物销售

4. 某商场采取折扣方式销售货物，折扣额单独开蓝字发票，增值税销售额按(　　)确定。

A. 加上折扣额的销售额　　B. 折扣额

C. 扣除折扣额的销售额　　D. 不扣除折扣额的销售额

5. 小规模纳税人销售自己使用过的固定资产和旧货，按下列公式确定销售额和应纳税额：销售额＝含税销售额/(1＋3%)，应纳税额＝销售额×(　　)。

A. 6%　　B. 4%　　C. 2%　　D. 3%

二、多项选择题

1. 按增值税法的相关规定，应计入销售额计算增值税的价外费用包括(　　)。

A. 手续费

B. 运输装卸费

C. 包装物押金

D. 违约金

2. 按增值税法的相关规定，下列外购项目中允许作为进项税额从销项税额中抵扣的是(　　)。

A. 大型设备一台，增值税专用发票注明税款

B. 外购设备发生运费，运输单位开具货票上注明

C. 免税农产品，收购凭证上注明价款

D. 外购免税农产品发生装卸费，装卸运输单位开具货票上注明

3. 可作为增值税抵扣凭证包括(　　)。

A. 农产品销售发票

B. 海关进口增值税专用缴款书

C. 增值税专用发票

D. 防伪税控系统开具的机动车销售专用发票

4. 下列有关增值税税率的说法正确的是（　　）。

A. 煤炭的税率为 17%

B. 纳税人提供加工、修理修配劳务的税率为 17%

C. 税率的调整由国家税务总局决定

D. 纳税人出口货物，税率为零，国务院另有规定的除外

5. 下列关于小规模纳税人的说法正确的是（　　）。

A. 小规模纳税人增值税征收率为 3%

B. 小规模纳税人销售货物或者应税劳务，实行按照销售额和征收率计算应纳税额的简易办法，不得抵扣进项税额

C. 小规模纳税人增值税征收率为 4%和 6%

D. 小规模纳税人会计核算健全，能够提供准确税务资料的，可向主管税务机关申请资格认定，不作为小规模纳税人，按照《增值税暂行条例》有关规定计算应纳税额

三、判断题

1. 个体经营者年应税销售额超过小规模纳税人标准但不申请办理一般纳税人认定手续的，应按销售额依照增值税税率计算应纳税额，不得抵扣进项税额，也不得使用增值税专用发票。（　　）

2. 国务院财政、税务主管部门规定的纳税人自用消费品的进项税额可以从销项税额中抵扣。（　　）

3. 为推进增值税制度完善，促进国民经济平稳较快发展，国务院决定，自 2009 年 1 月 1 日起，在全国实施增值税转型改革。（　　）

4. 对于国内一切从事进口业务的企事业单位、机关团体和个人，都应作为进口货物增值税的纳税人。（　　）

5. 商业企业小规模纳税人和商业个体经营者的征收率为 6%。（　　）

四、问答与计算题

1. 蛹衬应当按照增值税哪一档税率征税？

2. 2009 年以后，水煤浆产品还可以继续适用增值税 13%的低税率吗？

3. 某电脑公司为增值税一般纳税人，2013 年 7 月销售电脑 300 台，每台零售价格为 6 000 元，上月出售的同型号的电脑因质量问题被顾客退回 2 台，当月该型号电脑每台零售价格为 6 786 元，尚未取得税务机关开具的《开具红字增值税专用发票通知单》，电脑公司已将这 2 台电脑退给厂家，取得厂家依法开具的红字增值税专用发票上注明销售额 11 000 元，增值税税额 1 870 元；本月购进电脑取得防伪税控系统增值税专用发票上注明的增值税税额为 35 000 元，本月申请并通过了认证。计算该电脑公司本月上述业务应缴纳的增值税税额。

第4章　增值税的优惠政策

为了促进我国经济平稳快速持续发展，在支农惠农、资源综合利用、改善社会民生、宣传文化、科技创新等方面，国家都相继出台了一系列的增值税税收优惠政策，目前已经形成了较为完备的税收优惠政策体系。税收优惠作为国家对纳税人的一种利益让步，体现了国家的政策意图，它是对税收统一性和相对固定性做出的一种灵活补充。所谓税收统一性，是指在税法规定的范围内所有的纳税人和征税对象都应当按照税法规定的税率计算纳税；固定性是指税法确定的税率已经发布，在一段时间内将保持不变。实行税收优惠政策，可以更好地贯彻执行国家的税收政策，更充分地发挥税收调节社会经济的作用。

4.1　增值税优惠政策的种类

要　点

增值税的优惠政策是指对纳税人销售货物、提供应税劳务、应税服务的应纳税额予以免征或减征。根据具体实施方式的不同，我国增值税优惠政策大致可以分为三类：一般免税；即征即退、先征后退(返)；起征点规定。根据增值税免税的基本原理，要规范实行，只能对进入最终消费的货物免税，不应对货物的生产、经营免税。确实需要对生产、经营的货物免税的，也应实行免税与退税相结合、免税与抵扣相结合的制度。

解　释

◆ 一般免税

一般免税是对纳税人销售货物或应税劳务的应纳税额予以免征，对其外购货物的进项税额不予抵扣。这种类型的免税具有以下特点。

(1) 实行免税后货物和劳务仍然负担一定的税款。

由于免税只是免征纳税人销售货物或劳务在本环节的应纳税额，对其外购货物的进项税额不予抵扣，这样享受免税照顾的货物或劳务实际上仍然负担部分税款。

(2) 可能引起重复征税的问题。

(3) 在一定程度上对免税企业的经营造成负面影响。

由于免税产品不能抵扣进项税额，这样纳税人必须将税额计入产品的生产成本，最终形成产品价值。

◆ **即征即退、先征后退（返）**

即征即退是按税法规定应缴纳的税款，由税务机关在征税时部分或全部退还纳税人的一种优惠政策。例如，对增值税一般纳税人销售其自行开发生产的软件产品，2010 年前按 17%的法定税率征收增值税，对实际税负超过 3%的部分即征即退，由企业用于研究开发软件产品和扩大再生产。

实行先征后退减免税，是纳税人销售货物和劳务后，需要按规定计算应纳税额，然后申报和缴纳，在一定时间后财政、税务部门再将企业缴纳的税款全部或部分还给企业。享受这种优惠政策的纳税人可以向购买方开具专用发票，购货方可以按照专用发票抵扣税款。

实行先征后返是指税务机关正常将增值税征收入库，然后由财政机关按税收政策规定审核并返还企业所缴入库的增值税，返税机关为财政机关。

◆ **起征点规定**

所谓起征点，是指对纳税人开始征收增值税的销售数额。如果纳税人销售额未达到规定的起征点，免征增值税。实行起征点免税政策，增值税起征点的适用范围包括个人和部分小微企业，个人的具体幅度规定如下：

（1）销售货物，起征点为月销售额 5 000～20 000 元。

（2）提供应税劳务，起征点为月销售额 5 000～20 000 元。

（3）按次纳税，起征点为每次（日）销售额 300～500 元。

省、自治区、直辖市财政厅（局）和国家税务总局应在规定的幅度内，根据实际情况确定本地区适用的起征点，并报财政部、国家税务总局备案。

销售水产品、畜牧产品、蔬菜、果品、粮食等农产品的个体工商户，起征点一律为每月 5 000 元或每次（日）200 元。

实行起征点免税政策，增值税起征点的适用范围为部分小微企业的，其规定如下：

（1）自 2013 年 8 月 1 日起，对增值税小规模纳税人中月销售额不超过 2 万元（含 2 万元）的企业或非企业性单位，暂免征收增值税；

（2）以 1 个季度为纳税期限的增值税小规模纳税人中，季度销售额不超过 6 万元（含 6 万元，下同）的企业或非企业性单位，暂免征收增值税。

增值税小规模纳税人中的企业或非企业性单位，兼营营业税应税项目的，应当分别核算增值税应税项目的销售额和营业税应税项目的营业额，月销售额不超过 2 万元（按季纳税 6 万元）的暂免征收增值税。

相关知识

◆ **增值税纳税人放弃免税权的处理**

（1）生产和销售免征增值税货物或劳务的纳税人要求放弃免税权，应当以书面形式提交放弃免税权声明，报主管税务机关备案。纳税人自提交备案资料的次月起，按照现行有关规定计算缴纳增值税。

（2）放弃免税权的纳税人符合一般纳税人认定条件尚未认定为增值税一般纳税人的，

应当按现行规定认定为增值税一般纳税人，其销售的货物或劳务可开具增值税专用发票。

(3) 纳税人一经放弃免税权，其生产销售的全部增值税应税货物或劳务均应按照适用税率征税，不得选择某一免税项目放弃免税权，也不得根据不同的销售对象选择部分货物或劳务放弃免税权。

(4) 纳税人自税务机关受理纳税人放弃免税权声明的次月起36个月内不得申请免税。

(5) 纳税人在免税期内购进用于免税项目的货物或者应税劳务所取得的增值税扣税凭证，一律不得抵扣。

实例详解

【例4-1】 李女士是下岗职工，于2013年1月1日自己开办了一家小百货商店，每月销售额为8 100元，当地确定的增值税起征点为8 000元。请问李女士每月需缴纳多少增值税？

【分析】 由于李女士每月的销售额为8 100元，该数额是含税销售额，应当换算成不含税销售额，再判断其是否超过起征点8 000元。不含税销售额＝8 100÷(1＋3%)＝7 864(元)。没有达到起征点，因此，李女士不需要缴纳增值税。

4.2　增值税优惠政策的范围

要　点

我国的增值税法对一些项目和行业机构给予了优惠的政策，如农产品、软件产品、医疗机构、军队军工系统、校办企业、民政福利企业等。因为这些项目和机构关乎国计民生，同时也为了扶持某些行业或机构，所以给予了特殊的照顾。

解　释

◆ **直接免税**

1. 一般规定

(1) 农业生产者销售的自产农产品。

所称农业，是指种植业、养殖业、林业、牧业、水产业；农业生产者，包括从事农业生产的单位和个人；农产品，是指初级农产品，具体范围由财政部、国家税务总局确定。

农业生产者销售的自产农业产品免征增值税，是指直接从事植物的种植、收割和动物的饲料、捕捞的单位和个人销售的《农业产品征税范围注释》(以下简称《注释》)所列的自产农业产品；对上述单位和个人销售的外购的农业产品，以及单位和个人外购农业产品生产、加工后销售的仍然属于税法注释所列的农业产品，不属于免税的范围，应当按照规定税率征收增值税。

同时，需要特别注意的是，免税的农业产品必须是初级农业产品，即只是通过简单的晒干、腌制、切片等粗略的方式制成的农业产品。

下列情况也属于农业生产者销售自产农产品：

① 对于农民个人按照竹器企业提供样品规格，自产或购买竹、芒、藤、木条等，再通过手工简单编织成竹制或竹芒藤柳混合坯具的，属于自产农业初级产品，应当免征销售环节增值税；

② 自 2010 年 12 月 1 日起，制种企业利用自有土地或承租土地，雇佣农户或雇工进行种子繁育，再经烘干、脱粒、风筛等深加工后销售种子；制种企业提供亲本种子委托农户繁育并从农户手中收回，再经烘干、脱粒、风筛等深加工后销售种子，属于农业生产者销售自产农业产品，免征增值税；

③ 自 2013 年 4 月 1 日起，纳税人采取“公司＋农户”经营模式从事畜禽饲养，即公司与农户签订委托养殖合同，向农户提供畜禽苗、饲料、兽药及疫苗等（所有权属于公司），农户饲养畜禽苗至成品后交付公司回收，公司将回收的成品畜禽用于销售，属于农业生产者销售自产农产品免征增值税。

（2）避孕药品和用具。

（3）古旧图书。所称古旧图书，是指向社会收购的古书和旧书。

（4）直接用于科学研究、科学试验和教学的进口仪器、设备。

（5）外国政府、国际组织无偿援助的进口物资和设备。

（6）由残疾人的组织直接进口供残疾人专用的物品。

（7）销售的自己使用过的物品。这里所称自己使用过的物品，是指其他个人自己使用过的物品。

除上述规定外，增值税的免税、减税项目由国务院规定。任何地区、部门均不得规定免税、减税项目。

2. 特别规定

对销售下列自产货物免增值税。

（1）资源综合利用及其他产品

① 再生水。

② 以废旧轮胎为全部生产原料生产的胶粉。

③ 翻新轮胎。

④ 生产原料中掺兑废渣比例不低于 30%的特定建材产品。

⑤ 污水处理劳务。

⑥ 对销售自产以建（构）筑废物、煤矸石为原料生产的建筑砂石骨料。上述货物在生产原料中所占比重不低于 90%。

⑦ 垃圾处理、污泥处理处置劳务。

（2）农业生产资料

从 2001 年 8 月 1 日起，下列货物免征增值税。

① 农膜。

② 生产销售氮肥（含尿素、氨化硝酸钙）、磷肥（含磷酸二铵）、钾肥以免税化肥为主要原料的复混肥（企业生产复混肥产品所用的免税化肥成本占原料中全部化肥成本的比重高于 70%）。

③ 批发和零售的种子、种苗、化肥(不含硝酸铵)、农药、农机。

(3) 有机肥产品

自 2008 年 6 月 1 日起,纳税人生产销售和批发、零售有机肥产品免征增值税。享受上述免税政策的有机肥产品是指有机肥料、有机-无机复混肥料和生物有机肥。

① 有机肥料:指来源于植物和(或)动物,施于土壤以提供植物营养为主要功能的含碳物料。

② 有机-无机复混肥料:指由有机和无机肥料混合和(或)化合制成的含有一定量有机肥料的复混肥料。

③ 生物有机肥:指特定功能微生物与主要以动植物残体(如禽畜粪便、农作物秸秆等)为来源并经无害化处理、腐熟的有机物料复合而成的一类兼具微生物肥料和有机肥效应的肥料。

(4) 饲料

① 单一大宗饲料:指以一种动物、植物、微生物或矿物质为来源的产品或其副产品。范围只限于糠麸、酒糟、鱼粉、草饲料、饲料级磷酸氢钙、饲料级磷酸二氢钙及除豆粕以外的菜籽粕、棉籽粕、向日葵粕、花生粕等粕类产品。

② 混合饲料:指由两种以上单一大宗饲料、粮食、粮食副产品及饲料添加剂按照一定比例配置,其中单一大宗饲料、粮食及粮食副产品的掺兑比例不低于 95%的饲料。

③ 配合饲料:指根据不同的饲养对象,饲养对象的不同生长发育阶段的营养需要,将多种饲料原料按饲料配方经工业生产后,形成的能满足饲养动物全部营养需要(除水分外)的饲料,包括精料补充料。

④ 复合预混料:指能够按照国家有关饲料产品的标准要求量,全面提供动物饲养相应阶段所需微量元素(4 种或以上)、维生素(8 种或以上),由微量元素、维生素、氨基酸和非营养性添加剂中任何两类或两类以上的组分与载体或稀释剂按一定比例配置的均匀混合物。

⑤ 浓缩饲料:指由蛋白质、复合预混料及矿物质等按一定比例配制的均匀混合物。

(5) 滴灌带和滴灌管产品

自 2007 年 7 月 1 日起,纳税人生产销售和批发、零售滴灌带和滴灌管产品免征增值税。

滴灌带和滴灌管产品是指农业节水滴灌系统专用的、具有制造过程中加工的孔口或其他出流装置、能够以滴状或连续流状出水的水带和水管产品。滴灌带和滴灌管产品按照国家有关质量技术标准要求进行生产,并与 PVC 管(主管)、PE 管(辅管)、承插管件、过滤器等部件组成滴灌系统。

(6) 粮食和大豆企业

① 国有粮食和大豆购销企业必须按顺价原则销售粮食和大豆。对承担粮食和大豆收储任务的国有粮食和大豆购销企业销售的粮食和大豆免征增值税。免征增值税的国有粮食和大豆购销企业由县(市)国家税务局会同同级财政、粮食和大豆部门审核确定。

审批享受免税优惠的国有粮食和大豆购销企业时,税务机关应按规定缴销其《增值税专用发票领购簿》,并收缴其库存未用的增值税专用发票予以注销;兼营其他应税货物的,须重新核定其增值税专用发票用量。

② 对其他粮食企业经营粮食。除下列项目免征增值税外,一律征收增值税。

➢ 军队用粮：指凭军用粮票和军粮供应证按军供价供应中国人民解放军和中国人民武装警察部队的粮食。

➢ 救灾救济粮：指经县（含）以上人民政府批准，凭救灾救济粮票（证）按规定的销售价格向需救助的灾民供应的粮食。

➢ 水库移民口粮：指经县（含）以上人民政府批准，凭水库移民口粮票（证）按规定的销售价格供应给水库移民的粮食。

③ 对销售食用植物油业务，除政府储备食用植物油的销售继续免征增值税外，一律照章征收增值税。

④ 对粮油加工业务，一律征收增值税。

⑤ 承担粮食收储任务的国有粮食购销企业和经营《财政部、国家税务总局关于粮食企业增值税征免问题的通知》中所列免税项目的其他粮食经营企业，以及有政府储备食用植物油销售业务的企业，均需经主管税务机关审核认定免税资格，未报经主管税务机关审核认定的，不得免税。享受免税优惠的企业，应按期进行免税申报，违反者取消其免税资格。

粮食部门应向同级国家税务局提供军队用粮、救灾救济粮、水库移民口粮的单位、供应数量等有关资料，经国家税务局审核无误后予以免税。

⑥ 属于增值税一般纳税人的生产、经营单位从国有粮食购销企业购进的免税粮食，可依据购销企业开具的销售发票注明的销售额按13%的扣除率计算抵扣进项税额；购进的免税食用植物油，不得计算抵扣进项税额。

(7) 农民专业合作社

① 对农民专业合作社销售本社成员生产的农业产品，视同农业生产者销售自产农业产品免征增值税。

② 增值税一般纳税人从农民专业合作社购进的免税农业产品，可按13%的扣除率计算抵扣增值税进项税额。

③ 对农民专业合作社向本社成员销售的农膜、种子、种苗、化肥、农药、农机，免征增值税。

④ 对农民专业合作社与本社成员签订的农业产品和农业生产资料购销合同，免征印花税。

所称农民专业合作社，是指依照《中华人民共和国农民专业合作社法》规定设立和登记的农民专业合作社。

(8) 县及县以下新华书店和其他文化业

(9) 军队军工系统及军品

① 军队系统（包括人民武装警察部队）。

军队系统的下列企事业单位，可以按本规定享受税收优惠照顾。

➢ 军需工厂（指纳入总后勤部统一管理，由总后勤部授予代号经国家税务总局审查核实的企业化工厂）。

➢ 军马场。

➢ 军办农场（林厂、茶厂）。

➢ 军办厂矿。

➢ 军队院校、医院、科研文化单位、物资供销、仓库、修理等事业单位。

军队系统各单位生产、销售、供应的应税货物应当按规定征收增值税。但为部队生产的武器及其零配件、弹药、军训器材、部队装备(指人被装、军械装备、马装具,下同),免征增值税。军需工厂、物资供销单位生产、销售、调拨给公安系统和国家安全系统的民警服装,免征增值税;对外销售的,按规定征收增值税。供军内使用的应与对外销售的分开核算,否则,按对外销售征税。

军需工厂之间为生产军品而互相协作的产品免征增值税。

军队系统各单位从事加工、修理修配武器及其零配件、弹药、军训器材、部队装备的业务收入,免征增值税。

② 军工系统(指电子工业部、中国核工业总公司、中国航天工业总公司、中国航空工业总公司、中国兵器工业总公司、中国船舶工业总公司)。

➢ 军工系统所属军事工厂(包括科研单位)生产销售的应税货物应当按规定征收增值税。但对列入军工主管部门军品生产计划并按照军品作价原则销售给军队、人民武装警察部队和军事工厂的军品,免征增值税。

➢ 军事工厂生产销售给公安系统、司法系统和国家安全系统的武器装备免征增值税。

➢ 军事工厂之间为了生产军品而互相提供货物以及为了制造军品相互提供的专用非标准设备、工具、模具、量具等免征增值税;对军工系统以外销售的,按规定征收增值税。

③ 除军工、军队系统企业以外的一般工业企业生产的军品,只对枪、炮、雷、弹、军用舰艇、飞机、坦克、雷达、电台、舰艇用柴油机、各种炮用瞄准具和瞄准镜,一律在总装企业就总装成品免征增值税。

军队、军工系统各单位将进口的免税货物转售给军队、军工系统以外的,应按规定征收增值税。

④ 军品以及军队系统各单位出口军需工厂生产或军需部门调拨的货物,在生产环节免征增值税,出口不再退税。

(10) 农村电网维护费

(11) 转让企业全部产权不征收增值税

(12) 供热企业向居民个人供热而取得的取暖费收入

(13) 边销茶

(14) 蔬菜、部分鲜活肉蛋

(15) 熊猫普制金币

3. 营改增免税政策

下列项目免征增值税。

(1) 个人转让著作权。

(2) 残疾人个人提供应税服务。

(3) 航空公司提供飞机播洒农药服务。

(4) 试点纳税人提供技术转让、技术开发和与之相关的技术咨询、技术服务。

技术转让,是指转让者将其拥有的专利和非专利技术的所有权或者使用权有偿转让他人的行为;技术开发,是指开发者接受他人委托,就新技术、新产品、新工艺或者新材料及其系统进行研究开发的行为；技术咨询，是指就特定技术项目提供可行性论证、技术预测、专题技术调查、分析评价报告等。

与技术转让、技术开发相关的技术咨询、技术服务，是指转让方（或受托方）根据技术转让或开发合同的规定，为帮助受让方（或委托方）掌握所转让（或委托开发）的技术，而提供的技术咨询、技术服务业务，且这部分技术咨询、服务的价款与技术转让（或开发）的价款应当开在同一张发票上。

审批程序。试点纳税人申请免征增值税时，须持技术转让、开发的书面合同，到试点纳税人所在地省级科技主管部门进行认定，并持有关的书面合同和科技主管部门审核意见证明文件报主管国家税务局备查。

（5）符合条件的节能服务公司实施合同能源管理项目中提供的应税服务。

上述“符合条件”是指同时满足下列条件：

① 节能服务公司实施合同能源管理项目相关技术，应当符合国家质量监督检验检疫总局和国家标准化管理委员会发布的《合同能源管理技术通则》（GB/T 24915—2010）规定的技术要求。

② 节能服务公司与用能企业签订《节能效益分享型》合同，其合同格式和内容，符合《中华人民共和国合同法》和国家质量监督检验检疫总局和国家标准化管理委员会发布的《合同能源管理技术通则》（GB/T 24915—2010）等规定。

（6）自 2014 年 1 月 1 日至 2018 年 12 月 31 日，试点纳税人提供的离岸服务外包业务。

上述离岸服务外包业务，是指试点纳税人根据境外单位与其签订的委托合同，由本企业或其直接转包的企业为境外提供信息技术外包服务（ITO）、技术性业务流程外包服务（BPO）或技术性知识流程外包服务（KPO）。

（7）台湾航运公司从事海峡两岸海上直航业务在大陆取得的运输收入。

台湾航运公司，是指取得交通运输部颁发的“台湾海峡两岸间水路运输许可证”且该许可证上注明的公司登记地址在台湾的航运公司。

（8）台湾航空公司从事海峡两岸空中直航业务在大陆取得的运输收入。

台湾航空公司，是指取得中国民用航空局颁发的“经营许可”或依据《海峡两岸空运协议》和《海峡两岸空运补充协议》规定，批准经营两岸旅客、货物和邮件不定期（包机）运输业务，且公司登记地址在台湾的航空公司。

（9）美国 ABS 船级社在非营利宗旨不变、中国船级社在美国享受同等免税待遇的前提下，在中国境内提供的船检服务。

（10）随军家属就业。

① 为安置随军家属就业而新开办的企业，自领取税务登记证之日起，其提供的应税服务 3 年内免征增值税。

享受税收优惠政策的企业，随军家属必须占企业总人数的 60%（含）以上，并有军（含）以上政治和后勤机关出具的证明。

② 从事个体经营的随军家属，自领取税务登记证之日起，其提供的应税服务 3 年内免征增值税。

随军家属必须有师以上政治机关出具的可以表明其身份的证明，但税务部门应当进行相应的审查认定。

主管税务机关在企业或个人享受免税期间，应当对此类企业进行年度检查，凡不符合条件的，取消其免税政策。

按照上述规定，每一名随军家属可以享受一次免税政策。

(11) 军队转业干部就业。

① 从事个体经营的军队转业干部，经主管税务机关批准，自领取税务登记证之日起，其提供的应税服务 3 年内免征增值税。

② 为安置自主择业的军队转业干部就业而新开办的企业，凡安置自主择业的军队转业干部占企业总人数 60%(含)以上的，经主管税务机关批准，自领取税务登记证之日起，其提供的应税服务 3 年内免征增值税。

享受上述优惠政策的自主择业的军队转业干部必须持有师以上部队颁发的转业证件。

(12) 城镇退役士兵就业。

① 为安置自谋职业的城镇退役士兵就业而新办的服务型企业当年新安置自谋职业的城镇退役士兵达到职工总数 30%以上，并与其签订 1 年以上期限劳动合同的，经县级以上民政部门认定、税务机关审核，其提供的应税服务(除广告服务外)3 年内免征增值税。

② 自谋职业的城镇退役士兵从事个体经营的，自领取税务登记证之日起，其提供的应税服务(除广告服务外)3 年内免征增值税。

新办的服务型企业，是指《国务院办公厅转发民政部等部门关于扶持城镇退役士兵自谋职业优惠政策意见的通知》(国办发〔2004〕10 号)下发后新组建的企业。原有的企业合并、分立、改制、改组、扩建、搬迁、转产以及吸收新成员、改变领导或隶属关系、改变企业名称的，不能视为新办企业。

自谋职业的城镇退役士兵，是指符合城镇安置条件，并与安置地民政部门签订《退役士兵自谋职业协议书》，领取《城镇退役士兵自谋职业证》的士官和义务兵。

(13) 失业人员就业。

① 持《就业失业登记证》(注明“自主创业税收政策”或附着《高校毕业生自主创业证》)人员从事个体经营的，在 3 年内按照每户每年 8 000 元为限额依次扣减其当年实际应缴纳的增值税、城市维护建设税、教育费附加和个人所得税。

试点纳税人年度应缴纳税款小于上述扣减限额的，以其实际缴纳的税款为限；大于上述扣减限额的，应当以上述扣减限额为限。

享受优惠政策的个体经营试点纳税人，是指提供《应税服务范围注释》服务(除广告服务外)的试点纳税人。

持《就业失业登记证》(注明“自主创业税收政策”或附着《高校毕业生自主创业证》)人员是指：在人力资源和社会保障部门公共就业服务机构登记失业半年以上的人员；零就业家庭、享受城市居民最低生活保障家庭劳动年龄内的登记失业人员；毕业年度内高校毕业生。

高校毕业生，是指实施高等学历教育的普通高等学校、成人高等学校毕业的学生；毕业年度，是指毕业所在自然年，即 1 月 1 日至 12 月 31 日。

② 服务型企业(除广告服务外)在新增加的岗位中，当年新招用持《就业失业登记证》(注明“企业吸纳税收政策”)人员，与其签订 1 年以上期限劳动合同并依法缴纳社会保险费

的，在 3 年内按照实际招用人数予以定额依次扣减增值税、城市维护建设税、教育费附加和企业所得税。定额标准为每人每年 4 000 元，可上下浮动 20%，由试点地区省级人民政府根据本地区实际情况在此幅度内确定具体定额标准，并报财政部和国家税务总局备案。

按照上述标准计算的税收扣减额应当在企业当年实际应缴纳的增值税、城市维护建设税、教育费附加和企业所得税税额中扣减，当年扣减不足的，不得结转下年使用。

持《就业失业登记证》(注明"企业吸纳税收政策")人员是指：

➢ 国有企业下岗失业人员；

➢ 国有企业关闭破产需要安置的人员；

➢ 国有企业所办集体企业(即厂办大集体企业)下岗职工；

➢ 享受最低生活保障且失业 1 年以上的城镇其他登记失业人员。

服务型企业，是指从事原营业税"服务业"税目范围内业务的企业。

国有企业所办集体企业(即厂办大集体企业)，是指 20 世纪七八十年代，由国有企业批准或资助兴办的，以安置回城知识青年和国有企业职工子女就业为目的，主要向主办国有企业提供配套产品或劳务服务，在工商行政机关登记注册为集体所有制的企业。厂办大集体企业下岗职工包括在国有企业混岗工作的集体企业下岗职工。

③ 享受上述优惠政策的人员按照下列规定申领《就业失业登记证》《高校毕业生自主创业证》等凭证：

按照《就业服务与就业管理规定》(劳动和社会保障部令第 28 号)第六十三条的规定，在法定劳动年龄内，有劳动能力，有就业要求，处于无业状态的城镇常住人员，在公共就业服务机构进行失业登记，申领《就业失业登记证》。其中，农村进城务工人员和其他非本地户籍人员在常住地稳定就业满 6 个月的，失业后可以在常住地登记。

零就业家庭凭社区出具的证明，城镇低保家庭凭低保证明，在公共就业服务机构登记失业，申领《就业失业登记证》。

毕业年度内高校毕业生在校期间凭学校出具的相关证明，经学校所在地省级教育行政部门核实认定，取得《高校毕业生自主创业证》(仅在毕业年度适用)，并向创业地公共就业服务机构申请取得《就业失业登记证》；高校毕业生离校后直接向创业地公共就业服务机构申领《就业失业登记证》。

服务型企业招录的人员，在公共就业服务机构申领《就业失业登记证》。

《再就业优惠证》不再发放，原持证人员应当到公共就业服务机构换发《就业失业登记证》。正在享受下岗失业人员再就业税收优惠政策的原持证人员，继续享受原税收优惠政策至期满为止。

上述人员申领相关凭证后，由就业和创业地人力资源社会保障部门对人员范围、就业失业状态、已享受政策情况审核认定，在《就业失业登记证》上注明"自主创业税收政策"或"企业吸纳税收政策"字样，同时符合自主创业和企业吸纳税收政策条件的，可同时加注；主管税务机关在《就业失业登记证》上加盖戳记，注明减免税所属时间。

④ 上述税收优惠政策的审批期限为 2011 年 1 月 1 日至 2013 年 12 月 31 日，以试点纳税人到税务机关办理减免税手续之日起作为优惠政策起始时间。税收优惠政策在 2013 年 12 月 31 日未执行到期的，可继续享受至 3 年期满为止。

(14) 试点纳税人提供的国际货物运输代理服务。

试点纳税人提供国际货物运输代理服务，向委托方收取的全部国际货物运输代理服务收入，以及向国际运输承运人支付的国际运输费用，必须通过金融机构进行结算。

试点纳税人为大陆与香港、澳门、台湾地区之间的货物运输提供的货物运输代理服务参照国际货物运输代理服务有关规定执行。

委托方索取发票的，试点纳税人应当就国际货物运输代理服务收入向委托方全额开具增值税普通发票。

本规定自2013年8月1日起执行。2013年8月1日至本规定发布之日前，已开具增值税专用发票的，应将专用发票追回后方可适用本规定。

(15) 世界银行贷款粮食流通项目投产后的应税服务。

世界银行贷款粮食流通项目，是指《财政部国家税务总局关于世行贷款粮食流通项目建筑安装工程和服务收入免征营业税的通知》(财税字〔1998〕87号)所附《世行贷款粮食流通项目一览表》所列明的项目。本规定自2014年1月1日至2015年12月31日执行。

(16) 中国邮政集团公司及其所属邮政企业提供的邮政普遍服务和邮政特殊服务。

(17) 自2014年1月1日至2015年12月31日，中国邮政集团公司及其所属邮政企业为中国邮政速递物流股份有限公司及其子公司(含各级分支机构)代办速递、物流、国际包裹、快递包裹以及礼仪业务等速递物流类业务取得的代理收入，以及为金融机构代办金融保险业务取得的代理收入。

(18) 青藏铁路公司提供的铁路运输服务。

◆ 即征即退范围

1. 资源综合利用及其他产品

根据财政部、国家税务总局《关于资源综合利用及其他产品增值税政策的通知》(财税〔2008〕156号)第三款规定，对销售下列自产货物实行增值税即征即退的政策。

(1) 以工业废气为原料生产的高纯度二氧化碳产品。高纯度二氧化碳产品，应当符合GB10621－2006的有关规定。

(2) 以垃圾为燃料生产的电力或者热力。垃圾用量占发电燃料的比重不低于80%，并且生产排放达到GB13223－2003第一时段标准或者GB18485－2001的有关规定。

所称垃圾，是指城市生活垃圾、农作物秸秆、树皮废渣、污泥、医疗垃圾。

(3) 以煤炭开采过程中伴生的舍弃物油母页岩为原料生产的页岩油。

(4) 以废旧沥青混凝土为原料生产的再生沥青混凝土。废旧沥青混凝土用量占生产原料的比重不低于30%。

根据财税〔2011〕115号《关于调整完善资源综合利用产品及劳务增值税政策的通知》，对销售下列自产货物实行增值税即征即退100%的政策。

(1) 利用工业生产过程中产生的余热、余压生产的电力或热力。发电(热)原料中100%利用上述资源。

(2) 以餐厨垃圾、畜禽粪便、稻壳、花生壳、玉米芯、油茶壳、棉籽壳、三剩物、次小薪材、含油污水、有机废水、污水处理后产生的污泥、油田采油过程中产生的油污泥(浮渣)，包括利用上述资源发酵产生的沼气为原料生产的电力、热力、燃料。生产原料中上述资源的比重不低于80%，其中利用油田采油过程中产生的油污泥（浮渣）生产燃料的资源比重不低于60%。

(3) 以污水处理后产生的污泥为原料生产的干化污泥、燃料。生产原料中上述资源的比重不低于90%。

(4) 以废弃的动物油、植物油为原料生产的饲料级混合油。饲料级混合油应达到《饲料级混合油》(NY/T 913—2004)规定的技术要求，生产原料中上述资源的比重不低于90%。

(5) 以回收的废矿物油为原料生产的润滑油基础油、汽油、柴油等工业油料。生产企业必须取得《危险废物综合经营许可证》，生产原料中上述资源的比重不低于90%。

(6) 以油田采油过程中产生的油污泥（浮渣）为原料生产的乳化油调和剂及防水卷材辅料产品。生产企业必须取得《危险废物综合经营许可证》，生产原料中上述资源的比重不低于70%。

(7) 以人发为原料生产的档发。生产原料中90%以上为人发。

根据财税〔2011〕115号《关于调整完善资源综合利用产品及劳务增值税政策的通知》第二款的规定，对销售下列自产货物实行增值税即征即退80%的政策。

以三剩物、次小薪材和农作物秸秆等3类农林剩余物为原料生产的木（竹、秸秆）纤维板、木（竹、秸秆）刨花板，细木工板、活性炭、栲胶、水解酒精、炭棒；以沙柳为原料生产的箱板纸。

根据财政部、国家税务总局《关于资源综合利用及其他产品增值税政策的通知》（财税〔2008〕156号）第四款的规定，对销售以下自产货物实现的增值税实行即征即退50%的政策。

(1) 以退役军用发射药为原料生产的涂料硝化棉粉。退役军用发射药在生产原料中的比重不低于90%。

(2) 对燃煤发电厂及各类工业企业产生的烟气、高硫天然气进行脱硫生产的副产品。副产品是指石膏（其二水硫酸钙含量不低于85%）、硫酸（其浓度不低于15%）、硫酸铵（其总氮含量不低于18%）和硫黄。

(3) 以废弃酒糟和酿酒底锅水为原料生产的活性炭、白炭黑、乳酸、乳酸钙、沼气。废弃酒糟和酿酒底锅水在生产原料中所占的比重不低于80%。

(4) 以煤矸石、煤泥、石煤、油母页岩为燃料生产的电力和热力。煤矸石、煤泥、石煤、油母页岩用量占发电燃料的比重不低于60%。

(5) 利用风力生产的电力。

(6) 部分新型墙体材料产品。

根据财税〔2011〕115号《关于调整完善资源综合利用产品及劳务增值税政策的通知》第三款的规定，对销售下列自产货物实行增值税即征即退50%的政策。

(1) 以蔗渣为原料生产的蔗渣浆、蔗渣刨花板及各类纸制品。生产原料中蔗渣所占比重不低于70%。

(2) 以粉煤灰、煤矸石为原料生产的氧化铝、活性硅酸钙。生产原料中上述资源的比重不低于25%。

(3) 利用污泥生产的污泥微生物蛋白。生产原料中上述资源的比重不低于90%。

(4) 以煤矸石为原料生产的瓷绝缘子、煅烧高岭土。其中瓷绝缘子生产原料中煤矸石所占比重不低于30%，煅烧高岭土生产原料中煤矸石所占比重不低于90%。

(5) 以废旧电池、废感光材料、废彩色显影液、废催化剂、废灯泡(管)、电解废弃物、电镀废弃物、废线路板、树脂废弃物、烟尘灰、湿法泥、熔炼渣、河底淤泥、废旧电机、报废汽车为原料生产的金、银、钯、铑、铜、铅、汞、锡、铋、碲、铟、硒、铂族金属，其中综合利用危险废弃物的企业必须取得《危险废物综合经营许可证》。生产原料中上述资源的比重不低于90%。

(6) 以废塑料、废旧聚氯乙烯(PVC)制品、废橡胶制品及废铝塑复合纸包装材料为原料生产的汽油、柴油、废塑料(橡胶)油、石油焦、碳黑、再生纸浆、铝粉、汽车用改性再生专用料、摩托车用改性再生专用料、家电用改性再生专用料、管材用改性再生专用料、化纤用再生聚酯专用料(杂质含量低于0.5mg/g、水分含量低于1%)、瓶用再生聚对苯二甲酸乙二醇酯(PET)树脂(乙醛质量分数小于等于1ug/g)及再生塑料制品。生产原料中上述资源的比重不低于70%。

上述废塑料综合利用生产企业必须通过ISO9000、ISO14000认证。

(7) 以废弃天然纤维、化学纤维及其制品为原料生产的纤维纱及织布、无纺布、毡、黏合剂及再生聚酯产品。生产原料中上述资源的比重不低于90%。

(8) 以废旧石墨为原料生产的石墨异形件、石墨块、石墨粉和石墨增碳剂。生产原料中上述资源的比重不低于90%。

根据财税〔2014〕10号《国家税务总局关于大型水电企业增值税政策的通知》的规定，为支持水电行业发展，统一和规范大型水电企业增值税政策，经国务院批准，大型水电企业增值税即征即退：

装机容量超过100万千瓦的水力发电站(含抽水蓄能电站)销售自产电力产品，自2013年1月1日至2015年12月31日，对其增值税实际税负超过8%的部分实行即征即退政策；自2016年1月1日至2017年12月31日，对其增值税实际税负超过12%的部分实行即征即退政策。

装机容量，是指单站发电机组额定装机容量的总和。该额定装机容量包括项目核准(审批)机关依权限核准(审批)的水力发电站总装机容量(含分期建设和扩机)，以及后续因技术改造升级等原因经批准增加的装机容量。

根据财税〔2014〕17号《关于利用石脑油和燃料油生产乙烯芳烃类产品有关增值税政策的通知》，为解决因石脑油、燃料油征收消费税形成的增值税进项税额无法抵扣的问题，经国务院批准，决定自2014年3月1日起，对外购用于生产乙烯、芳烃类化工产品(以下称特定化工产品)的石脑油、燃料油(以下称2类油品)，且使用2类油品生产特定化工产品的产量占本企业用石脑油、燃料油生产各类产品总量50%(含)以上的企业，其外购2类油品的价格中消费税部分对应的增值税额，予以退还。

予以退还的增值税额＝已缴纳消费税的2类油品数量×2类油品消费税单位税额×17%

2. 残疾人就业税收优惠

对安置残疾人的单位，实行由税务机关按单位实际安置残疾人的人数，限额即征即退增值税或减征营业税的办法，具体见财政部、国家税务总局《关于促进残疾人就业税收优惠政策的通知》(财税〔2007〕92 号)的规定。

依据国家税务总局公告 2011 年第 61 号《关于安置残疾人单位是否可以同时享受多项增值税优惠政策问题的公告》规定，自 2011 年 12 月 1 日起，安置残疾人单位既符合促进残疾人就业增值税优惠政策条件，又符合其他增值税优惠政策条件的，可同时享受多项增值税优惠政策，但年度申请退还增值税总额不得超过本年度内应纳增值税总额。

3. 三剩物、次小薪材、农作物秸秆、蔗渣等综合利用产品增值税

根据财税〔2011〕115 号《关于调整完善资源综合利用产品及劳务增值税政策的通知》第四条规定，对销售下列自产货物实行增值税即征即退 80%的政策。

以三剩物、次小薪材和农作物秸秆等 3 类农林剩余物为原料生产的木(竹、秸秆)纤维板、木(竹、秸秆)刨花板，细木工板、活性炭、栲胶、水解酒精、炭棒；以沙柳为原料生产的箱板纸。

4. 软件产品增值税政策主要内容

为落实《国务院关于印发进一步鼓励软件产业和集成电路产业发展若干政策的通知》(国发〔2011〕4 号)的有关精神，进一步促进软件产业发展，推动我国信息化建设，财政部、国家税务总局《关于软件产品增值税政策的通知》(财税〔2011〕100 号)规定：增值税一般纳税人销售其自行开发生产的软件产品，按 17%税率征收增值税后，对其增值税实际税负超过 3%的部分实行即征即退政策；增值税一般纳税人将进口软件产品进行本地化改造后对外销售，其销售的软件产品可享受增值税即征即退政策。软件产品包括计算机软件产品、信息系统和嵌入式软件产品。

5. 动漫产业增值税政策

为促进我国动漫产业发展，《国务院财政部、国家税务总局关于动漫产业增值税和营业税政策的通知》规定：自 2013 年 1 月 1 日至 2017 年 12 月 31 日，对属于增值税一般纳税人的动漫企业销售其自主开发生产的动漫软件，按 17%的税率征收增值税后，对其增值税实际税负超过 3%的部分，实行即征即退政策。动漫软件出口免征增值税。

6. 营改增即征即退政策

(1) 2015 年 12 月 31 日前，注册在洋山保税港区和东疆保税港区内的试点纳税人，提供的国内货物运输服务、仓储服务和装卸搬运服务。

(2) 安置残疾人的单位，实行由税务机关按照单位实际安置残疾人的人数，限额即征即退增值税的办法。仅适用于从事原营业税“服务业”税目(广告服务除外)范围内业务取得的收入占其增值税和营业税业务合计收入的比例达到 50%的单位。

有关享受增值税优惠政策单位的条件、定义、管理要求等按照《财政部 国家税务总局关于促进残疾人就业税收优惠政策的通知》(财税〔2007〕92 号)中有关规定执行。

(3) 2015 年 12 月 31 日前，试点纳税人中的一般纳税人提供管道运输服务，对其增值税实际税负超过 3%的部分实行增值税即征即退政策。

(4) 经中国人民银行、银监会或者商务部批准从事融资租赁业务的试点纳税人中的一般纳税人，提供有形动产融资租赁服务，在 2015 年 12 月 31 日前，对其增值税实际税负超过 3%的部分实行增值税即征即退政策。商务部授权的省级商务主管部门和国家经济技术开

发区批准的从事融资租赁业务的试点纳税人中的一般纳税人，2013 年 12 月 31 日前注册资本达到 1.7 亿元的，自 2013 年 8 月 1 日起，按照上述规定执行；2014 年 1 月 1 日以后注册资本达到 1.7 亿元的，从达到该标准的次月起，按照上述规定执行。

上述所称增值税实际税负，是指纳税人当期提供应税服务实际缴纳的增值税额占纳税人当期提供应税服务取得的全部价款和价外费用的比例。

◆ 先征后退范围

根据财政部、国家税务总局《关于资源综合利用及其他产品增值税政策的通知》(财税〔2008〕156 号)第五条的规定，对销售自产的以废弃的动物油和植物油为原料生产的综合利用生物柴油实行先征后退政策。

综合利用生物柴油是指以废弃的动物油和植物油为原料生产的柴油。废弃的动物油和植物油用量占生产原料的比重不低于 70%。

◆ 减征增值税范围

减征增值税的形式包括：按照规定的征收率计算应纳税额减半征税；按较低的征收率征税。

自 2009 年 1 月 1 日起，下列按简易办法征收增值税的优惠政策继续执行，不得抵扣进项税额。

(1) 一般纳税人销售自己使用过的物品

① 销售自己使用过的属于《增值税暂行条例》规定不得抵扣且未抵扣进项税额的固定资产，按简易办法，依照 4%征收率减半征收增值税。

② 2008 年 12 月 31 日以前未纳入扩大增值税抵扣范围试点的纳税人，销售自己使用过的 2008 年 12 月 31 日以前购进或者自制的固定资产，按照 4%征收率减半征收增值税。

③ 2008 年 12 月 31 日以前已纳入扩大增值税抵扣范围试点的纳税人，销售自己使用过的在本地区扩大增值税抵扣范围试点以前购进或者自制的固定资产，按照 4%征收率减半征收增值税。

(2) 小规模纳税人(除其他个人外)销售自己使用过的物品

销售自己使用过的固定资产，按 2%征收率征收增值税。

(3) 纳税人销售旧货

旧货是指进入二次流通的具有部分使用价值的货物(含旧汽车、旧摩托车和旧游艇)，但不包括自己使用过的物品。一般纳税人销售旧货，按照简易办法，依照 4%的征收率减半征收增值税。小规模纳税人销售旧货，按照简易办法，减按 2%的征收率征收增值税。

实例详解

【例 4-2】 某公司从事软件开发生产，销售其自行开发生产的软件产品，为增值税一般纳税人，按 17%的税率征收增值税，并享受“增值税实际税负超过 3%的部分实行即征即退政策”。假设该公司的纳税期限是 1 个月，2013 年 6 月实现销售额 500 万元，当月购进各种材料，增值税专用发票上注明的允许抵扣的进项税额为 70 万元。2013 年 7 月，该公司的购销情况与 6 月相同，仍然不能享受即征即退的税收优惠政策。试计算各项税额并进行纳税筹划。

【分析】 当月应纳增值税=500×17%－70=15(万元)

当月增值税实际税负=15÷500×100%=3%

若改变6月和7月的购进和销售情况，可使该公司享受到即征即退的税收优惠政策。

从销售方面进行筹划。根据历年经验，7月是电脑销售的高峰期，软件产品销售旺季。所以公司应该加大7月软件产品的生产，并相应地采取促销方式，以加大7月的销售额。

从购进方面进行筹划。如果是均衡等比购进材料，其增值税的实际税负不会扩大。仍按上例，如果7月的材料购进扩大1倍，假设销售也扩大1倍，则：

7月应纳增值税=1 000×17%－140=170－140=30(万元)

7月增值税实际税负=30÷1 000×100%=3%

在销售不变的情况下，改变材料购进的均衡状态，将7月扩大生产而需要增加的材料购进前移到6月，这样就会提高7月增值税的实际税负。将7月扩大生产等比购进的对应进项税额70万元中的15万元的材料前移到6月购进，则：

6月应纳增值税=500×17%－(70+15)=0(万元)

6月份增值税实际税负=0

7月份应纳增值税=1 000×17%－(70+55)=45(万元)

7月份增值税实际税负=45÷1 000×100%=4.5%

应退增值税=1 000×4.5%－1 000×3%=15(万元)

实战训练

一、单项选择题

1. 既免除销项税，又免除进项税(对进项所含税收给予退税)，其实质是一种零税率制度，可称为(　　)。

A. 无负担型免税　　B. 有负担型免税

C. 全负担型免税　　D. 部分负担型免税

2. 免税的农业产品必须是(　　)。

A. 加工农产品　　B. 初级农产品

C. 外销农产品　　D. 用作饲料的农产品

3. 所谓增值税的税收优惠主要指的是(　　)。

A. 免税　　B. 先征后退

C. 减征　　D. 出口退税

4. 以煤矸石、煤泥、石煤、油母页岩为燃料生产的电力和热力。煤矸石、煤泥、石煤、油母页岩用量占发电燃料的比重不低于(　　)%。

A. 40　　B. 50　　C. 60　　D. 70

二、多项选择题

1. 增值税的免税类型可分为(　　)。

A. 全面免税

B. 部分免税

C. 片面免税

D. 减征免税

2. 减征增值税的形式包括(　　)。

A. 按照规定的征收率计算应纳税额减半征税

B. 以规定减半的征收率计算应纳税额征税

C. 按较低的征收率征税

D. 按正常的征收率减半征税

3. 以垃圾为燃料生产的电力或者热力符合即征即退。所称垃圾,是指(　　)。

A. 城市生活垃圾

B. 作物秸秆、树皮废渣

C. 污泥

D. 医疗垃圾

三、判断题

1. 只免除销项税,不免除进项税,其实质是由纳税人负担进项所包含的税收,因而可称为有负担型免税。(　　)

2. 自 2007 年 6 月 1 日起,纳税人生产销售和批发、零售有机肥产品免征增值税。(　　)

3. 2008 年 12 月 31 日以前已纳入扩大增值税抵扣范围试点的纳税人,销售自己使用过的在本地区扩大增值税抵扣范围试点以前购进或者自制的固定资产,按照 3%征收率减半征收增值税。(　　)

4. 小规模纳税人(除其他个人外)销售自己使用过的固定资产,按 4%征收率征收增值税。(　　)

5. 生产和销售免征增值税货物或劳务的纳税人要求放弃免税权,应当以书面形式提交放弃免税权声明,报主管税务机关备案。(　　)

四、计算题

1. 某食品厂(一般纳税人)2013 年 7 月从农民手中购入一批大米 40 吨,在税务机关批准使用的收购凭证上注明收购金额为 4 万元。其中 30 吨大米用于本厂生产糕点,取得销售额 5 万元;将另外 10 吨大米作为元旦礼品发给职工。则该食品公司当月应纳增值税税额为多少?

2. 某企业月末盘点时发现,上月从农民手中购进的大豆(库存账面成本为 117 500 元,已申报抵扣进项税额)霉烂,使得账面成本减少39 750 元(包括运费成本 570 元);大豆市场价格下降,存货跌价损失 1 100 元;丢失 2008 年第二季度购进未使用的过滤器一台,固定资产账面成本 5 600 元(增值税专用发票上注明的增值税额 952 元)。则该企业进项税额转出额为多少?

3. 某烟厂为增值税一般纳税人,2013 年 9 月从农业生产者处收购烟叶 100 吨,收购凭证上注明价款 200 万元,并已缴纳烟叶税 44 万元;购进的扫描器具和计算机(用于采集增值税专用发票抵扣联信息),取得增值税专用发票上注明税额 25.2 万元,2013 年 9 月可以抵扣的进项税额为多少?

第5章　出口退（免）税

出口货物退(免)税是国际上通行的惯例。之所以要对出口货物实行退(免)税，是为了使出口货物以不含税价格进入国际市场。这固然与提高本国产品在国际市场中的竞争力密切相关，但更主要的是符合国际贸易的发展要求。我国的出口货物退(免)税是指在国际贸易业务中，对我国报关出口的货物退还或免征其在国内各生产和流转环节按税法规定缴纳的增值税和消费税，即对增值税出口货物实行零税率、对消费税出口货物免税。增值税出口货物的零税率，从税法上理解有两层含义：① 对本道环节生产或销售货物的增值部分免征增值税；② 对出口货物前道环节所含的进项税额进行退付。当然，由于各种货物出口前涉及征免税情况有所不同，且国家对少数货物有限制出口政策，因此，对货物出口的不同情况，国家在遵循“征多少、退多少”“未征不退和彻底退税”基本原则的基础上，制定了不同的税务处理办法。

5.1　我国出口货物的税收政策

要　点

世界各国为了鼓励本国货物出口，在遵循 WTO 基本原则的前提下，一般都采取优惠的税收政策。有的国家采取对该货物出口前所包含的税金在出口后予以退还的政策(即出口退税)，有的国家采取对出口的货物出口前即予以免税的政策。我国则根据本国的实际情况，采取出口退税与免税相结合的政策。鉴于我国的出口体制尚不成熟，拥有出口经营权的企业还限于少部分须经国家批准的企业，并且我国生产的某些货物，如稀有金属等还不能满足国内的需要，因此，对某些非生产性企业和国内紧缺的货物则采取限制从事出口业务或限制该货物出口，不予出口退(免)税。目前，我国的出口货物税收政策分为出口免税并退税、出口免税不退税、出口不免税也不退税三种形式，分别实行免抵退和免退税、出口免税及出口纳税三种管理办法。

解　释

◆ 出口免税并退税

出口免税是指对货物在出口环节不征增值税、消费税；出口退税是指对货物在出口前实际承担的税收负担，按规定的退税率予以退还。

出口免税并退税实行两种管理方法：“免抵退税”和“免退税”。“免抵退税”办法，即生产企业出口自产货物和视同自产货物及对外提供加工修理修配劳务，以及列名生产企业出口非自产货物,免征增值税,相应的进项税额抵减应纳增值税额(不包括适用增值税即征即退、先征后退政策的应纳增值税额),未抵减完的部分予以退还。

"免退税"办法,即不具有生产能力的出口企业(以下称外贸企业)或其他单位出口货物劳务,免征增值税,相应的进项税额予以退还。

◆ **出口免税不退税**

出口免税不退税,是指对企业自营出口或委托代理出口的货物在出口环节不征税,也不退税,即所谓的"不征不退"。因此,出口时该货物的价格中本身就不含税,也无须退税。

对出口免税不退税的出口货物劳务,实行免征增值税管理方法。即对于出口适用免税政策的货物,其进项税额不得抵扣和退税要进行进项税额转出、转入成本。因此,对于适用增值税免税政策的出口货物或劳务,出口企业或其他单位也可以选择依照现行增值税有关规定放弃免税,并依照规定缴纳增值税。

◆ **出口不免税也不退税**

国家限制或禁止出口的某些货物的出口环节视同内销环节,照常征税即出口不免税;对这些货物出口不退还出口前其所负担的税款,即出口不退税。

出口不免税也不退税的出口货物劳务,实行出口征税的管理方法,即按内销货物征税的相关规定征收增值税。

相关知识

◆ **我国出口退(免)税政策的发展**

1985 年 3 月,国务院正式颁发了《关于批转财政部〈关于对进出口产品征、退产品税或增值税的规定〉的通知》,规定从 1985 年 4 月 1 日起实行对出口产品退税政策。1994 年 1 月 1 日起,随着国家税制的改革,我国改革了已有退还产品税、增值税、消费税的出口退税管理办法,建立了以新的增值税、消费税制度为基础的出口货物退(免)税制度。

1994 年税制改革时,增值税是中央和地方共享税,按中央财政与地方财政 75%∶25% 的大致比例进行分成。但在出口环节,却是中央财政负担了全部退税,地方政府不承担任何退税责任。收上来的时候中央和地方共享,要退的时候全部找中央,又恰巧在那时我国外贸出口大幅度上升,年均增幅达 30%以上,再加上出口退税率普遍上调,出口退税额也在不断上升,使得中央财政支付压力加大。据有关资料统计,2002 年底,中国累计出口退税欠款高达 2 477 亿元。如滚雪球般越积越多的退税欠款,给中央财政带来了越来越大的还款压力。

自 2004 年 1 月 1 日起,中央下决心对出口退税机制进行改革,主要内容是:按照"新账不欠,老账要还"的原则,适当降低出口退税率;2003 年底前欠账全部由中央财政负担;以 2003 年出口退税为基数,对超基数部分,由中央与地方按 75%∶25%的比例分别负担。后国务院又规定,自 2005 年 1 月 1 日起,调整中央与地方出口退税分担比例。国务院批准核定的各地出口退税基数(2003 年)不变,超出基数的部分中央与地方分担比例从目前的 75%∶25%调整为 92.5%∶7.5%。并且,规范了地方出口退税分担办法。

2008 年 7 月以来国家已经先后 7 次上调出口退税率。调整出口退税率,体现了政府将扩内需和稳外需紧密结合的调控意图。稳定外需对当前中国的经济增长意义重大，对拉动经济增长，增强抗风险能力和稳定就业都有着不可替代的作用。

2012 年为便于征纳双方系统、准确地了解和执行出口税收政策，财政部和国家税务总局对近年来陆续制定的一系列出口货物、对外提供加工修理修配劳务增值税和消费税政策进行了梳理归类，并对在实际操作中反映的个别问题做了明确规定。先后出台了《关于出口货物劳务增值税和消费税政策的通知》（财税〔2012〕39 号）、《关于发布〈出口货物劳务增值税和消费税管理办法〉的公告》（国家税务总局公告 2012 年第 24 号）、《关于〈出口货物劳务增值税和消费税管理办法〉有关问题的公告》（国家税务总局公告 2013 年第 12 号）三个重要文件。之后，为进一步规范出口退税管理，严格执行出口货物劳务税收政策，国家税务总局又制定发布了《国家税务总局关于出口货物劳务增值税和消费税有关问题的公告》（国家税务总局公告 2013 年第 65 号）。

◆ **若干征、退（免）税规定**

（1）出口企业或其他单位退（免）税认定之前的出口货物劳务，在办理退（免）税认定后，可按规定适用增值税退（免）税或免税及消费税退（免）税政策。

（2）出口企业或其他单位出口货物劳务适用免税政策的，除特殊区域内企业出口的特殊区域内货物、出口企业或其他单位视同出口的免征增值税的货物劳务外，如果未按规定申报免税，应视同内销货物和加工修理修配劳务征收增值税。

（3）开展进料加工业务的出口企业若发生未经海关批准将海关保税进口料件作价销售给其他企业加工的，应按规定征收增值税。

（4）卷烟出口企业经主管税务机关批准按国家批准的免税出口卷烟计划购进的卷烟免征增值税。

（5）发生增值税不应退税或免税但已实际退税或免税的，出口企业和其他单位应当补缴已退或已免税款。

（6）出口企业和其他单位出口的货物（不包括财税 2012 年 39 号文附件 7 所列货物），如果原材料成本 80%以上为财税 2012 年 39 号文附件 9 所列原料的，应执行该原料的增值税、消费税政策，上述出口货物的增值税退税率为财税〔2012〕39 号文件附件 9 所列该原料海关税则号在出口货物劳务退税率文库中对应的退税率。

如果出口货物有两种及两种以上原材料为财税〔2012〕39 号文件附件 9 所列原材料的，按主要原材料适用政策执行。主要原材料是指出口货物材料成本中比例最高的原材料。

（7）国家批准的免税品经营企业销售给免税店的进口免税货物免征增值税。

5.2 出口退(免)税的适用范围

要　点

根据《出口货物退（免）税管理办法》的规定：对出口的凡属于已征或应征增值税、消费税的货物，除国家明确规定不予退（免）税的货物和出口企业从小规模纳税人购进并持普通发票的部分货物外，都是出口退(免)税的货物范围，均应予以退还已征增值税和消费税或免征应征的增值税和消费税。

解 释

◆ 出口退（免）税的货物范围

1. 准予办理退(免)税的出口货物

对属于已征或应征增值税、消费税的货物，除国家明确规定不予退(免)税的货物和出口企业从小规模纳税人购进并持普通发票的部分货物外，在货物报关出口并在财务上做销售后，都属于出口货物退(免)税的货物范围。

2. 特准允许办理退(免)税的货物范围

(1) 出口企业对外援助、对外承包、境外投资的出口货物。

(2) 出口企业经海关报关进入国家批准的出口加工区、保税物流园区、保税港区、综合保税区、珠澳跨境工业区(珠海园区)、中哈霍尔果斯国际边境合作中心(中方配套区域)、保税物流中心(B型)(以下统称特殊区域)并销售给特殊区域内单位或境外单位、个人的货物。

(3) 中国免税品(集团)有限责任公司向海关报关运入海关监管仓库，专供其经国家批准设立的统一经营、统一组织进货、统一制定零售价格、统一管理的免税店销售的货物；国家批准的除中国免税品(集团)有限责任公司外的免税品经营企业，向海关报关运入海关监管仓库，专供其所属的首都机场口岸海关隔离区内的免税店销售的货物；国家批准的除中国免税品(集团)有限责任公司外的免税品经营企业所属的上海虹桥、浦东机场海关隔离区内的免税店销售的货物。

(4) 出口企业或其他单位销售给用于国际金融组织或外国政府贷款国际招标建设项目的中标机电产品，包括外国企业中标再分包给出口企业或其他单位的机电产品。

(5) 生产企业向海上石油天然气开采企业销售的自产的海洋工程结构物。

(6) 外轮供应公司、远洋运输供应公司销售给外轮、远洋国轮的货物，国内航空供应公司生产销售给国内和国外航空公司国际航班的航空食品。

(7) 出口企业或其他单位销售给特殊区域内生产企业生产耗用且不向海关报关而输入特殊区域的水(包括蒸汽)、电力、燃气(以下称输入特殊区域的水电气)。

3. 免税但不退税的出口货物

(1) 出口企业或其他单位出口规定的货物，具体包括：

① 增值税小规模纳税人出口的货物；

② 避孕药品和用具，古旧图书；

③ 软件产品；

④ 含黄金、铂金成分的货物，钻石及其饰品；

⑤ 国家计划内出口的卷烟；

⑥ 已使用过的设备，指购进时未取得增值税专用发票、海关进口增值税专用缴款书但其他相关单证齐全的已使用过的设备；

⑦ 非出口企业委托出口的货物；

⑧ 非列名生产企业出口的非视同自产货物；

⑨农业生产者自产的属于《农业产品征税范围注释》(财税〔1995〕52 号)的规定农产品；

⑩ 油画、花生果仁、黑大豆等财政部和国家税务总局规定的出口免税的货物；

⑪ 外贸企业取得普通发票、废旧物资收购凭证、农产品收购发票、政府非税收入票据的货物；

⑫ 来料加工复出口的货物；

⑬ 特殊区域内的企业出口的特殊区域内的货物；

⑭ 以人民币现金作为结算方式的边境地区出口企业从所在省（自治区）的边境口岸出口到接壤国家的一般贸易和边境小额贸易出口货物；

⑮ 以旅游购物贸易方式报关出口的货物。

(2) 出口企业或其他单位视同出口的下列货物劳务：

① 国家批准设立的免税店销售的免税货物；

② 特殊区域内的企业为境外的单位或个人提供加工修理修配劳务；

③ 同一特殊区域、不同特殊区域内的企业之间销售特殊区域内的货物。

(3) 出口企业或其他单位未按规定申报或未补齐增值税退(免)税凭证的出口货物劳务。具体是指：

① 未在国家税务总局规定的期限内申报增值税退(免)税的出口货物劳务；

② 未在规定期限内申报开具《代理出口货物证明》的出口货物劳务；

③ 已申报增值税退(免)税,却未在国家税务总局规定的期限内向税务机关补齐增值税退(免)税凭证的出口货物劳务。

◆ 出口货物退（免）税的企业范围

出口企业,是指依法办理工商登记、税务登记、对外贸易经营者备案登记,自营或委托出口货物的单位或个体工商户,以及依法办理工商登记、税务登记但未办理对外贸易经营者备案登记,委托出口货物的生产企业。具体包括：

(1) 依法办理工商登记、税务登记、对外贸易经营者备案登记,自营出口货物的单位,包括生产企业和外贸企业；

(2) 依法办理工商登记、税务登记、对外贸易经营者备案登记,委托出口货物的单位,包括生产企业和外贸企业；

(3) 依法办理工商登记、税务登记但未办理对外贸易经营者备案登记,委托出口货物的具有生产能力的单位；

(4) 依法办理工商登记、税务登记、对外贸易经营者备案登记,自营出口货物的个体工商户；

(5) 依法办理工商登记、税务登记、对外贸易经营者备案登记,委托出口货物的个体工商户；

(6) 依法办理工商登记、税务登记但未办理对外贸易经营者备案登记,委托出口货物的具有生产能力的个体工商户；

(7) 其他特定退税企业,指出口前面所述“特准允许办理退(免)税的货物”的企业。

相关知识

◆ **出口退（免）税的基本条件**

（1）出口退（免）税必须是增值税、消费税征收范围内的货物。之所以必须具备这一条件，是因为出口货物退（免）税只能对已经征收过增值税、消费税的货物退还或免征其已纳税额和应纳税额。未征收增值税、消费税的货物（包括国家规定免税的货物）不能退税，以充分体现“未征不退”的原则。

（2）必须是报关离境出口的货物。凡在国内销售、不报关离境的货物，除另有规定者外，不论出口企业是以外汇还是以人民币结算，也不论出口企业在财务上如何处理，均不得视为出口货物予以退税。对在境内销售收取外汇的货物，如宾馆、饭店等收取外汇的货物等，因其不符合离境出口条件，均不能给予退（免）税。

（3）必须是在财务上作出口销售处理的货物。出口货物只有在财务上作出销售处理后，才能办理退（免）税。也就是说，出口退（免）税的规定只适用于贸易性的出口货物，而对非贸易性的出口货物，如捐赠的礼品、在国内个人购买并自带出境的货物（另有规定者除外）、展品、样品、邮寄品等，因其一般在财务上不作销售处理，故按照现行规定不能退（免）税。

（4）必须是已收汇并经核销的货物。将出口退税与出口收汇核销挂钩可以有效地防止出口企业高报出口价格骗取退税，有助于提高出口收汇率，有助于强化出口收汇核销制度。

5.3 出口退税率

要 点

出口货物的退税率是指出口货物的实际退税额与退税计税依据的比例，它是出口退税的中心环节，它体现着国家在一定时期的财务、价格和对外贸易政策，体现着出口货物的实际征收水平和在国际市场上的竞争能力。退税率的高低，影响和刺激对外贸易，影响和刺激国民经济的发展，也关系国家、出口企业的经济利益。依据国税函〔2012〕61号最近发布的退税率文库（2012年版的出口退税率文库），增值税退税率为17%、16%、15%、13%、9%、5%六档。

解 释

1. 出口退税率的一般规定

除财政部和国家税务总局根据国务院决定而明确的增值税出口退税率（以下称退税率）外，出口货物的退税率为其适用税率。国家税务总局根据上述规定将退税率通过出口货物劳务退税率文库予以发布，供征纳双方执行。退税率有调整的，除另有规定外，其执行时间以货物（包括被加工修理修配的货物）出口货物报关单（出口退税专用）上注明的出口日期为准。

2. 退税率的特殊规定

（1）外贸企业购进按简易办法征税的出口货物、从小规模纳税人购进的出口货物，其退税率分别为简易办法实际执行的征收率、小规模纳税人征收率。上述出口货物取得增值税专用发票的，退税率按照增值税专用发票上的税率和出口货物退税率孰低的原则确定。

（2）出口企业委托加工修理修配货物，其加工修理修配费用的退税率，为出口货物的退税率。

（3）中标机电产品、出口企业向海关报关进入特殊区域销售给特殊区域内生产企业生产耗用的列名原材料、输入特殊区域的水电气，其退税率为适用税率。如果国家调整列名原材料的退税率，列名原材料应当自调整之日起按调整后的退税率执行。

（4）海洋工程结构物退税率的适用，具体范围见财税〔2012〕39号文的附件3。

适用不同退税率的货物劳务，应分开报关、核算并申报退（免）税，未分开报关、核算或划分不清的，从低适用退税率。

5.4 出口退(免)税的计算

要 点

我国《出口货物退（免）税管理办法》规定了两种退税的计算办法：第一种办法是“免、抵、退”，主要用于自营和委托出口自产货物的生产企业；第二种办法是“免退税”办法，目前主要用于收购货物出口的外贸企业。

解 释

◆ **免抵退税的计算方法**

根据财政部、国家税务总局《关于出口货物劳务增值税和消费税政策的通知》（财税〔2012〕39号）的规定，生产企业出口自产货物和视同自产货物及对外提供加工修理修配劳务，以及列名生产企业出口非自产货物，免征增值税，相应的进项税额抵减应纳增值税额（不包括适用增值税即征即退、先征后退政策的应纳增值税额），未抵减完的部分予以退还。具体计算公式如下。

（1）当期应纳税额的计算

当期应纳税额＝当期销项税额－（当期进项税额－当期不得免征和抵扣税额）

当期不得免征和抵扣税额＝当期出口货物离岸价×外汇人民币折合率×（出口货物适用税率－出口货物退税率）－当期不得免征和抵扣税额抵减额

当期不得免征和抵扣税额抵减额＝当期免税购进原材料价格×（出口货物适用税率－出口货物退税率）

（2）当期免抵退税额的计算

当期免抵退税额＝当期出口货物离岸价×外汇人民币折合率×出口货物退税率－当期免抵退税额抵减额

当期免抵退税额抵减额＝当期免税购进原材料价格×出口货物退税率

(3) 当期应退税额和免抵税额的计算

① 当期期末留抵税额≤当期免抵退税额，则：

当期应退税额＝当期期末留抵税额

当期免抵税额＝当期免抵退税额－当期应退税额

② 当期期末留抵税额＞当期免抵退税额，则：

当期应退税额＝当期免抵退税额

当期免抵税额＝0

当期期末留抵税额为当期增值税纳税申报表中“期末留抵税额”。

(4) 当期免税购进原材料价格包括当期国内购进的无进项税额且不计提进项税额的免税原材料的价格和当期进料加工保税进口料件的价格，其中当期进料加工保税进口料件的价格为组成计税价格。

当期进料加工保税进口料件的组成计税价格＝当期进口料件到岸价格＋海关实征关税＋海关实征消费税

采用“实耗法”的，当期进料加工保税进口料件的组成计税价格为当期进料加工出口货物耗用的进口料件组成计税价格。其计算公式为：

当期进料加工保税进口料件的组成计税价格＝当期进料加工出口货物离岸价×外汇人民币折合率×计划分配率

计划分配率＝计划进口总值÷计划出口总值×100%

实行纸质手册和电子化手册的生产企业，应根据海关签发的加工贸易手册或加工贸易电子化纸质单证所列的计划进出口总值计算计划分配率。

实行电子账册的生产企业，计划分配率按前一期已核销的实际分配率确定；新启用电子账册的，计划分配率按前一期已核销的纸质手册或电子化手册的实际分配率确定。

从事进料加工业务的生产企业，因上年度无海关已核销手（账）册不能确定本年度进料加工业务计划分配率的，应使用最近一次确定的“上年度已核销手（账）册综合实际分配率”作为本年度的计划分配率。

生产企业在办理年度进料加工业务核销后，如认为《生产企业进料加工业务免抵退税核销表》中的“上年度已核销手（账）册综合实际分配率”与企业当年度实际情况差别较大的，可在向主管税务机关提供当年度预计的进料加工计划分配率及书面合理理由后，将预计的进料加工计划分配率作为该年度的计划分配率。

(5) 退税率低于适用税率的，相应计算出的差额部分的税款计入出口货物劳务成本。

(6) 出口企业既有适用增值税免抵退项目，也有增值税即征即退、先征后退项目的，增值税即征即退和先征后退项目不参与出口项目免抵退税计算。出口企业应分别核算增值税免抵退项目和增值税即征即退、先征后退项目，并分别申请享受增值税即征即退、先征后退和免抵退税政策。

用于增值税即征即退或者先征后退项目的进项税额无法划分的，按照下列公式计算：

无法划分进项税额中用于增值税即征即退或者先征后退项目的部分＝当月无法划分的全部进项税额×当月增值税即征即退或者先征后退项目销售额÷当月全部销售额、营业额合计

◆ **免退税的计算方法**

根据财政部、国家税务总局《关于出口货物劳务增值税和消费税政策的通知》(财税〔2012〕39号)的规定,不具有生产能力的出口企业(以下称外贸企业)或其他单位出口货物劳务,免征增值税,相应的进项税额予以退还。

(1) 外贸企业出口委托加工修理修配货物以外的货物:

增值税应退税额=增值税退(免)税计税依据×出口货物退税率

(2) 外贸企业出口委托加工修理修配货物:

出口委托加工修理修配货物的增值税应退税额=委托加工修理修配的增值税退(免)税计税依据×出口货物退税率

相关知识

◆ **增值税退(免)税的计税依据**

出口货物劳务的增值税退(免)税的计税依据,按出口货物劳务的出口发票(外销发票)、其他普通发票或购进出口货物劳务的增值税专用发票、海关进口增值税专用缴款书确定。

(1) 生产企业出口货物劳务(进料加工复出口货物除外)增值税退(免)税的计税依据,为出口货物劳务的实际离岸价(FOB)。实际离岸价应以出口发票上的离岸价为准,但如果出口发票不能反映实际离岸价,主管税务机关有权予以核定。

(2) 生产企业进料加工复出口货物增值税退(免)税的计税依据,按出口货物的离岸价(FOB)扣除出口货物所含的海关保税进口料件的金额后确定。

这里所称海关保税进口料件,是指海关以进料加工贸易方式监管的出口企业从境外和特殊区域等进口的料件,包括出口企业从境外单位或个人购买并从海关保税仓库提取且办理海关进料加工手续的料件,以及保税区外的出口企业从保税区内的企业购进并办理海关进料加工手续的进口料件。

(3) 生产企业国内购进无进项税额且不计提进项税额的免税原材料加工后出口的货物的计税依据,按出口货物的离岸价(FOB)扣除出口货物所含的国内购进免税原材料的金额后确定。

(4) 外贸企业出口货物(委托加工修理修配货物除外)增值税退(免)税的计税依据,为购进出口货物的增值税专用发票注明的金额或海关进口增值税专用缴款书注明的完税价格。

(5) 外贸企业出口委托加工修理修配货物增值税退(免)税的计税依据,为加工修理修配费用增值税专用发票注明的金额。外贸企业应将加工修理修配使用的原材料(进料加工海关保税进口料件除外)作价销售给受托加工修理修配的生产企业,受托加工修理修配的生产企业应将原材料成本并入加工修理修配费用开具发票。

(6) 出口进项税额未计算抵扣的已使用过的设备增值税退(免)税的计税依据,按下列公式确定:

退(免)税计税依据=增值税专用发票上的金额或海关进口增值税专用缴款书注明的完税价格×已使用过的设备固定资产净值÷已使用过的设备原值

已使用过的设备固定资产净值＝已使用过的设备原值－已使用过的设备已提累计折旧

这里所称已使用过的设备，是指出口企业根据财务会计制度已经计提折旧的固定资产。

(7) 免税品经营企业销售的货物增值税退（免）税的计税依据，为购进货物的增值税专用发票注明的金额或海关进口增值税专用缴款书注明的完税价格。

(8) 中标机电产品增值税退（免）税的计税依据，生产企业为销售机电产品的普通发票注明的金额，外贸企业为购进货物的增值税专用发票注明的金额或海关进口增值税专用缴款书注明的完税价格。

(9) 生产企业向海上石油天然气开采企业销售的自产的海洋工程结构物增值税退（免）税的计税依据，为销售海洋工程结构物的普通发票注明的金额。

(10) 输入特殊区域的水电气增值税退（免）税的计税依据为作为购买方的特殊区域内生产企业购进水（包括蒸汽）、电力、燃气的增值税专用发票注明的金额。

实例详解

【例 5-1】 某自营出口生产企业属于增值税一般纳税人，出口货物的征税率为 17%，退税率为 15%。2013 年 5 月有以下经营业务：

(1) 购原材料一批，取得的增值税专用发票注明的价款为 200 万元，外购货物准予抵扣进项税额为 34 万元，货已验收入库。

(2) 当月进料加工免税进口料件的组成计税价格 100 万元。上期末留抵税款 6 万元。

(3) 本月内销货物不含税销售额 100 万元，收款 117 万元存入银行，本月出口货物销售额折合人民币 200 万元。试计算该企业当期的“免、抵、退”税额。

【分析】

(1) 免、抵、退税不得免征和抵扣税额抵减额＝免税购进原材料价格×(出口货物征税率－出口货物退税率)＝100×(17%－15%)＝2(万元)

(2) 免、抵、退税不得免征和抵扣税额＝出口货物离岸价格×外汇人民币牌价×(出口货物征税率－出口货物退税率)－免、抵、退税不得免征和抵扣税额抵减额＝200×(17%－15%)－2＝2(万元)

(3) 当期应纳税额＝100×17%－(34－2) －6＝－21(万元)

(4) 免、抵、退税额抵减额＝免税购进原材料价格×出口货物退税率＝100×15%＝15(万元)

(5) 出口货物免、抵、退税额＝200×15%－15＝15(万元)

(6) 按规定，如当期期末留抵税额＞当期免、抵、退税额时：

当期应退税额＝当期免、抵、退税额，即该企业应退税额＝15 万元

(7) 当期免抵税额＝当期免、抵、退税额－当期应退税额＝15－15＝0

(8) 5 月期末留抵结转下期继续抵扣税额＝21－15＝6(万元)。

【例 5-2】 某自营出口生产企业是增值税一般纳税人，出口货物的征税率为 17%，退税率为 13%。2013 年 3 月发生以下相关业务：

(1) 外购货物准予抵扣进项税款 80 万元，货已入库。上期期末留抵税额 5 万元。

(2) 当月内销货物销售额 100 万元，销项税额 17 万元。

(3) 本月出口货物销售折合人民币 180 万元，其中来料加工贸易复出口货物 90 万元。试计算该企业本期免、抵、退税额。

【分析】 来料加工贸易复出口货物所耗进项税额转出＝80×90÷180＝40(万元)

当期免、抵、退税不得免征和抵扣税额＝(180－90)×(17%－13%)＝3.6(万元)

应纳增值税额＝100×17%－(80－40－3.6)－5＝－24.6(万元)

出口货物免、抵、退税额＝90×13%＝11.7(万元)

本例中，当期期末留抵税额 24.6 万元大于当期免、抵、退税额 11.7 万元，故当期应退税额等于当期免、抵、退税额 11.7 万元。

当期免、抵税额＝当期免、抵、退税额－当期应退税额＝11.7－11.7＝0

【例 5-3】 某生产企业(有进出口经营权)适用的增值税税率均为 17%，且无免税购进货物；出口退税率为 13%：① 报关离境出口货物，离岸价折合人民币 380 万元；② 在国内销售货物取得销售额(不含税)200 万元；③ 购进生产经营用货物和应税劳务，按扣税凭证确定的进项税额为 130 万元；上期留抵税额 10 万元。该企业各类货物采用“免、抵、退”办法办理出口货物退(免)税。计算该企业本期出口退税额和抵税额。

【分析】

(1) 不得免征或不得抵扣税额＝380×(17%－13%)＝14.2(万元)

(2) 当期应纳税额＝200×17%－(10＋130－14.2) ＝－91.8(万元)

(3) 当期应退税额＝380×13%＝49.4(万元)

(4) 因退税前的期末留抵税额 91.8 万元大于当期应退税额 49.4 万元，故当期实际退税额为 49.4 万元。

当期抵税额＝0

留待下期抵扣税额＝91.8－49.4＝42.4(万元)

【例 5-4】 某进出口公司 2013 年 8 月进货及申报出口退税(多票进货对应多票出口)情况如下：

关联号 220318

进货明细表如下：

商品码	商品名称	数量	单价	计税金额	退税率
61011000	女风衣	1 000 件	85 元	85 000 元	13%
61011000	女风衣	3 000 件	60 元	180 000 元	13%
61011000	女风衣	1 000 件	70 元	70 000 元	13%

出口明细表如下：

商品码	商品名称	出口数量
61011000	女风衣	1 500 件
61011000	女风衣	3 500 件

根据上述资料，计算本企业应退税款。

【分析】 关联号内加权平均单价＝∑关联号内相同商品码的各笔进货金额÷∑关联号

内相同商品码的各笔进货数量

=(85 000+180 000+70 000)÷(1 000+3 000+1 000)

=67(元)

该企业 2013 年 8 月出口货物应退税额=出口数量合计数×关联号内加权平均单价×适用退税率=5 000×67×13%=43 550(元)

5.5 出口退(免)税管理

要 点

办理出口退税,是一项政策性很强的业务。因此,为了加强出口退税管理,规范退税行为,出口企业必须先办理退税登记,然后才能按规定程序办理退税。

解 释

◆ 出口退(免)税资格的认定

(1) 出口企业应在办理对外贸易经营者备案登记或签订首份委托出口协议之日起 30 日内,填报《出口退(免)税资格认定申请表》,提供下列资料到主管税务机关办理出口退(免)税资格认定。

① 加盖备案登记专用章的《对外贸易经营者备案登记表》或《中华人民共和国外商投资企业批准证书》;

② 中华人民共和国海关进出口货物收发货人报关注册登记证书;

③ 银行开户许可证;

④ 未办理备案登记发生委托出口业务的生产企业提供委托代理出口协议,不需提供第 1、2 项资料;

⑤《出口退(免)税资格认定申请表》电子数据;

⑥ 主管税务机关要求提供的其他资料。

(2) 其他单位应在发生出口货物劳务业务之前,填报《出口退(免)税资格认定申请表》,提供《出口退(免)税资格认定申请表》电子数据、银行开户许可证及主管税务机关要求的其他资料,到主管税务机关办理出口退(免)税资格认定。

(3) 出口企业和其他单位在出口退(免)税资格认定之前发生的出口货物劳务,在办理出口退(免)税资格认定后,可以在规定的退(免)税申报期内按规定申报增值税退(免)税,以及消费税退(免)税。

(4) 出口企业和其他单位出口退(免)税资格认定的内容发生变更的,须自变更之日起 30 日内,填报《出口退(免)税资格认定变更申请表》,提供相关资料向主管税务机关申请变更出口退(免)税资格认定。

经主管税务机关批准变更的次月起按照变更后的退(免)税办法申报退(免)税。企业应将批准变更前全部出口货物按变更前退(免)税办法申报退(免)税,变更后不得申报变更前出口货物退（免）税。

原执行免退税办法的企业，在批准变更次月的增值税纳税申报期内可将原计入出口库存账的且未申报免退税的出口货物向主管税务机关申请开具《出口转内销证明》。

原执行免抵退税办法的企业，应将批准变更当月的《免抵退税申报汇总表》中"当期应退税额"填报在批准变更次月的《增值税纳税申报表》"免、抵、退应退税额"栏中。

企业按照变更前退（免）税办法已申报但在批准变更前未审核办理的退（免）税，主管税务机关对其按照原退（免）税办法单独审核、审批办理。对原执行免抵退税办法的企业，主管税务机关对已按免抵退税办法申报的退（免）税应全部按规定审核通过后，一次性审批办理退（免）税。

退（免）税办法由免抵退税变更为免退税的，批准变更前已通过认证的增值税专用发票或取得的海关进口增值税专用缴款书，出口企业或其他单位不得作为申报免退税的原始凭证。

(5) 需要注销税务登记的出口企业和其他单位，应填报《出口退（免）税资格认定注销申请表》，向主管税务机关申请注销出口退（免）税资格，然后再按规定办理税务登记的注销。

出口企业和其他单位在申请注销认定前，应先结清出口退（免）税款。注销认定后，出口企业和其他单位不得再申报办理出口退（免）税。

出口企业申请注销出口退（免）税认定资格但不需要注销税务登记的，也应按上述规定办理。

(6) 出口企业或其他单位申请注销退（免）税资格认定，如向主管税务机关声明放弃未申报或已申报但尚未办理的出口退（免）税并按规定申报免税的，视同已结清出口退税税款。

因合并、分立、改制重组等原因申请注销退（免）税资格认定的出口企业或其他单位（以下简称注销企业），可向主管税务机关申报《申请注销退（免）税资格认定企业未结清退（免）税确认书》，提供合并、分立、改制重组企业决议、章程、相关部门批件及承继注销企业权利和义务的企业（以下简称承继企业）在注销企业所在地的开户银行、账号，经主管税务机关确认无误后，可在注销企业结清出口退（免）税款前办理退（免）税资格认定注销手续。注销后，注销企业的应退税款由其主管税务机关退还至承继企业账户，如发生需要追缴多退税款的向承继企业追缴。

(7) 出口企业或其他单位可以放弃全部适用退（免）税政策出口货物劳务的退（免）税，并选择适用增值税免税政策或征税政策。放弃适用退（免）税政策的出口企业或其他单位，应向主管税务机关报送《出口货物劳务放弃退（免）税声明》，办理备案手续。自备案次日起36个月内，其出口的适用增值税退（免）税政策的出口货物劳务，适用增值税免税政策或征税政策。

◆ 退（免）税申报的一般要求

(1) 出口企业或其他单位应使用出口退税申报系统办理出口货物、劳务退（免）税申报业务及申请开具相关证明业务。要求出口企业或其他单位报送的电子数据应均通过出口退税申报系统生成、报送。

(2) 出口企业或其他单位应先通过税务机关提供的远程预申报服务进行退（免）税预申

报。税务机关不能提供远程预申报服务的，企业可到主管税务机关进行预申报。

在主管税务机关确认申报凭证的内容与对应的管理部门电子信息无误后，方可提供规定的申报退(免)税凭证、资料及正式申报电子数据，向主管税务机关进行正式申报。

税务机关受理企业出口退(免)税预申报后，应及时审核并向企业反馈审核结果。如果审核发现申报退(免)税的凭证没有对应的管理部门电子信息或凭证的内容与电子信息不符的，企业应按下列方法处理：

① 属于凭证信息录入错误的，应更正后再次进行预申报；

② 属于未在“中国电子口岸出口退税子系统”中进行出口货物报关单确认操作或未按规定进行增值税专用发票认证操作的，应进行上述操作后，再次进行预申报；

③ 除上述原因外，可填写《出口企业信息查询申请表》，将缺失对应凭证管理部门电子信息或凭证的内容与电子信息不符的数据和原始凭证报送至主管税务机关，由主管税务机关协助查找相关信息。

生产企业应根据免抵退税正式申报的出口销售额(不包括按原办法申报的单证不齐或者信息不齐的出口销售额)计算免抵退税不得免征和抵扣税额，并填报在当期《增值税纳税申报表附列资料(二)》“免抵退税办法出口货物不得抵扣进项税额”栏(第18栏)、《免抵退税申报汇总表》“免抵退税不得免征和抵扣税额”栏(第15栏)。

生产企业在2014年1月1日前已按原办法申报单证不齐或者信息不齐的出口货物劳务及服务，在2014年1月1日后应及时收齐有关单证、进行预申报，并在单证齐全、信息通过预申报核对无误后进行免抵退税正式申报。正式申报时，只计算免抵退税额，不计算免抵退税不得免征和抵扣税额。

(3) 在出口货物报关单上的申报日期和出口日期期间，若海关调整商品代码，导致出口货物报关单上的商品代码与调整后的商品代码不一致的，出口企业或其他单位应按照出口货物报关单上列明的商品代码申报退(免)税，并同时报送《海关出口商品代码、名称、退税率调整对应表》及电子数据。

(4) 出口企业或其他单位进行正式退(免)税申报时须提供的原始凭证，应按明细申报表载明的申报顺序装订成册。

(5) 2013年5月1日以后报关出口的货物(以出口货物报关单上的出口日期为准)，除下款规定以外，出口企业或其他单位申报出口退(免)税提供的出口货物报关单上的第一计量单位、第二计量单位，及出口企业申报的计量单位，至少有一个应同与其匹配的增值税专用发票上的计量单位相符，且上述出口货物报关单、增值税专用发票上的商品名称须相符，否则不得申报出口退(免)税。

如属同一货物的多种零部件需要合并报关为同一商品名称的，企业应将出口货物报关单、增值税专用发票上不同商品名称的相关性及不同计量单位的折算标准向主管税务机关书面报告，经主管税务机关确认后，可申报退(免)税。

(6) 受托方将代理多家企业出口的货物集中一笔报关出口的，委托方可提供该出口货物报关单的复印件申报出口退(免)税。

(7) 在退(免)税申报期截止之日前，如果企业出口的货物劳务及服务申报退(免)税的凭证仍没有对应管理部门电子信息或凭证的内容与电子信息比对不符，无法完成预申报的，企业应在退(免)税申报期截止之日前，向主管税务机关报送以下资料：

①《出口退(免)税凭证无相关电子信息申报表》及其电子数据；

② 退(免)税申报凭证及资料。

经主管税务机关核实，企业报送的退(免)税凭证资料齐全，且《出口退(免)税凭证无相关电子信息申报表》及其电子数据与凭证内容一致的，企业退(免)税正式申报时间不受退(免)税申报期截止之日限制。未按上述规定在退(免)税申报期截止之日前向主管税务机关报送退(免)税凭证资料的，企业在退(免)税申报期限截止之日后不得进行退(免)税申报，应按规定进行免税申报或纳税申报。

(8) 符合条件的生产企业已签订出口合同的交通运输工具和机器设备，在其退税凭证尚未收集齐全的情况下，可凭出口合同、销售明细账等，向主管税务机关申报免抵退税。在货物向海关报关出口后，应按规定申报退(免)税，并办理已退(免)税的核销手续。

◆ 外贸企业出口货物免退税的申报

1. 申报程序和期限

企业应在货物报关出口之日次月起至次年4月30日前的各增值税纳税申报期内，收齐有关凭证，向主管税务机关办理出口货物增值税免退税申报。经主管税务机关批准的，企业在增值税纳税申报期以外的其他时间也可办理免退税申报。截止日期前，企业申报《出口退(免)税凭证无相关电子信息申报表》及其电子数据、退(免)税申报凭证及资料，经审核符合条件的企业退(免)税正式申报时间不受退(免)税申报期截止之日限制。未报送上述资料的，企业在退(免)税申报期限截止之日后不得申报免退税。

2. 申报资料

(1)《外贸企业出口退税汇总申报表》；

(2)《外贸企业出口退税进货明细申报表》；

(3)《外贸企业出口退税出口明细申报表》；

(4) 出口货物退(免)税正式申报电子数据；

(5) 下列原始凭证：

① 出口货物报关单；

② 增值税专用发票(抵扣联)、出口退税进货分批申报单、海关进口增值税专用缴款书(提供海关进口增值税专用缴款书的，还需同时提供进口货物报关单，下同)；

③ 委托出口的货物，还应提供受托方主管税务机关签发的代理出口货物证明，以及代理出口协议副本；

④ 属应税消费品的，还应提供消费税专用缴款书或分割单、海关进口消费税专用缴款书(提供海关进口消费税专用缴款书的，还需同时提供进口货物报关单，下同)；

⑤ 主管税务机关要求提供的其他资料。

◆ 生产企业出口货物免抵退税的申报

1. 申报程序和期限

生产企业出口并按会计规定做销售的货物，须在做销售的次月进行增值税纳税申报。

企业应在货物报关出口之日(以出口货物报关单〈出口退税专用〉上的出口日期为准)次

月起至次年 4 月 30 日前的各增值税纳税申报期内收齐有关凭证，向主管税务机关申报办理出口货物增值税免抵退税及消费税退税。截止日期前，企业申报出口退（免）税凭证无相关电子信息申报表及其电子数据、退（免）税申报凭证及资料，经审核符合条件的企业退（免）税正式申报时间不受退（免）税申报期截止之日限制。未报送上述资料的，企业在退（免）税申报期限截止之日后不得申报退（免）税。

2. 申报资料

(1) 企业向主管税务机关办理增值税纳税申报时，除按纳税申报的规定提供有关资料外，还应提供下列资料：

① 主管税务机关确认的上期《免抵退税申报汇总表》；

② 主管税务机关要求提供的其他资料。

(2) 企业向主管税务机关办理增值税免抵退税申报，应提供下列凭证资料：

①《免抵退税申报汇总表》及其附表；

②《免抵退税申报资料情况表》；

③《生产企业出口货物免抵退税申报明细表》；

④ 出口货物退（免）税正式申报电子数据；

⑤《出口货物离岸价差异原因说明表》及电子数据，报送的《生产企业出口货物免、抵、退税申报明细表》中的离岸价与相应出口货物报关单上的离岸价不一致时，需报送；

⑥ 下列原始凭证：出口货物报关单（出口退税专用联、保税区内的出口企业可提供中华人民共和国海关保税区出境货物备案清单，以下简称出境货物备案清单）；出口发票；委托出口的货物，还应提供受托方主管税务机关签发的代理出口货物证明，以及代理出口协议复印件；主管税务机关要求提供的其他资料。

(3) 生产企业出口的视同自产货物以及列名生产企业出口的非自产货物，属于消费税应税消费品（以下简称应税消费品）的，还应提供下列资料：

①《生产企业出口非自产货物消费税退税申报表》；

② 消费税专用缴款书或分割单，海关进口消费税专用缴款书、委托加工收回应税消费品的代扣代收税款凭证原件或复印件。

(4) 属于增值税一般纳税人的集成电路设计、软件设计、动漫设计企业及其他高新技术企业出口适用增值税退（免）税政策的货物，实行免抵退税办法，也按上述(1)(2)有关规定申报出口退（免）税。

(5) 从事进料加工业务的生产企业，自 2013 年 7 月 1 日起，按下列规定办理进料加工出口货物退（免）税的申报及手（账）册核销业务。

① 进料加工计划分配率的确定

2012 年 1 月 1 日至 2013 年 6 月 15 日已在税务机关办理过进料加工手（账）册核销的企业，2013 年度进料加工业务的计划分配率为该期间税务机关已核销的全部手（账）册的加权平均实际分配率。主管税务机关应在 2013 年 7 月 1 日以前，计算并与企业确认 2013 年度进料加工业务的计划分配率。

2012 年 1 月 1 日至 2013 年 6 月 15 日未在税务机关办理进料加工业务手（账）册核销的企业，当年进料加工业务的计划分配率为 2013 年 7 月 1 日后首份进料加工手（账）册的计划分配率。企业应在首次申报2013年7月1日以后进料加工手(账)册的进料加工出口货物免抵退税前，向主管税务机关报送《进料加工企业计划分配率备案表》及其电子数据。

从事进料加工业务的生产企业，因上年度无海关已核销手(账)册不能确定本年度进料加工业务计划分配率的，应使用最近一次确定的"上年度已核销手(账)册综合实际分配率"作为本年度的计划分配率。

生产企业在办理年度进料加工业务核销后，如认为《生产企业进料加工业务免抵退税核销表》中的"上年度已核销手(账)册综合实际分配率"与企业当年度实际情况差别较大的，可在向主管税务机关提供当年度预计的进料加工计划分配率及书面合理理由后，将预计的进料加工计划分配率作为该年度的计划分配率。

② 进料加工出口货物的免抵退税申报

对进料加工出口货物，企业应以出口货物人民币离岸价扣除出口货物耗用的保税进口料件金额的余额为增值税退(免)税的计税依据。按生产企业出口货物免抵退税申报的有关规定，办理免抵退税相关申报。

进料加工出口货物耗用的保税进口料件金额＝进料加工出口货物人民币离岸价×进料加工计划分配率

计算不得免征和抵扣税额时，应按当期全部出口货物的离岸价扣除当期全部进料加工出口货物耗用的保税进口料件金额后的余额乘以征退税率之差计算。进料加工出口货物收齐有关凭证申报免抵退税时，以收齐凭证的进料加工出口货物人民币离岸价扣除其耗用的保税进口料件金额后的余额计算免抵退税额。

出口企业将加工贸易进口料件，采取委托加工收回出口的，在申报退(免)税或申请开具《来料加工免税证明》时，如提供的加工费发票不是由加工贸易手(账)册上注明的加工单位开具的，出口企业须向主管税务机关书面说明理由，并提供主管海关出具的书面证明。否则，进料加工委托加工业务，对应的加工费不得抵扣或申报退(免)税。

③ 年度进料加工业务的核销

自2014年起，企业应在本年度4月20日前，向主管税务机关报送《生产企业进料加工业务免抵退税核销申报表》及电子数据，申请办理上年度海关已核销的进料加工手(账)册项下的进料加工业务核销手续。企业申请核销后，主管税务机关不再受理其上一年度进料加工出口货物的免抵退税申报。4月20日之后仍未申请核销的，该企业的出口退(免)税业务，主管税务机关暂不办理，待其申请核销后，方可办理。

主管税务机关受理核销申请后，应通过出口退税审核系统提取海关联网监管加工贸易电子数据中的进料加工"电子账册(电子化手册)核销数据"以及进料加工业务的进出口货物报关单数据，计算生成《进料加工手(账)册实际分配率反馈表》，交企业确认。

企业应及时根据进料加工手(账)册实际发生的进出口情况对反馈表中手(账)册实际分配率进行核对。经核对相符的，企业应对该手(账)册进行确认；核对不相符的，企业应提供该手(账)册的实际进出口情况。核对完成后，企业应在《进料加工手(账)册实际分配率反馈表》中填写确认意见及需要补充的内容，加盖公章后交主管税务机关。

主管税务机关对于企业未确认相符的手(账)册，应提取海关联网监管加工贸易电子数据中的该手(账)册的进料加工"电子账册(电子化手册)核销数据"以及进出口货物报关单数据，反馈给企业。对反馈的数据缺失或与纸质报关单不一致的，企业应及时向报关海关申请查询，并根据该手（账）册实际发生的进出口情况将缺失或不一致的数据填写《已核销手（账）册海关数据调整报告表（进口报关单／出口报关单）》，报送至主管税务机关，同时附送电子数据、相关报关单原件、向报关海关查询情况的书面说明。

主管税务机关应将企业报送的《已核销手（账）册海关数据调整报告表》电子数据读入出口退税审核系统，重新计算生成《进料加工手（账）册实际分配率反馈表》。在企业对手（账）册的实际分配率确认后，主管税务机关按照企业确认的实际分配率对进料加工业务进行核销，并将《生产企业进料加工业务免抵退税核销表》交企业。企业应在次月根据该表调整前期免抵退税额及不得免征和抵扣税额。

主管税务机关完成年度核销后，企业应以《生产企业进料加工业务免抵退税核销表》中的“上年度已核销手（账）册综合实际分配率”作为当年度进料加工计划分配率。

④ 企业申请注销或变更退（免）税办法的，应在申请注销或变更退（免）税办法前按照上述办法进行进料加工业务的核销。

(6) 已持续经营 2 年及 2 年以上且从未发生逃税、骗取出口退税、虚开增值税专用发票或农产品收购发票、接受虚开增值税专用发票（善意取得虚开增值税专用发票除外）行为的增值税一般纳税人，发生出口业务，签订合同的交通运输工具和机器设备属于生产周期在 1 年及 1 年以上并且上一年度净资产大于同期出口货物增值税、消费税退税额之和 3 倍的，在其退税凭证尚未收集齐全的情况下，可凭出口合同、销售明细账等，向主管税务机关申报免抵退税。具体要求如下。

① 应在交通运输工具和机器设备出口合同签订后，报送《先退税后核销资格申请表》及电子数据，并取得主管税务机关审核同意。

② 企业应在交通运输工具或机器设备自会计上做销售后，与其他出口货物劳务一并向主管税务机关办理免抵退税申报（在《生产企业出口货物免、抵、退税申报明细表》“出口收汇核销单号”栏中填写出口合同号，“业务类型”栏填写“XTHH”），并附报下列资料：

➢ 出口合同（复印件，仅第一次申报时提供）；

➢ 企业财务会计制度（复印件，仅第一次申报时提供）；

➢ 出口销售明细账（复印件）；

➢《先退税后核销企业免抵退税申报附表》及其电子数据；

➢ 年度财务报表（年度结束后至 4 月 30 日前报送）；

➢ 收款凭证（复印件，取得预付款的提供）；

➢ 主管税务机关要求提供的其他资料。

交通工具或机器设备报关出口之日起 3 个月内，企业应在增值税纳税申报期内，按《出口货物劳务增值税和消费税管理办法》第四条规定收齐有关单证，申报免抵退税，办理已退（免）税的核销。

(7) 购进不计提进项税额的国内免税原材料用于加工出口货物的，企业应单独核算用于加工出口货物的免税原材料，并在免税原材料购进之日起至次月的增值税纳税申报期内，填报《生产企业出口货物扣除国内免税原材料申请表》，提供正式申报电子数据，向主管税务机关办理申报手续。

◆ **其他出口货物或劳务退（免）税的申报管理**

(1) 报关进入特殊区域并销售给特殊区域内单位或境外单位、个人的货物，特殊区域外的生产企业或外贸企业的退(免)税申报分别按生产企业出口货物免抵退税申报和外贸企业出口货物免退税申报的规定办理。

(2) 其他视同出口货物和对外提供加工修理修配劳务，属于报关出口的，为报关出口之日起，属于非报关出口销售的，为出口发票或普通发票开具之日起，出口企业或其他单位应在次月至次年 4 月 30 日前的各增值税纳税申报期内申报退(免)税。

申报退(免)税时，生产企业、外贸企业和没有生产能力的其他单位除按上述各自规定申报外，下列货物劳务，出口企业和其他单位还须提供下列对应的补充资料：

① 对外援助的出口货物，应提供商务部批准使用援外优惠贷款的批文("援外任务书")复印件或商务部批准使用援外合资合作项目基金的批文("援外任务书")复印件。

② 用于对外承包工程项目的出口货物，由出口企业申请退(免)税。出口企业如属于分包单位的，申请退(免)税时，须补充提供分包合同(协议)。

③ 用于境外投资的出口货物，应提供商务部及其授权单位批准其在境外投资的文件副本。

④ 向海关报关运入海关监管仓库供海关隔离区内免税店销售的货物，提供的出口货物报关单应加盖有免税品经营企业报关专用章；上海虹桥、浦东机场海关国际隔离区内的免税店销售的货物，提供的出口货物报关单应加盖免税店报关专用章，并提供海关对免税店销售货物的核销证明。

免税品经营企业应根据《企业法人营业执照》规定的经营货物范围，填写《免税品经营企业销售货物退税备案表》并生成电子数据，报主管税务机关备案。如企业的经营范围发生变化，应在变化之日后的首个增值税纳税申报期内进行补充填报。

⑤ 销售的中标机电产品，应提供下列资料：

➢ 招标单位所在地主管税务机关签发的《中标证明通知书》；

➢ 由中国招标公司或其他国内招标组织签发的中标证明(正本)；

➢ 中标人与中国招标公司或其他招标组织签订的供货合同(协议)；

➢ 中标人按照标书规定及供货合同向用户发货的发货单；

➢ 中标机电产品用户收货清单；

➢ 外国企业中标再分包给国内企业供应的机电产品，还应提供与中标企业签署的分包合同(协议)。

⑥ 销售给海上石油天然气开采企业的自产的海洋工程结构物，应提供销售合同。

生产企业申报出口退(免)税时，应在《生产企业出口货物免、抵、退税申报明细表》的"备注栏"中填写购货企业的纳税人识别号和购货企业名称。

⑦ 销售给外轮、远洋国轮的货物，应提供列明销售货物名称、数量、销售金额并经外轮、远洋国轮船长签名的出口发票。

⑧ 生产并销售给国内和国外航空公司国际航班的航空食品，应提供下列资料：

➢ 与航空公司签订的配餐合同；

➢ 航空公司提供的配餐计划表(须注明航班号、起降城市等内容)；

➢ 国际航班乘务长签字的送货清单（须注明航空公司名称、航班号等内容）。

⑨ 对外提供加工修理修配劳务，应提供下列资料：

➢ 修理修配船舶以外其他物品的提供贸易方式为“修理物品”的出口货物报关单；

➢ 与境外单位、个人签署的修理修配合同；

➢ 维修工作单（对外修理修配飞机业务提供）。

申报修理修配船舶退（免）税的，应提供在修理修配业务中使用零部件、原材料的贸易方式为“一般贸易”的出口货物报关单。出口货物报关单中“标记唛码及备注”栏注明修理船舶或被修理船舶名称的，以被修理船舶作为出口货物。

为国外（地区）企业的飞机（船舶）提供航线维护（航次维修）的货物劳务，出口企业（维修企业）申报退（免）税时应将国外（地区）企业名称、航班号（船名）填写在《生产企业出口货物免、抵、退税申报明细表》的第22栏“备注”中，并提供以下资料：与被维修的国外（地区）企业签订的维修合同、出口发票、国外（地区）企业的航班机长或外轮船长签字确认的维修单据〔须注明国外（地区）企业名称和航班号（船名）〕。

(3) 输入特殊区域的水电气，由购买水电气的特殊区域内的生产企业申报退税。企业应在购进货物增值税专用发票的开具之日次月起至次年4月30日前的各增值税纳税申报期内向主管税务机关申报退税。申报退税时，应填报《购进自用货物退税申报表》，提供正式电子申报数据及下列资料：

① 增值税专用发票（抵扣联）；

② 支付水、电、气费用的银行结算凭证（加盖银行印章的复印件）。

输入特殊区域的水电气，区内生产企业用于出租、出让厂房的，不得申报退税，进项税额须转入成本。

(4) 运入保税区的货物，如果属于出口企业销售给境外单位、个人，境外单位、个人将其存放在保税区内的仓储企业，离境时由仓储企业办理报关手续，海关在其全部离境后，签发进入保税区的出口货物报关单的，保税区外的生产企业和外贸企业申报退（免）税时，除分别提供生产企业出口退税或外贸企业出口退税所要求的资料外，还须提供仓储企业的出境货物备案清单。确定申报退（免）税期限的出口日期以最后一批出境货物备案清单上的出口日期为准。

(5) 出口企业和其他单位出口的在2008年12月31日以前购进的设备、2009年1月1日以后购进但按照有关规定不得抵扣进项税额的设备、非增值税纳税人购进的设备，以及营业税改征增值税试点地区的出口企业和其他单位出口在本企业试点以前购进的设备，如果属于未计算抵扣进项税额的已使用过的设备，均实行增值税免退税办法。

出口企业和其他单位应在货物报关出口之日次月起至次年4月30日前的各增值税纳税申报期内，向主管税务机关单独申报退税。申报退税时应填报《出口已使用过的设备退税申报表》，提供正式申报电子数据及下列资料：

① 出口货物报关单；

② 委托出口的货物，还应提供受托方主管税务机关签发的代理出口货物证明，以及代理出口协议；

③ 增值税专用发票（抵扣联）或海关进口增值税专用缴款书；

④ 出口收汇核销单；

⑤《出口已使用过的设备折旧情况确认表》；

⑥ 主管税务机关要求提供的其他资料。

(6) 边境地区一般贸易或边境小额贸易项下以人民币结算的从所在省（自治区）的边境口岸出口到接壤毗邻国家，并采取银行转账人民币结算方式的出口货物，生产企业、外贸企业申报退（免）税时，除分别提供其各自所要求的资料外，还应提供人民币结算的银行入账单，银行入账单应与外汇管理部门出具的出口收汇核销单相匹配。确有困难不能提供银行入账单的，可提供签注“人民币核销”的出口收汇核销单。

(7) 以边境小额贸易方式代理外国企业、外国自然人报关出口的货物（国家取消出口退税的货物除外），可按下列规定办理备案手续，办理过备案的上述货物，不进行增值税和消费税的纳税、免税申报。

① 边境地区出口企业应在货物出口之前，提供下列资料向主管税务机关办理备案登记手续：

➢ 企业相关人员签字、盖有单位公章且填写内容齐全的纸质《以边境小额贸易方式代理外国企业、外国自然人报关出口货物备案登记表》及电子数据；

➢ 代理出口协议原件及复印件，代理出口协议以外文拟定的，需同时提供中文翻译版本；

➢ 委托方经办人护照或外国边民的边民证原件和复印件。

② 边境地区出口企业应在货物报关出口之日（以出口货物报关单上的出口日期为准）次月起至次年 4 月 30 日前的各增值税纳税申报期内，提供下列资料向主管税务机关办理代理报关备案核销手续：

➢ 企业相关人员签字、盖有单位公章且填写内容齐全的纸质《以边境小额贸易方式代理外国企业、外国自然人报关出口货物备案核销表》及电子数据；

➢ 出口货物报关单（出口退税专用联，以人民币结算的为盖有海关验讫章其他联次）。

③ 边境地区出口企业代理报关出口的货物属国家明确取消出口退（免）税的，按有关规定适用增值税、消费税征税政策。

④ 边境地区出口企业未按照本项规定办理代理报关备案登记、备案核销的，主管税务机关可取消其按照代理报关备案管理的资格，并可按《中华人民共和国税收征收管理法》（以下简称《税收征收管理法》）第六十二条等有关规定处理。

(8) 出口企业和其他单位申报《退（免）税货物、标识对照表》中货物的退（免）税，应在申报报表中的明细表“退（免）税业务类型”栏内填写《退（免）税货物、标识对照表》所列货物对应的标识。

◆ 外贸综合服务企业出口货物退（免）税管理

外贸综合服务企业是指为国内中小型生产企业出口提供物流、报关、信保、融资、收汇、退税等服务的外贸企业。

自 2014 年 4 月 1 日起，外贸综合服务企业以自营方式出口国内生产企业与境外单位或个人签约的出口货物，同时具备以下情形的，可由外贸综合服务企业按自营出口的规定申报退(免)税:出口货物为生产企业自产货物;生产企业已将出口货物销售给外贸综合服务企业;生产企业与境外单位或个人已经签订出口合同,并约定货物由外贸综合服务企业出口至境外单位或个人,货款由境外单位或个人支付给外贸综合服务企业;外贸综合服务企业以自营方式出口。

上述出口货物不适用《国家税务总局 商务部关于进一步规范外贸出口经营秩序切实加强出口货物退(免)税管理的通知》(国税发〔2006〕24 号)第二条第三项规定、《财政部 国家税务总局关于出口货物劳务增值税和消费税政策的通知》(财税〔2012〕39 号)第七条第一项第 7 目之(3)的规定。

外贸综合服务企业申报上述出口货物退(免)税时,应在《外贸企业出口退税进货明细申报表》第 15 栏(业务类型)、《外贸企业出口退税出口明细申报表》第 19 栏〔退(免)税业务类型〕填写"WMZHFW"。

外贸综合服务企业出口上述货物以外的货物,继续按现行退(免)税规定执行。

◆ 增值税小规模纳税人出口货物退(免)税管理办法

小规模纳税人自营或委托出口的货物,一律免征增值税、消费税,其进项税额不予抵扣或退税。小规模纳税人销售给其他出口企业的货物,其他出口企业再出口后,出口货物按征收率计算退税。

增值税小规模纳税人出口货物免税管理的主要规定如下。

(1) 小规模纳税人应在规定期限内填写《出口货物退(免)税认定表》并持有关资料到主管税务机关办理出口货物免税认定。

已办理对外贸易经营者备案登记的小规模纳税人办理出口货物免税认定的期限是办理对外贸易经营者备案登记之日起 30 日内,应申报以下资料:

① 税务登记证(由税务机关查验);

② 加盖备案登记专用章的《对外贸易经营者备案登记表》;

③ 中华人民共和国海关进出口货物收发货人报关注册登记证书。

未办理对外贸易经营者备案登记委托出口货物的小规模纳税人办理出口货物免税认定的期限是首份代理出口协议签订之日起 30 日内,应申报以下资料:

① 税务登记证(由税务机关查验);

② 代理出口协议。

(2) 小规模纳税人已办理出口货物免税认定的,认定内容发生变化时,须自有关管理机关批准变更之日起 30 日内,持相关证件向税务机关申请办理出口货物免税认定变更手续。

(3) 小规模纳税人解散、破产、撤销等依法需要办理注销税务登记时,应首先注销其出口货物免税认定,再办理注销税务登记。小规模纳税人发生其他依法应终止出口货物免税认定的事项但不需要注销税务登记的,应在有关机关批准或者宣告终止之日起 15 日内向税务机关申请注销出口免税认定。

(4) 小规模纳税人自营出口货物报关后,应向海关部门申请签发出口货物报关单(出口退税专用),并及时登录"口岸电子执法系统"出口退税子系统,按照《国家税务总局、海关总署关于正式启用"口岸电子执法系统"出口退税子系统的通知》(国税发〔2003〕15 号)有关规定提交相关电子数据。

(5) 小规模纳税人自营或委托出口货物后，须在次月向主管税务机关办理增值税纳税申报时，提供《小规模纳税人出口货物免税申报表》(以下简称《免税申报表》)及电子申报数据。

主管税务机关受理纳税申报时，应对《免税申报表》"出口货物免税销售额(人民币)"合计数与同期《增值税纳税申报表》(适用于小规模纳税人)中"出口货物免税销售额"进行核对。经核对相符后，在《免税申报表》(第一联)签章并交小规模纳税人。如核对不符，或者《增值税纳税申报表》中申报了出口货物免税销售额而未报送《免税申报表》，主管税务机关应将申报资料退回小规模纳税人，由其补正后重新申报。

主管税务机关的纳税申报受理部门应在当月15日前(逢节假日顺延)，将签章的《免税申报表》(第二联)及电子数据转交同级的负责出口退税业务部门或岗位。

(6) 小规模纳税人应按月将收齐有关出口凭证的出口货物，填写《小规模纳税人出口货物免税核销申报汇总表》《小规模纳税人出口货物免税核销申报明细表》，并于货物报关出口之日(以出口货物报关单上注明的出口日期为准，下同)次月起4个月内的各申报期内(申报期为每月1～15日)，持下列资料到主管税务机关(负责出口退税业务的部门或岗位)按月办理出口货物免税核销申报，并同时报送出口货物免税核销电子申报数据。

① 出口发票。

② 小规模纳税人自营出口货物应提供的其他资料包括：

➢ 出口货物报关单(出口退税专用)；

➢ 出口收汇核销单(出口退税专用)。申报时出口货物尚未收汇的，可在货物报关出口之日起180日内提供出口收汇核销单(出口退税专用)；在试行申报出口货物退(免)税免予提供纸质出口收汇核销单的地区，对实行"出口收汇核销网上报审系统"的小规模纳税人，可以比照相关规定执行，申报出口货物免税时免于提供纸质出口收汇核销单，税务机关以出口收汇核销单电子数据审核出口货物免税；属于远期收汇的，应按照现行出口退税规定提供远期结汇证明。

③ 小规模纳税人委托出口货物应提供的其他资料包括：

➢ 代理出口货物证明；

➢ 代理出口协议；

➢ 出口货物报关单(出口退税专用)或其复印件；

➢ 出口收汇核销单(出口退税专用)或其复印件。出口收汇核销单(出口退税专用)提供要求与上述小规模纳税人自营出口货物提供要求相同。

④ 主管税务机关要求提供的其他资料。

(7) 主管税务机关在接受小规模纳税人的免税核销申报后，应当核对小规模纳税人申报的纸质单证是否齐全，审核小规模纳税人提供的纸质单证与《小规模纳税人出口货物免税核销申报明细表》的逻辑关系是否对应，并对小规模纳税人申报的电子数据与出口货物报关单、出口收汇核销单、代理出口证明等相关电子信息进行核对。对审核无误的，在《小规模纳税人出口货物免税核销申报汇总表》《小规模纳税人出口货物免税核销申报明细表》上签章，经由设区的市、自治州以上(含本级)税务机关根据审核结果批准免税核销(下放出口退税审批权试点地区除外)。

(8) 小规模纳税人在按规定办理出口货物免税认定以前出口的货物,凡在免税核销申报期限内申报免税核销的,税务机关可按规定审批免税;凡超过免税核销申报期限的,税务机关不予审批免税。

(9) 小规模纳税人无法按本办法第(6)条规定期限办理免税核销申报手续的,可在申报期限内向主管税务机关提出书面合理理由申请免税核销延期申报,经核准后,可延期3个月办理免税核销申报手续。

(10) 小规模纳税人出口下列货物,除另有规定者外,应征收增值税。下列货物为应税消费品的,若小规模纳税人为生产企业,还应征收消费税。

① 国家规定不予退(免)增值税、消费税的货物。

② 未进行免税申报的货物。

③ 未在规定期限内办理免税核销申报的货物。

④ 虽已办理免税核销申报,但未按规定向税务机关提供有关凭证的货物。

⑤ 经主管税务机关审核不批准免税核销的出口货物。

⑥ 未在规定期限内申报开具《代理出口货物证明》的货物。

上述小规模纳税人出口货物应征税额按以下方法确定。

① 增值税应征税额的计算公式

增值税应征税额=(出口货物离岸价×外汇人民币牌价)÷(1+征收率)×征收率

② 消费税应征税额的计算公式

➢ 实行从量定额征税办法的出口应税消费品:

消费税应征税额=出口应税消费品数量×消费税单位税额

➢ 实行从价定率征税办法的出口应税消费品:

消费税应征税额=(出口应税消费品离岸价×外汇人民币牌价)÷(1+增值税征收率)×消费税适用税率

➢ 实行从量定额与从价定率相结合征税办法的出口应税消费品:

消费税应征税额=出口应税消费品数量×消费税单位税额+(出口应税消费品离岸价×外汇人民币牌价)÷(1+增值税征收率)×消费税适用税率

上述出口货物的离岸价及出口数量以出口发票上的离岸价或出口数量为准(委托代理出口的,出口发票可以是委托方开具的或受托方开具的),若出口价格以其他价格条件成交的,应扣除按会计制度规定允许冲减出口销售收入的运费、保险费、佣金等。若出口发票不能真实反映离岸价或出口数量,小规模纳税人应当按照离岸价或真实出口数量申报,税务机关有权按照《税收征收管理法》《中华人民共和国增值税暂行条例》(以下简称《增值税暂行条例》)《中华人民共和国消费税暂行条例》等有关规定予以核定。

(11) 主管税务机关在审核、审批过程中,凡发现属于《增值税小规模纳税人出口货物免税管理办法(暂行)》第(10)条所列出口货物应征税情况,应生成《小规模纳税人不予免税出口货物情况表》,并按规定进行补税处理。

◆ **出口企业申报出口货物退（免）税提供收汇资料的管理办法**

（1）适用范围：自营出口的企业，除视同出口货物以及易货贸易出口货物、委托出口货物、边境小额贸易出口货物以外的出口货物。

（2）主要内容：自2013年8月1日起，出口企业申报退（免）税的出口货物，须在退（免）税申报期截止之日内收汇（跨境贸易人民币结算的为收取人民币），并提供所要求的收汇资料；未在退（免）税申报期截止之日内收汇的出口货物，除不能收汇或不能在出口货物退（免）税申报期的截止之日内收汇的出口货物外，适用增值税免税政策。

① 有下列情形之一的出口企业，在申报退（免）税时，对已收汇的出口货物，应填报《出口货物收汇申报表》，并提供该货物银行结汇水单等出口收汇凭证（跨境贸易人民币结算的为收取人民币的收款凭证，原件和盖有企业公章的复印件）；对暂未收汇的出口货物，生产企业应在《生产企业出口货物免、抵、退税申报明细表》的“单证不齐标志”栏（第20栏）中填写“W”，暂不参与免抵退税计算，待收汇并填报《出口货物收汇申报表》后，方可参与免抵退税计算。

➢ 被外汇管理部门列为B、C类企业的；

➢ 被外汇管理部门列为重点监测企业的；

➢ 被人民银行列为跨境贸易人民币重点监管企业的；

➢ 被海关列为C、D类企业的；

➢ 被税务机关评定为D级纳税信用等级的；

➢ 因虚开增值税专用发票或其他增值税扣税凭证、增值税偷税、骗取国家出口退税款等原因，被税务机关给予行政处罚的；

➢ 因违反进、出口管理，收、付汇管理等方面的规定，被海关、外汇管理、人民银行、商务等部门给予行政处罚的；

➢ 向主管税务机关申报的不能收汇的原因为虚假的；

➢ 向主管税务机关提供的出口货物收汇凭证是冒用的。

其中，前5种情形的执行时间（以申报退（免）税时间为准）为主管税务机关通知之日起至情形存续期结束；后4种情形的执行时间为主管税务机关通知之日起24个月内；出口企业并存上述若干情形的，执行时间的截止时间为情形中的最晚截止时间。

② 自2014年5月1日起，出口企业上一年度收汇率低于70%（外汇管理局、人民银行提供的企业上一年度出口收汇金额，加上企业申报并经主管税务机关审核确认的不能收汇金额合计，占企业申报退（免）税的上一年度出口货物出口额的比例）的，该出口企业当年5月至次年4月申报退（免）税时，对已收汇的出口货物，应填报《出口货物收汇申报表》，并提供该货物银行结汇水单等出口收汇凭证。

③ 除上述①、②所列出口企业以外的其他出口企业申报的出口货物退（免）税，可不提供出口收汇凭证，除非主管税务机关在出口退（免）税审核中，发现前款出口企业申报退（免）税的出口货物存在需要进一步核实出口业务真实性的，出口企业在接到主管税务机关通知后，应填报《生产企业出口业务自查表》或《外贸企业出口业务自查表》《出口货物收汇申报表》或《出口货物不能收汇申报表》及相关证明材料。

④ 出口货物由于下列原因，不能收汇或不能在出口货物退（免）税申报期的截止之日内

收汇的，如按会计制度规定须冲减出口销售收入的，在冲减销售收入后，属于①所列出口企业应在申报退（免）税时，属于③所列出口企业应在退（免）税申报期截止之日内，向主管税务机关报送《出口货物不能收汇申报表》，提供有关证明材料，经主管税务机关审核确认后，可视同收汇处理。

⑤ 合同约定全部收汇的最终日期在出口退（免）税申报期限截止之日后的，出口企业应在合同约定最终收汇日期次月的增值税纳税申报期内，向主管税务机关提供收汇凭证。

⑥ 主管税务机关发现出口企业申报出口货物退（免）税提供的收汇资料存在以下情形的，除按《税收征收管理法》相应的规定处罚外，相应的出口货物适用增值税征税政策，属于偷骗税的，由稽查部门查处：

➢ 不能收汇的原因或证明材料为虚假的；

➢ 收汇凭证是冒用的。

⑦ 主管税务机关发现出口企业出口货物的收汇情况存在非进口商付汇等疑点的，对该笔收汇对应的出口货物暂不办理出口退（免）税；已办理退（免）税的，主管税务机关可按照所涉及的退税额对该企业其他已审核通过的等额的应退税款暂缓办理出口退（免）税，无其他应退税款或应退税款小于所涉及退税额的，可由出口企业提供差额部分的担保。待税务机关核实排除相应疑点后，方可办理退（免）税或解除担保。

◆ **外国驻华使（领）馆及其人员在华购买物品和劳务退（免）税管理办法**

外国驻华使（领）馆及其外交代表（领事官员）和非中国公民且不在中国永久居留的行政技术人员（以下简称“享受退税单位和人员”）在华购买的物品和劳务，中华人民共和国政府在对等原则的基础上，予以退还增值税（以下简称“退税”）。

1. 享受退税的物品及劳务

享受退税的物品及劳务是指《增值税暂行条例》规定的属于增值税征收范围，按现行规定征收增值税，且购买物品和劳务的单张发票金额合计等于或高于 800 元人民币的物品及劳务。申报退税的自来水、电、煤气、暖气的发票和修理修配劳务的发票无最低限额要求。

2. 享受退税单位和人员的退税申报

由外国驻华使馆按季度（以发票开具日期或《基本建设工程竣工决算审核报告》的签发日期为准）汇总其使（领）馆应退税额，填写《外国驻华使（领）馆退税申报表》一式四联和《外国驻华使（领）馆退税申报明细表》一式二联，附送规定的退税凭证，于次季度的首月 10 日前报送外交部礼宾司（领事司）。外交部礼宾司（领事司）按对等原则进行审核登记签章并统一汇总后转送北京市国家税务局办理退税。本季度最后 10 日所购物品及劳务，可与下季度所购物品及劳务一并申报退税。未在规定时间内申报退税的物品及劳务，外交部礼宾司（领事司）不予受理，税务机关不予退税。

申报退税的《外国驻华使（领）馆退税申报表》须由使（领）馆馆长或使（领）馆馆长授权的外交人员（领事官员）签字后，方才有效。授权的文件和签字式样，使（领）馆须提前送外交部礼宾司（领事司）备案。

3. 退税计算

(1) 由物业公司收费并开具发票的自来水、电、煤气、热水和暖气的退税公式为：

应退税额＝自来水、电、煤气、热水、暖气实际消费的数量或供暖面积×相对应的单位退税额

（2）劳务和其他货物的退税计算公式为：

应退税额＝计税金额×增值税适用征税税率

计税金额＝普通发票或《基本建设工程竣工决算审核报告》列明的实际使用建筑材料、设备的含增值税的金额÷(1＋增值税适用征税税率)

相关知识

◆ 退（免）税原始凭证的有关规定

（1）增值税专用发票(抵扣联)

出口企业和其他单位购进出口货物劳务取得的增值税专用发票，应按规定办理增值税专用发票的认证手续。进项税额已计算抵扣的增值税专用发票，不得在申报退(免)税时提供。

出口企业和其他单位丢失增值税专用发票的发票联和抵扣联的，经认证相符后，可凭增值税专用发票记账联复印件及销售方所在地主管税务机关出具的丢失增值税专用发票已报税证明单，向主管税务机关申报退(免)税。

出口企业和其他单位丢失增值税专用发票抵扣联的，在增值税专用发票认证相符后，可凭增值税专用发票的发票联复印件向主管出口退税的税务机关申报退(免)税。

（2）出口货物报关单

出口企业应在货物报关出口后及时在“中国电子口岸出口退税子系统”中进行报关单确认操作。及时查询出口货物报关单电子信息，对于无出口货物报关单电子信息的，应及时向中国电子口岸或主管税务机关反映。

受托方将代理出口的货物与其他货物一笔报关出口的，委托方申报退(免)税时可提供出口货物报关单的复印件。

（3）有关备案单证

出口企业应在申报出口退(免)税后15日内，将所申报退(免)税货物的下列单证，按申报退(免)税的出口货物顺序，填写《出口货物备案单证目录》，注明备案单证存放地点，以备主管税务机关核查。

① 外贸企业购货合同、生产企业收购非自产货物出口的购货合同，包括一笔购销合同下签订的补充合同等；

② 出口货物装货单；

③ 出口货物运输单据(包括海运提单、航空运单、铁路运单、货物承运单据、邮政收据等承运人出具的货物单据，以及出口企业承付运费的国内运输单证)。

若有无法取得上述原始单证情况的，出口企业可用具有相似内容或作用的其他单证进行单证备案。除另有规定外，备案单证由出口企业存放和保管，不得擅自损毁，保存期为5年。

视同出口货物及对外提供修理修配劳务不实行备案单证管理。

税务机关在进行退税审核、退税评估、退税日常检查时，可向出口企业调取备案单证，进行检查。对备案单证，税务机关应着重核对以下内容。

① 备案单证所列购进、出口货物的品名、数量、规格、单价与出口企业申报出口退税资料的内容是否一致。例如，是否存在修改出口货物运输单据的问题。

② 备案单证开具的时间、货物流转的程序是否合理。例如，是否存在购销合同签订时间与货物运输、报关时间顺序不一致等。

③ 出口货物明细单、出口货物装货单与增值税专用发票（或增值税专用发票清单）的内容是否一致。

凡对备案单证核对有疑问的，可暂停退税，将有关情况核实清楚后按规定处理。

出口企业和其他单位未按规定装订、存放和保管备案单证的，主管税务机关应按照《税收征收管理法》第六十条规定予以处罚。出口企业提供虚假备案单证的，主管税务机关应按照《税收征收管理法》第七十条的规定处罚。

5.6　应税服务适用增值税零税率政策及管理

要　点

从 2013 年 8 月 1 日起，在全国范围内推行交通运输业和部分现代服务业营业税改征增值税工作。2014 年 1 月 1 日起，铁路运输和邮政业营业税改征增值税，2014 年 6 月 1 日起，电信业也纳入营业税改征增值税范围。为促进服务出口，对增值税的应税服务实行增值税零税率，其政策和退税管理均有别于货物出口退税政策和管理。为此，经财政部同意，国家税务总局制定了《适用增值税零税率应税服务退（免）税管理办法》，自 2014 年 1 月 1 日起施行。原颁布的《国家税务总局关于发布〈适用增值税零税率应税服务退（免）税管理办法（暂行）〉的公告》（国家税务总局公告 2013 年第 47 号）同时废止。

解　释

◆ 零税率应税服务的范围

1. 国际运输服务、港澳台运输服务

(1) 国际运输服务

① 在境内载运旅客或货物出境。

② 在境外载运旅客或货物入境。

③ 在境外载运旅客或货物。

起点或终点在境外的运单、提单或客票所对应的各航段或路段的运输服务，属于国际运输服务。

从境内载运旅客或货物至国内海关特殊监管区域及场所、从国内海关特殊监管区域及场所载运旅客或货物至国内其他地区或者国内海关特殊监管区域及场所，不属于国际运输服务。

（2）港澳台运输服务

① 提供的往返内地与香港、澳门、台湾的交通运输服务。

② 在香港、澳门、台湾提供的交通运输服务。

起点或终点在港澳台的运单、提单或客票所对应的各航段或路段的运输服务，属于港澳台运输服务。

（3）自 2013 年 8 月 1 日起，境内的单位或个人提供程租服务，如果租赁的交通工具用于国际运输服务和港澳台运输服务，由出租方按规定申请适用增值税零税率。

自 2013 年 8 月 1 日起，境内的单位或个人向境内单位或个人提供期租、湿租服务，如果承租方利用租赁的交通工具向其他单位或个人提供国际运输服务和港澳台运输服务，由承租方按规定申请适用增值税零税率。境内的单位或个人向境外单位或个人提供期租、湿租服务，由出租方按规定申请适用增值税零税率。

（4）航天运输服务参照国际运输服务，适用增值税零税率。

2．向境外单位提供研发服务、设计服务

研发服务是指就新技术、新产品、新工艺或者新材料及其系统进行研究与试验开发的业务活动。

设计服务是指把计划、规划、设想通过视觉、文字等形式传递出来的业务活动，包括工业设计、造型设计、服装设计、环境设计、平面设计、包装设计、动漫设计、展示设计、网站设计、机械设计、工程设计、广告设计、创意策划、文印晒图等。

向境外单位提供的设计服务，不包括对境内不动产提供的设计服务。

向国内海关特殊监管区域及场所内单位提供研发服务、设计服务不实行增值税退（免）税办法，应按规定征收增值税。

◆ 提供适用零税率的应税服务退（免）税办法

（1）中华人民共和国境内提供增值税零税率应税服务并认定为增值税一般纳税人的单位和个人（以下简称零税率应税服务提供者），提供适用增值税零税率的应税服务（以下简称零税率应税服务），如果属于增值税一般计税方法的，实行增值税退（免）税办法，对应的零税率应税服务不得开具增值税专用发票。外贸企业兼营适用零税率应税服务的，统一实行退（免）税办法，其对应的外购应税服务的进项税额予以退还。

（2）零税率应税服务的增值税退税率为其在境内提供对应服务适用的增值税税率。

（3）零税率应税服务增值税退（免）税的计税依据

① 实行免抵退税办法的退（免）税计税依据。

➢ 以铁路运输方式载运旅客的，为按照铁路合作组织清算规则清算后的实际运输收入。

➢ 以铁路运输方式载运货物的，为按照铁路运输进款清算办法，对“发站”或“到站（局）”名称包含“境”字的货票上注明的运输费用以及直接相关的国际联运杂费清算后的实际运输收入。

➢ 以航空运输方式载运货物或旅客的，如果国际运输或港澳台运输各航段由多个承运人承运的，为中国航空结算有限责任公司清算后的实际收入；如果国际运输或港澳台运输各航段由一个承运人承运的，为提供航空运输服务取得的收入。

➢ 其他实行免抵退税办法的增值税零税率应税服务，为提供增值税零税率应税服务取得的收入。

② 实行免退税办法的退（免）税计税依据为购进应税服务的增值税专用发票或解缴税款的中华人民共和国税收缴款凭证上注明的金额。

（4）零税率应税服务增值税退（免）税的计算

① 零税率应税服务增值税免抵退税，依下列公式计算。

➢ 当期免抵退税额的计算：

当期零税率应税服务免抵退税额＝当期零税率应税服务免抵退税计税依据×外汇人民币折合率×零税率应税服务增值税退税率

➢ 当期应退税额和当期免抵税额的计算：

当期期末留抵税额≤当期免抵退税额时，当期应退税额＝当期期末留抵税额，当期免抵税额＝当期免抵退税额－当期应退税额

当期期末留抵税额＞当期免抵退税额时，当期应退税额＝当期免抵退税额，当期免抵税额＝0

"当期期末留抵税额"为当期《增值税纳税申报表》的"期末留抵税额"。

② 外贸企业兼营的零税率应税服务增值税免退税，依下列公式计算。

外贸企业兼营的零税率应税服务应退税额＝外贸企业兼营的零税率应税服务免退税计税依据×零税率应税服务增值税退税率

③ 实行免抵退税办法的零税率应税服务提供者如果同时出口货物劳务（劳务指对外加工修理修配劳务，下同）且未分别核算的，应一并计算免抵退税。税务机关在审批时，按照出口货物劳务、零税率应税服务免抵退税额比例划分出口货物劳务、零税率应税服务的退税额和免抵税额。

◆ 零税率应税服务提供者出口退（免）税资格认定

（1）增值税零税率应税服务提供者应按照下列要求，向主管税务机关申请办理出口退（免）税资格认定。

① 填报《出口退（免）税资格认定申请表》及电子数据。

《出口退（免）税资格认定申请表》中的"退税开户银行账号"，必须填写办理税务登记时向主管税务机关报备的银行账号之一。

② 根据所提供的适用增值税零税率应税服务，提供以下对应资料的原件及复印件。

➢ 提供国际运输服务。

以水路运输方式提供国际运输服务的，应提供《国际船舶运输经营许可证》；以航空运输方式的，应提供经营范围包括"国际航空客货邮运输业务"的《公共航空运输企业经营许可证》或经营范围包括"公务飞行"的《通用航空经营许可证》。

以公路运输方式提供国际运输服务的，应提供经营范围包括"国际运输"的《道路运输经营许可证》和《国际汽车运输行车许可证》。

以铁路运输方式提供国际运输服务的，应提供经营范围包括"许可经营项目：铁路客货运输"的《企业法人营业执照》或其他具有提供铁路客货运输服务资质的证明材料。

提供航天运输服务的,应提供经营范围包括"商业卫星发射服务"的《企业法人营业执照》或其他具有提供商业卫星发射服务资质的证明材料。

➢ 提供港澳台运输服务。

以公路运输方式提供内地往返香港、澳门的交通运输服务的,应提供《道路运输经营许可证》及持《道路运输证》的直通港澳运输车辆的物权证明。

以水路运输方式提供内地往返香港、澳门交通运输服务的,应提供获得港澳线路运营许可船舶的物权证明。

以水路运输方式提供大陆往返台湾交通运输服务的,应提供《台湾海峡两岸间水路运输许可证》及持《台湾海峡两岸间船舶营运证》船舶的物权证明。

以航空运输方式提供港澳台运输服务的,应提供经营范围包括"国际、国内(含港澳)航空客货邮运输业务"的《公共航空运输企业经营许可证》或者经营范围包括"公务飞行"的《通用航空经营许可证》。

以铁路运输方式提供内地往返香港的交通运输服务的,应提供经营范围包括"许可经营项目:铁路客货运输"的《企业法人营业执照》或其他具有提供铁路客货运输服务资质的证明材料。

➢ 采用程租、期租和湿租方式租赁交通运输工具用于国际运输服务和港澳台运输服务的,应提供程租、期租和湿租合同或协议。

➢ 对外提供研发服务或设计服务的,应提供《技术出口合同登记证》。

③ 增值税零税率应税服务提供者出口货物劳务,且未办理过出口退(免)税资格认定的,除提供上述资料外,还应提供加盖备案登记专用章的《对外贸易经营者备案登记表》和《中华人民共和国海关进出口货物收发货人报关注册登记证书》的原件及复印件。

(2) 已办理过出口退(免)税资格认定的出口企业,提供增值税零税率应税服务的,应填报《出口退(免)税资格认定变更申请表》及电子数据,提供上述所列的增值税零税率应税服务对应的资料,向主管税务机关申请办理出口退(免)税资格认定变更。

增值税零税率应税服务提供者按规定需变更增值税退(免)税办法的,主管税务机关应按照现行规定进行退(免)税清算,在结清税款后方可办理变更。

◆ 零税率应税服务退(免)税申报

增值税零税率应税服务提供者提供增值税零税率应税服务,应在财务作销售收入次月(按季度进行增值税纳税申报的为次季度首月,下同)的增值税纳税申报期内,向主管税务机关办理增值税纳税和退(免)税相关申报。增值税零税率应税服务提供者收齐有关凭证后,可于在财务作销售收入次月起至次年 4 月 30 日前的各增值税纳税申报期内向主管税务机关申报退(免)税。逾期申报退(免)税的,主管税务机关不再受理。未在规定期限内申报退(免)税的增值税零税率应税服务,增值税零税率应税服务提供者应按规定缴纳增值税。

(1) 实行免抵退税办法的增值税零税率应税服务提供者应按照下列要求向主管税务机关办理增值税免抵退税申报。

① 填报《免抵退税申报汇总表》及其附表。

② 提供当期《增值税纳税申报表》。

③ 提供免抵退税正式申报电子数据。

④ 提供增值税零税率应税服务所开具的发票（经主管税务机关认可，可只提供电子数据，原始凭证留存备查）。

⑤ 根据所提供的适用增值税零税率应税服务，提供以下对应资料凭证。

➢ 提供国际运输服务、港澳台运输服务的，需填报《增值税零税率应税服务（国际运输/港澳台运输）免抵退税申报明细表》，并提供下列原始凭证的原件及复印件：

以水路运输、航空运输、公路运输方式从事国际运输服务、港澳台运输服务的，提供增值税零税率应税服务的载货、载客舱单或其他能够反映收入原始构成的单据凭证。以航空运输方式且国际运输和港澳台运输各航段由多个承运人承运的，还需提供《航空国际运输收入清算账单申报明细表》。

以铁路运输方式从事国际运输服务、港澳台运输服务的，客运的提供增值税零税率应税服务的国际客运联运票据、铁路合作组织清算函件及《铁路国际客运收入清算函件申报明细表》；货运的提供铁路进款资金清算机构出具的《国际铁路货运进款清算通知单》，启运地的铁路运输企业还应提供国际铁路联运运单、以及"发站"或"到站（局）"名称包含"境"字的货票；

采用程租、期租、湿租服务方式租赁交通运输工具从事国际运输服务和港澳台运输服务的，还应提供程租、期租、湿租的合同或协议复印件。向境外单位和个人提供期租、湿租服务，按规定由出租方申报退（免）税的，可不提供原始凭证。

上述原始凭证（不包括《航空国际运输收入清算账单申报明细表》和《铁路国际客运收入清算函件申报明细表》），经主管税务机关批准，增值税零税率应税服务提供者可只提供电子数据，原始凭证留存备查。

➢ 提供航天运输服务的，需填报《增值税零税率应税服务（航天运输）免抵退税申报明细表》，并提供下列资料及原始凭证的原件及复印件：

签订的提供航天运输服务的合同；

从与之签订航天运输服务合同的单位取得收入的收款凭证；

《提供航天运输服务收讫营业款明细清单》。

➢ 对外提供研发服务或设计服务的，需填报《增值税零税率应税服务（研发服务/设计服务）免抵退税申报明细表》，并提供下列资料及原始凭证的原件及复印件：

与增值税零税率应税服务收入相对应的《技术出口合同登记证》复印件；

与境外单位签订的研发、设计合同；

从与之签订研发、设计合同的境外单位取得收入的收款凭证；

《向境外单位提供研发服务/设计服务收讫营业款明细清单》。

⑥ 主管税务机关要求提供的其他资料及凭证。

（2）实行免退税办法的增值税零税率应税服务提供者，应按照下列要求向主管税务机关办理增值税免退税申报。

① 填报《外贸企业出口退税汇总申报表》。

② 填报《外贸企业外购应税服务（研发服务/设计服务）出口明细申报表》。

③ 填列外购对应的研发服务或设计服务取得增值税专用发票情况的《外贸企业出口退

税进货明细申报表》。

④ 提供以下原始凭证。

➢ 提供增值税零税率应税服务所开具的发票；

➢ 从境内单位或者个人购进研发服务或设计服务出口的，提供应税服务提供方开具的增值税专用发票；

➢ 从境外单位或者个人购进研发服务或设计服务出口的，提供取得的解缴税款的中华人民共和国税收缴款凭证；

➢ 对外提供研发服务或设计服务的，需填报《增值税零税率应税服务（研发服务/设计服务）免抵退税申报明细表》时需提供的资料及原始凭证的原件及复印件。

(3) 主管税务机关受理增值税零税率应税服务退（免）税申报后，应对下列内容人工审核无误后，使用出口退税审核系统进行审核。对属于实行免退税办法的增值税零税率应税服务的进项一律使用交叉稽核、协查信息审核出口退税。如果在审核中有疑问的，可对企业进项增值税专用发票进行发函调查或核查。

① 提供国际运输、港澳台运输的，应从增值税零税率应税服务提供者申报中抽取若干申报记录审核以下内容。

➢ 所申报的国际运输、港澳台运输服务是否符合适用增值税零税率应税服务的规定；

➢ 所抽取申报记录申报应税服务收入是否小于或等于该申报记录所对应的载货或载客舱单上记载的国际运输、港澳台运输服务收入；

➢ 采用期租、程租和湿租方式租赁交通运输工具用于国际运输服务和港澳台运输服务的，重点审核期租、程租和湿租的合同或协议，审核申报退（免）税的企业是否符合适用增值税零税率应税服务的规定；

➢ 以铁路运输方式提供国际运输、港澳台运输服务的，重点审核提供的货票的“发站”或“到站（局）”名称是否包含“境”字，是否与提供国际铁路联运运单匹配。

② 对外提供研发服务或设计服务的，应审核以下内容。

➢ 企业所申报的研发服务或设计服务是否符合适用增值税零税率应税服务规定；

➢ 研发、设计合同签订的对方是否为境外单位；

➢ 应税服务收入的支付方是否为与之签订研发、设计合同的境外单位；

➢ 申报应税服务收入是否小于或等于从与之签订研发、设计合同的境外单位取得的收款金额；

➢ 外贸企业外购研发服务或设计服务出口的，除按照上述内容审核外，还应审核其申报退税的进项税额是否与增值税零税率应税服务对应。

(4) 因出口自己开发的研发服务或设计服务，退（免）税办法由免退税改为免抵退税办法的外贸企业，如果申报的退（免）税异常增长，出口货物劳务及服务有非正常情况的，主管税务机关可要求外贸企业报送出口货物劳务及服务所对应的进项凭证，并按规定进行审核。主管税务机关如果审核发现外贸企业提供的进货凭证有伪造或内容不实的，按照《财政部 国家税务总局关于出口货物劳务增值税和消费税政策通知》（财税〔2012〕39号）等有关规定处理。

(5) 主管税务机关认为增值税零税率应税服务提供者提供的研发服务或设计服务出口价

格偏高的，应按照《财政部 国家税务总局关于防范税收风险若干增值税政策的通知》（财税〔2013〕112号）第五条的规定处理。

(6) 经主管税务机关审核，增值税零税率应税服务提供者申报的退（免）税，如果凭证资料齐全、符合退（免）税规定的，主管税务机关应及时予以审核通过，办理退税和免抵调库，退税资金由中央金库统一支付。

(7) 增值税零税率应税服务提供者骗取国家出口退税款的，税务机关应按《国家税务总局关于停止为骗取出口退税企业办理出口退税有关问题的通知》（国税发〔2008〕32号）和《财政部 国家税务总局关于防范税收风险若干增值税政策的通知》（财税〔2013〕112号）的规定处理。增值税零税率应税服务提供者在停止退税期间发生的增值税零税率应税服务，不得申报退（免）税，应按规定缴纳增值税。

(8) 增值税零税率应税服务提供者提供适用增值税零税率的应税服务，如果放弃适用增值税零税率，选择免税或按规定缴纳增值税的，应向主管税务机关报送《放弃适用增值税零税率声明》，办理备案手续。自备案次月1日起36个月内，该企业提供的增值税零税率应税服务，不得申报增值税退（免）税。

实战训练

一、单项选择题

1. 下列关于增值税减免税的说法，正确的是（　　）。

A. 享受免税优惠的国有粮食购销企业不得使用增值税专用发票

B. 对利用煤矸石、煤泥、油母页岩和风力生产的电力，实行增值税即征即退的政策

C. 对非营利性医疗机构按照国家规定的价格取得的医疗服务收入，免征各项税收

D. 免税货物恢复征税后，其免税期间外购的货物，可以作为当期进项税额抵扣

2. 按照增值税专用发票开具时限的规定，下列说法正确的是（　　）。

A. 将货物分配给股东，为货物移送的当天

B. 采用交款提货结算方式的，为货物发出的当天

C. 将货物交付给他人代销，为收到受托人送交货款的当天

D. 采用预收货款结算方式的，为收到货款的当天

3. 企业出口货物后，须在自报关出口之日起（　　）向税务机关申报退（免）税，未在规定申报期内申报的，除另有规定者外，一律视同内销征税，不再退税。

A. 30日内　　B. 90日内

C. 180日内　　D. 一年内

4. 某外贸进出口公司进口一批小汽车，适用增值税税率为17%，消费税税率为5%，到岸价格为2 000万元，关税税额为2 000万元，则该公司应纳增值税为（　　）万元。

A. 680　　B. 375.79

C. 1 395.79　　D. 715.79

5. 外贸企业购进出口货物，应在购进货物后按规定及时要求供货企业开具增值税防伪税控专用发票，自开票之日起（　　）日内办理认证手续。

A. 20　　B. 30　　C. 40　　D. 60

二、多项选择题

1. 下列各项表述中，符合现行增值税税法有关规定的有（　　）。

A. 在2010年年底以前，对符合条件的增值税一般纳税人销售再生资源缴纳的增值税实行即征即退政策

B. 增值税起征点的适用范围仅限于个人，对于销售货物的，起征点为月销售额1 500～3 000元

C. 对于海关隔离区内免税店销售免税品以及市内免税店销售但在海关隔离区内提取免税品的行为，不征收增值税

D. 中华人民共和国境外的单位或者个人在境内提供应税劳务，在境内未设有经营机构的，以其境内代理人为扣缴义务人；在境内没有代理人的，以购买方为扣缴义务人

2. 下列收入依据税法规定不征或免征增值税的有（　　）。

A. 从事汽车销售的纳税人向购买方收取的代购买方缴纳的车辆购置税、牌照费，不征收增值税

B. 纳税人取得的代销手续费

C. 纳税人因销售货物收取的包装物押金

D. 对农民专业合作社销售本社成员生产的农业产品

3. 对外承包工程公司运出境外用于对外承包工程项目的设备、原材料、施工机械等货物，在货物报关出口后，比照外贸企业出口货物退税办法，向主管退税机关申请退税，须提供（　　）。

A. 购进货物的增值税专用发票(税款抵扣联)

B. 税务机关要求的其他凭证资料

C. 出口货物报关单(出口退税专用)

D. 对外承包工程合同

4. 视同自产货物具体包含（　　）。

A. 外购的与本企业所生产的产品名称、性能相同，且使用本企业注册商标的产品

B. 委托加工收回的产品

C. 外购的与本企业所生产的产品配套出口的产品

D. 收购经主管出口退税的税务机关认可的集团公司(或总厂)成员企业(或分厂)的产品

5. 免税指对货物在出口环节不征收（　　）。

A. 印花税　　　　B. 增值税

C. 关税　　　　D. 消费税

三、判断题

1. 享受免税优惠的国有粮食购销企业可使用增值税专用发票。（　　）

2. 利用煤矸石、煤泥、油母页岩和风力生产的电力，实行按增值税应纳税额全额征收的政策。（　　）

3. 免税货物恢复征税后，其免税期间外购的货物，作为当期进项税额抵扣。（　　）

4. 对境外带料加工装配业务所使用(含实物性投资，下同)的出境设备、原材料和散件，

实行出口退税。(　　)

5. 企业应将不同消费税税率的出口应税消费品分开核算和申报，凡划分不清适用税率的，一律从高适用税率计算应退消费税税额。(　　)

四、计算题

1. 某出口生产企业是增值税一般纳税人，出口货物适用的征税税率为17%，退税税率为13%。2013年10月发生经营业务为：① 购原材料一批，取得的增值税专用发票注明的价款200万元，外购货物准予抵扣进项税额34万元通过认证；② 当月进料加工免税进口料件的组成计税价格100万元；③ 上期末留抵税款11万元；④ 本月内销货物不含税销售额100万元；⑤ 收款127万元存入银行。本月出口货物销售额折合人民币200万元。该企业当月应退的增值税为多少？

2. 某电机厂2012年7月出口电机100台，出口离岸价80万美元，内销电机150台，取得不含税销售额500万元人民币，当月全部准予抵扣的进项税额为190万元，假定出口退税税率为11%，美元对人民币的汇率是1∶6.50。该电机厂5月份应退增值税为多少？

3. 某生产企业具有出口经营权，2013年4月出口应缴消费税的护肤护发品销售额为1 000万元，出口食品销售额为2 000万元，出口设备销售额为1 000万元。内销设备2 000万元，内销食品1 000万元。本月份从农场购进农产品2 000万元，产品当时入库；购进材料4 000万元，取得税控增值税专用发票，当月通过税务机关的认证；另外支付购进4 000万元材料的运费50万元，收到运费发票；上月留抵进项税额为100万元。(假定设备退税率17%，护肤护发品退税率15%，食品退税率13%) 根据上述资料，计算：(1) 该企业4月份免、抵、退税不得免征和抵扣税额；(2) 该企业4月份免、抵、退税额；(3) 该企业4月份应退税额；(4) 该企业4月份免抵税额。

第6章　增值税的申报缴纳

计算应纳税额的目的就是为了申报纳税。那么，纳税人应在什么时候申报纳税？在什么地方申报纳税？具体如何申报纳税？这就是本章所要介绍的主要内容。

6.1　增值税的纳税时间

要　点

纳税人缴纳税款，首先需要弄清楚几个概念：纳税义务发生时间、纳税期限和纳税申报时间。

解　释

◆ 纳税义务发生时间

(1) 销售货物、提供劳务的基本规定

增值税纳税义务发生时间：销售货物或者应税劳务，为收讫销售款或者取得索取销售款凭据的当天；先开具发票的，为开具发票的当天。进口货物，为报关进口的当天。

(2) 销售货物、提供劳务的具体规定

① 采取直接收款方式销售货物，不论货物是否发出，均为收到销售额或取得索取销售额的凭据，并将提货单交给买方的当天。

② 采取托收承付和委托银行收款方式销售货物，为发出货物并办妥托收手续的当天。

③ 采取赊销和分期收款方式销售货物，为按合同约定的收款日期的当天。

④ 采取预收货款方式销售货物，为货物发出的当天。但生产销售、生产工期超过 12 个月的大型机械设备、船舶、飞机等货物，为收到预收款或书面合同约定的收款日期的当天。

⑤ 委托其他纳税人代销货物，为收到代销单位销售的代销清单的当天，未收到代销清单及货款的，其纳税义务发生时间为发出代销货物满 180 天的当天。

⑥ 销售应税劳务，为提供劳务同时收讫销售额或取得索取销售额的凭据的当天。

⑦ 纳税人发生视同销售货物行为，为货物移送的当天。

(3) 提供应税服务的基本规定

① 纳税人提供应税服务并收讫销售款项或者取得索取销售款项凭据的当天；先开具发票的，为开具发票的当天。

收讫销售款项，是指纳税人提供应税服务过程中或者完成后收到的款项。

取得索取销售款项凭据的当天，是指书面合同确定的付款日期；未签订书面合同或者书面合同未确定付款日期的，为应税服务完成的当天。

② 纳税人提供有形动产租赁服务采取预收款方式的，其纳税义务发生时间为收到预收

款的当天。

③ 纳税人发生视同提供应税服务的,其纳税义务发生时间为应税服务完成的当天。

④ 增值税扣缴义务发生时间为纳税人增值税纳税义务发生的当天。

◆ **纳税期限**

1. 一般规定

增值税的纳税期限分别为1日、3日、5日、10日、15日、1个月或者1个季度。纳税人的具体纳税期限,由主管税务机关根据纳税人应纳税额的大小分别核定;以1个季度为纳税期限的规定适用于小规模纳税人以及财政部和国家税务总局规定的其他纳税人。不能按照固定期限纳税的,可以按次纳税。

纳税人以1个月或者1个季度为1个纳税期的,自期满之日起15日内申报纳税;以1日、3日、5日、10日或者15日为1个纳税期的,自期满之日起5日内预缴税款,于次月1日起15日内申报纳税并结清上月应纳税款。

2. 实际工作中

企业一般是按月进行纳税申报,申报期为次月1日起至15日止,最后一日为法定节假日的,顺延1日;在每月1日至15日内有连续3日以上法定休假日的,按休假日天数顺延。

◆ **纳税申报时间**

纳税申报时间是指纳税人直接向税务部门申报有关纳税资料并缴纳税款的时间。从纳税义务的产生,按纳税期限计算应纳税额,到税款的具体申报缴纳,总需要一定的时间间隔。但为了税款的及时、均衡入库,税法都会明确规定各税种的具体纳税申报时间。

实例详解

【例 6-1】 某公司的办税人员认为增值税的纳税义务发生时间就是收到货款之日,只要公司收到货款就发生了增值税的纳税义务,而在没有收到货款之前并不发生增值税的纳税义务,请问他的这种理解是否正确?

【分析】 这种理解是错误的。不同类型的交易,其增值税纳税义务的发生时间是不同的。一般来说,销售货物或者应税劳务,为收讫销售款或者取得索取销售款凭据的当天。由于销售结算方式的不同,还有具体的规定要求。另外,纳税人进口货物的,纳税义务发生时间为报关进口的当天,这与是否收到货款并没有直接的联系。

6.2 增值税的纳税地点

要 点

增值税的纳税地点,就是纳税人应在哪缴纳税款,向哪个地方的税务部门办理申报纳税事宜。一般来说,纳税地点以纳税人的经营所在地为准。

解 释

◆ **固定业户的纳税地点**

(1) 固定业户应当向其机构所在地主管税务机关申报纳税。总机构和分支机构不在同一县（市）的，应当分别向各自所在地主管税务机关申报纳税；经国家税务总局或其授权的税务机关批准，可以汇总向总机构所在地主管税务机关申报纳税。

（2）固定业户到外县市销售货物的，应当向其机构所在地主管税务机关申请开具外出经营活动税收管理证明，向其机构所在地主管税务机关申报纳税，未开具的，应当向销售地或者劳务发生地主管税务机关申报纳税。未向销售地或者劳务发生地主管税务机关申报纳税的，由其机构所在地主管税务机关补征税款。

◆ 非固定业户的纳税地点

（1）非固定业户销售货物或者应税劳务，应当向销售地主管税务机关申报纳税。

（2）非固定业户到外县（市）销售货物或者应税劳务未向销售地主管税务机关申报纳税的，由其机构所在地或者居住地主管税务机关补征税款。

◆ 进口货物的纳税地点

进口货物，应当由进口人或其代理人向报关地海关申报纳税。

◆ 营改增纳税户的纳税地点

（1）固定业户应当向其机构所在地或者居住地主管税务机关申报纳税。总机构和分支机构不在同一县（市）的，应当分别向各自所在地的主管税务机关申报纳税；经财政部和国家税务总局或者其授权的财政和税务机关批准，可以由总机构汇总向总机构所在地的主管税务机关申报纳税。

（2）非固定业户应当向应税服务发生地主管税务机关申报纳税；未申报纳税的，由其机构所在地或者居住地主管税务机关补征税款。

（3）扣缴义务人应当向其机构所在地或者居住地主管税务机关申报缴纳扣缴的税款。

◆ 连锁经营企业的纳税地点

（1）对跨地区经营的直营连锁企业，即连锁店的门店均由总部全资或控股开设，在总部领导下统一经营的连锁企业，凡按照原国内贸易部《连锁店经营管理规范意见》的要求，采取微机联网，实行统一采购配送商品，统一核算，统一规范化管理和经营，并符合以下条件的，可对总店和分店实行由总店向其所在地主管税务机关统一申报缴纳增值税。

① 在直辖市范围内连锁经营的企业，报经直辖市国家税务局会同市财政局审批同意。

② 在计划单列市范围内连锁经营的企业，报经计划单列市国家税务局会同市财政局审批同意。

③ 在省（自治区）范围内连锁经营的企业，报经省（自治区）国家税务局会同省财政厅审批同意。

④ 在同一县（市）范围内连锁经营的企业，报经县（市）国家税务局会同县（市）财政局审批同意。

（2）对自愿连锁企业，即连锁店的门店均为独立法人，各自的资产所有权不变的连锁企业和特许连锁企业，即连锁店的门店同总部签订合同，取得使用总部商标、商号、经营技术及销售总部开发商品的特许权的连锁企业，其纳税地点不变，仍由各独立核算门店分别向所在地主管税务机关申报缴纳增值税。

6.3　增值税的纳税申报方式

要　点

申报方式认定是指传统的上门申报开单之外特定申报方式的认定，一般都是税务机关与纳税人之间的某种协议。包括上门申报、缴税一卡通（属于简易申报）、网上电子申报，还包括电话申报、邮寄申报、合并申报、微机申报、非正常申报等其他申报方式。

解　释

◆ **上门申报**

（1）业务描述：纳税人携带《地方税费申报表》以及与地方税费申报相关的资料于规定期限之前到税务机关办税服务中心办理地方税费申报事项。

（2）适用对象：全体纳税人。

（3）业务内容：该申报方式为纳税人固有的最基础的申报方式，无须申请办理。

◆ **网上电子申报认定及管理**

（1）业务描述：纳税人提交《关于申请采用“网上办税”及“电子缴税”的声明》，由税务机关为纳税人设立网上申报用户号，纳税人可以通过税务机关网站进行网络电子申报以及其他网上涉税事项申请。

（2）适用对象：适用非电子申报户，但已采用“缴税一卡通”纳税申报方式的用户及非正常户、注销户除外。

（3）需提供以下证件、材料：

①《关于申请采用“网上办税”及“电子缴税”的声明》；

②《纳税人存款账户账号报告表》，其中用于扣缴税款的账户应附送与《银行账户开户申请书》原件相符的复印件（需盖纳税人公章）。

（4）业务内容：纳税人根据实际需要向税务机关提交《关于申请采用“网上办税”及“电子缴税”的声明》，经税务机关审核通过后，为纳税人开设电子申报用户号，并对纳税人的用户号进行日常管理。纳税人采取电子方式办理纳税申报的，应当按照税务机关规定的期限和要求保存有关资料，并定期书面报送主管税务机关。

（5）办理流程：向办税服务中心（或管理员）提交涉税文书→税务机关当场审核开通→电子申报方式培训。

◆ **简易申报（一卡通申报方式）**

（1）业务描述：根据《中华人民共和国税收征收管理法实施细则》第三十六条规定“实行定期定额缴纳税款的纳税人，可以实行简易申报、简并征期等申报纳税方式”，各地方税务局对于采用一卡通缴纳税款的方式的纳税人均认定为简易申报，纳税人无须上门申报税款。

（2）适用对象：所有一卡通纳税人。

（3）需提供以下证件、材料：

①《缴税一卡通申报方式申请表》；

②《税务登记证》副本；

③ 身份证。

(4) 业务内容：个体工商户等纳税人在主管地税机关办理税务登记，领取税务登记证件时，填报《“缴税一卡通”申报方式申请表》，提出申请。已办理税务登记的纳税人，持《税务登记证》副本，出示身份证，填报《“缴税一卡通”申报方式申请表》，向管理分局（科、所、办事处）提出申请。税务登记人员审核同意该纳税人采用“缴税一卡通”的，应分配给该纳税人“缴税用户号”并发放磁卡，打印《“缴税一卡通”申报方式协议书》，地税机关与纳税人双方签章认可，各一份留存。

(5) 办理流程：向管理员提出申请→税务机关当场审核→向管理员领取协议书。

◆ **合并申报**

(1) 业务描述：非独立核算分支机构如果要与其他机构（如总机构或其他分支机构）合并申报的，须经过税务机关审批同意。

(2) 适用对象：非独立核算分支机构。

(3) 需提供以下证件、材料：

① 分支机构税务登记证复印件；

② 总机构税务登记证复印件；

③《非独立核算分支机构合并申报纳税申请审批表》。

(4) 业务内容：税务机关审核提出合并申报申请的企业是否为非独立核算分支机构，是否符合合并申报条件，审核被合并申报企业是否存在于进行合并申报企业的分支机构名单中，对于符合条件通过审批的纳税人，税务机关打印《税务事项核准通知书》送达纳税人。

(5) 办理流程：向管理员提出申请→管理员→管理科长→征管人员→征管科长→管理员制作通知书送达纳税人。

◆ **非正常申报**

(1) 业务描述：已办理税务登记且不需申报纳税的单位，必须经过审批，审批完成后，方可有收入时办理申报，不需定期申报。

(2) 适用对象：非经营性的行政事业单位、单位的工会。

(3) 需提供以下证件、材料：

① 税务登记证复印件；

② 组织机构代码证或单位成立批文复印件；

③《非正常纳税人申报申请表》。

(4) 业务内容：纳税人提交申请后，管理员审核纳税人是否为非经营性的行政事业单位、单位的工会等可以进行非正常申报的纳税人，对于符合条件通过审批的纳税人，税务机关打印《税务事项核准通知书》送达纳税人。

(5) 办理流程：向管理员提出申请→管理员→管理科长→征管人员→征管科长→管理员制作通知书送达纳税人。

◆ **其他申报方式**

业务描述：除了以上五种申报方式以外，法律法规赋予纳税人可以使用的申报方式，如邮寄申报、电话申报等方式，纳税人需要采用这些申报方式的，应该事先向税务机关提出申请，并说明理由，经税务机关批准后方可采用。

6.4 增值税的纳税申报

要 点

会计前提之一"会计分期"要求会计到月末、年末结账，《增值税暂行条例》则规定，企业以一个月为纳税期限的，在次月15日前申报纳税。因此，企业增值税缴纳义务发生后，在月末会计账上形成"应交税费"，在次月申报缴纳，以申报表作为明确征纳双方责任。本节主要介绍增值税一般纳税人、增值税小规模纳税人及特殊情况的纳税申报方法。

解 释

◆ **增值税一般纳税人纳税申报**

1. 纳税申报资料

(1) 必报资料

在办税服务厅申报的纳税人：

①《增值税纳税申报表(适用于增值税一般纳税人)》《增值税纳税申报表附列资料(表一)、(表二)、(表二)、(表三)、(表四)》和《固定资产进项税额抵扣情况表》；

②《资产负债表》《损益表》；

③ 防伪税控企业还需携带开票IC卡。

如发生相应业务需携带以下附报资料：

①《海关完税凭证抵扣清单》(电子数据)；

②《成品油购销存情况明细表》(成品油零售企业报送)；

③ 主管税务机关规定的其他必报资料。

纳税申报实行网上申报的的纳税人，除向主管税务机关报送上述必报资料的电子数据外，还需报送纸质的《增值税纳税申报表(适用于增值税一般纳税人)》(主表及附表)。

(2) 备查资料

① 符合抵扣条件并且在本期申报抵扣的增值税专用发票抵扣联；

② 海关进口货物完税凭证、铁路运输发票、购进农产品普通发票的复印件；

③ 收购凭证的存根联或报查联；

④ 代扣代缴税款凭证存根联；

⑤ 主管税务机关规定的其他备查资料。

备查资料是否需要在当期报送，由各省级国家税务局确定。

2.《增值税纳税申报表(适用于增值税一般纳税人)》的填报

(1)《增值税纳税申报表(适用于增值税一般纳税人)》如表6-1所示。

表 6-1 增值税纳税申报表（适用于增值税一般纳税人）

根据《中华人民共和国增值税暂行条例》第二十二条和第二十三条的规定制定本表。纳税人不论有无销售额，均应按主管税务机关核定的纳税期限填写本表，并于次月一日起十五日内，向当地税务机关申报。

税款所属时间：自 年 月 日至 年 月 日　　填表日期： 年 月 日　　金额单位：元至角分

纳税人识别号		所属行业：			
纳税人名称	（公章）	法定代表人姓名		注册地址	
				生产经营地址	
开户银行及账号		企业登记注册类型		电话号码	

项目		栏次	一般货物及劳务		即征即退货物及劳务	
			本月数	本年累计	本月数	本年累计
销售额	（一）按适用税率征税货物及劳务销售额	1				
	其中：应税货物销售额	2				
	应税劳务销售额	3				
	纳税检查调整的销售额	4				
	（二）按简易征收办法征税货物销售额	5				
	其中：纳税检查调整的销售额	6				
	（三）免、抵、退办法出口货物销售额	7			—	—
	（四）免税货物及劳务销售额	8			—	—
	其中：免税货物销售额	9			—	—
	免税劳务销售额	10			—	—
税款计算	销项税额	11				
	进项税额	12				
	上期留抵税额	13				—
	进项税额转出	14				
	免抵退货物应退税额	15			—	—
	按适用税率计算的纳税检查应补缴税额	16			—	—
税款计算	应抵扣税额合计	17＝12＋13－14－15＋16		—		—
	实际抵扣税额	18（如17<11，则为17，否则为11）				

续表

项目		栏次	一般货物及劳务		即征即退货物及劳务	
			本月数	本年累计	本月数	本年累计
	应纳税额	19＝11－18				
	期末留抵税额	20＝17－18				—
	简易征收办法计算的应纳税额	21				
	按简易征收办法计算的纳税检查应补缴税额	22			—	—
	应纳税额减征额	23				
	应纳税额合计	24＝19＋21－23				
税款缴税	期初未缴税额(多缴为负数)	25				
	实收出口开具专用缴款书退税额	26			—	—
	本期已缴税额	27＝28＋29＋30＋31				
	① 分次预缴税额	28		—		—
	② 出口开具专用缴款书预缴税额	29		—	—	—
	③ 本期缴纳上期应纳税额	30				
	④ 本期缴纳欠缴税额	31				
	期末未缴税额(多缴为负数)	32＝24＋25＋26－27				
	其中：欠缴税额(≥0)	33＝25＋26－27		—		—
	本期应补(退)税额	34＝24－28－29		—		—
	即征即退实际退税额	35	—	—		
	期初未缴查补税额	36			—	—
	本期入库查补税额	37			—	—
	期末未缴查补税额	38＝16＋22＋36－37			—	—
授权声明	如果你已委托代理人申报，请填写下列资料： 为代理一切税务事宜，现授权 (地址)　　为本纳税人的代理申报人，任何与本申报表有关的往来文件，都可寄予此人。 授权人签字：	申请人声明	本纳税申报表是根据《中华人民共和国增值税暂行条例》的规定填报的，我确定它是真实的、可靠的、完整的。 声明人签字：			

以下由税务机关填写：

收到日期：　　　　接收人：　　　　主管税务机关盖章：

(2) 增值税纳税申报表(适用于增值税一般纳税人)填表说明。

根据《中华人民共和国增值税暂行条例》第二十二条和第二十三条的规定制定本表。纳税人不论有无销售额，均应按主管税务机关核定的纳税期限按期填报本表，并于次月一日起十五日内，向当地税务机关申报。

① 本表“税款所属时间”是指纳税人申报的增值税应纳税额的所属时间，应填写具体的起止年、月、日。

② 本表“填表日期”指纳税人填写本表的具体日期。

③ 本表“纳税人识别号”栏，填写税务机关为纳税人确定的识别号，即：税务登记证号码。

④ 本表“所属行业”栏，按照国民经济行业分类与代码中的最细项(小类)进行填写。

⑤ 本表“纳税人名称”栏，填写纳税人单位名称全称，不得填写简称。

⑥ 本表“法定代表人姓名”栏，填写纳税人法定代表人的姓名。

⑦ 本表“注册地址”栏，填写纳税人税务登记证所注明的详细地址。

⑧ 本表“营业地址”栏，填写纳税人营业地的详细地址。

⑨ 本表“开户银行及账号”栏，填写纳税人开户银行的名称和纳税人在该银行的结算账户号码。

⑩ 本表“企业登记注册类型”栏，按税务登记证填写。

⑪ 本表“电话号码”栏，填写纳税人注册地和经营地的电话号码。

⑫ 表中“一般货物及劳务”是指享受即征即退的货物及劳务以外的其他货物及劳务。

⑬ 表中“即征即退货物及劳务”是指纳税人按照税法规定享受即征即退税收优惠政策的货物及劳务。

⑭ 本表第 1 项“(一)按适用税率征税货物及劳务销售额”栏数据，填写纳税人本期按适用税率缴纳增值税的应税货物和应税劳务的销售额(销货退回的销售额用负数表示)。包括在财务上不作销售但按税法规定应缴纳增值税的视同销售货物和价外费用销售额，外贸企业作价销售进料加工复出口的货物，税务、财政、审计部门检查按适用税率计算调整的销售额。“一般货物及劳务”的“本月数”栏数据与“即征即退货物及劳务”的“本月数”栏数据之和，应等于表 6-2 第 7 栏的“小计”中的“销售额”数。“本年累计”栏数据，应为年度内各月数之和。

⑮ 本表第 2 项“应税货物销售额”栏数据，填写纳税人本期按适用税率缴纳增值税的应税货物的销售额(销货退回的销售额用负数表示)。包括在财务上不作销售但按税法规定应缴纳增值税的视同销售货物和价外费用销售额，以及外贸企业作价销售进料加工复出口的货物。“一般货物及劳务”的“本月数”栏数据与“即征即退货物及劳务”的“本月数”栏数据之和，应等于表 6-2 第 5 栏的“应税货物”中 17%税率“销售额”与 13%税率“销售额”的合计数。“本年累计”栏数据，应为年度内各月数之和。

⑯ 本表第 3 项“应税劳务销售额”栏数据，填写纳税人本期按适用税率缴纳增值税的应税劳务的销售额。“一般货物及劳务”的“本月数”栏数据与“即征即退货物及劳务”的“本月数”栏数据之和，应等于表 6-2 第 5 栏的“应税劳务”中的“销售额”数。“本年累计”栏数据，应为年度内各月数之和。

⑰ 本表第 4 项“纳税检查调整的销售额”栏数据，填写纳税人本期因税务、财政、审计部门检查、并按适用税率计算调整的应税货物和应税劳务的销售额。但享受即征即退税收优惠政策的货物及劳务经税务稽查发现偷税的，不得填入“即征即退货物及劳务”部分，而应将本部分销售额在“一般货物及劳务”栏中反映。“一般货物及劳务”的“本月数”栏数据与“即征即退货物及劳务”的“本月数”栏数据之和，应等于表 6-2 第 6 栏的“小计”中的“销售额”数。“本年累计”栏数据，应为年度内各月数之和。

⑱ 本表第 5 项“按简易征收办法征税货物的销售额”栏数据，填写纳税人本期按简易征收办法征收增值税货物的销售额（销货退回的销售额用负数表示）。包括税务、财政、审计部门检查、并按按简易征收办法计算调整的销售额。“一般货物及劳务”的“本月数”栏数据与“即征即退货物及劳务”的“本月数”栏数据之和，应等于表 6-2 第 14 栏的“小计”中的“销售额”数。“本年累计”栏数据，应为年度内各月数之和。

⑲ 本表第 6 项“其中：纳税检查调整的销售额”栏数据，填写纳税人本期因税务、财政、审计部门检查、并按简易征收办法计算调整的销售额，但享受即征即退税收优惠政策的货物及劳务经税务稽查发现偷税的，不得填入“即征即退货物及劳务”部分，而应将本部分销售额在“一般货物及劳务”栏中反映。“一般货物及劳务”的“本月数”栏数据与“即征即退货物及劳务”的“本月数”栏数据之和，应等于表 6-2 第 13 栏的“小计”中的“销售额”数。“本年累计”栏数据，应为年度内各月数之和。

⑳ 本表第 7 项“免、抵、退办法出口货物销售额”栏数据，填写纳税人本期执行免、抵、退办法出口货物的销售额（销货退回的销售额用负数表示）。“本年累计”栏数据，应为年度内各月数之和。

㉑ 本表第 8 项“免税货物及劳务销售额”栏数据，填写纳税人本期按照税法规定直接免征增值税的货物及劳务的销售额（销货退回的销售额用负数表示），但不包括适用免、抵、退办法出口货物的销售额。“一般货物及劳务”的“本月数”栏数据，应等于表 6-2 第 18 栏的“小计”中的“销售额”数。“本年累计”栏数据，应为年度内各月数之和。

㉒ 本表第 9 项“免税货物销售额”栏数据，填写纳税人本期按照税法规定直接免征增值税货物的销售额（销货退回的销售额用负数表示），但不包括适用免、抵、退办法出口货物的销售额。“一般货物及劳务”的“本月数”栏数据，应等于表 6-2 第 18 栏的“免税货物”中的“销售额”数。“本年累计”栏数据，应为年度内各月数之和。

㉓ 本表第 10 项“免税劳务销售额”栏数据，填写纳税人本期按照税法规定直接免征增值税劳务的销售额及适用零税率劳务的销售额（销货退回的销售额用负数表示）。“一般货物及劳务”的“本月数”栏数据，应等于表 6-2 第 18 栏的“免税劳务”中的“销售额”数。“本年累计”栏数据，应为年度内各月数之和。

㉔ 本表第 11 项“销项税额”栏数据，填写纳税人本期按适用税率计征的销项税额。该数据一般情况下应与“应交税金—应交增值税”明细科目贷方“销项税额”专栏本期发生数一致。“一般货物及劳务”的“本月数”栏数据与“即征即退货物及劳务”的“本月数”栏数据之和，应等于表 6-2 第 7 栏的“小计”中的“销项税额”数。“本年累计”栏数据，应为年度内各月数之和。

㉕ 本表第 12 项“进项税额”栏数据，填写纳税人本期申报抵扣的进项税额。该数

据一般情况下应与“应交税金—应交增值税”明细科目借方“进项税额”专栏本期发生数一致。“一般货物及劳务”的“本月数”栏数据与“即征即退货物及劳务”的“本月数”栏数据之和，应等于表6-2第12栏中的“税额”数。“本年累计”栏数据，应为年度内各月数之和。

㉖ 本表第13项“上期留抵税额”栏数据，为纳税人前一申报期的“期末留抵税额”数，该数据应与“应交税金—应交增值税”明细科目借方月初余额一致。

㉗ 本表第14项“进项税额转出”栏数据，填写纳税人已经抵扣但按税法规定应作进项税转出的进项税额总数，但不包括销售折扣、折让，销货退回等应负数冲减当期进项税额的数额。该数据一般情况下应与“应交税金—应交增值税”明细科目贷方“进项税额转出”专栏本期发生数一致。“一般货物及劳务”的“本月数”栏数据与“即征即退货物及劳务”的“本月数”栏数据之和，应等于表6-2第13栏中的“税额”数。“本年累计”栏数据，应为年度内各月数之和。

㉘ 本表第15项“免、抵、退货物应退税额”栏数据，填写退税机关按照出口货物免、抵、退办法审批的应退税额。“本年累计”栏数据，应为年度内各月数之和。

㉙ 本表第16项“按适用税率计算的纳税检查应补缴税额”栏数据，填写税务、财政、审计部门检查按适用税率计算的纳税检查应补缴税额。“本年累计”栏数据，应为年度内各月数之和。

㉚ 本表第17项“应抵扣税额合计”栏数据，填写纳税人本期应抵扣进项税额的合计数。

㉛ 本表第18项“实际抵扣税额”栏数据，填写纳税人本期实际抵扣的进项税额。“本年累计”栏数据，应为年度内各月数之和。

㉜ 本表第19项“应纳税额”栏数据，填写纳税人本期按适用税率计算并应缴纳的增值税额。“本年累计”栏数据，应为年度内各月数之和。

㉝ 本表第20项“期末留抵税额”栏数据，为纳税人在本期销项税额中尚未抵扣完，留待下期继续抵扣的进项税额。该数据应与“应交税金—应交增值税”明细科目借方月末余额一致。

㉞ 本表第21项“按简易征收办法计算的应纳税额”栏数据，填写纳税人本期按简易征收办法计算并应缴纳的增值税额，但不包括按简易征收办法计算的纳税检查应补缴税额。“一般货物及劳务”的“本月数”栏数据与“即征即退货物及劳务”的“本月数”栏数据之和，应等于表6-2第12栏的“小计”中的“应纳税额”数。“本年累计”栏数据，应为年度内各月数之和。

㉟ 本表第22项“按简易征收办法计算的纳税检查应补缴税额”栏数据，填写纳税人本期因税务、财政、审计部门检查并按简易征收办法计算的纳税检查应补缴税额。“一般货物及劳务”的“本月数”栏数据与“即征即退货物及劳务”的“本月数”栏数据之和，应等于表6-2第13栏的“小计”中的“应纳税额”数。“本年累计”栏数据，应为年度内各月数之和。

㊱ 本表第23项“应纳税额减征额”栏数据，填写纳税人本期按照税法规定减征的增值税应纳税额。“本年累计”栏数据，应为年度内各月数之和。

㊲ 本表第24项“应纳税额合计”栏数据，填写纳税人本期应缴增值税的合计数。“本年累计”栏数据，应为年度内各月数之和。

㊳ 本表第25项“期初未缴税额（多缴为负数）”栏数据，为纳税人前一申报期的“期末未缴税额（多缴为负数）”。

㊴ 本表第 26 项"实收出口开具专用缴款书退税额"栏数据，填写纳税人本期实际收到税务机关退回的，因开具《出口货物税收专用缴款书》而多缴的增值税款。该数据应根据"应交税金—未交增值税"明细科目贷方本期发生额中"收到税务机关退回的多缴增值税款"数据填列。"本年累计"栏数据，为年度内各月数之和。

㊵ 本表第 27 项"本期已缴税额"栏数据，是指纳税人本期实际缴纳的增值税额，但不包括本期入库的查补税款。"本年累计"栏数据，为年度内各月数之和。

㊶ 本表第 28 项"①分次预缴税额"栏数据，填写纳税人本期分次预缴的增值税额。

㊷ 本表第 29 项"②出口开具专用缴款书预缴税额"栏数据，填写纳税人本期销售出口货物而开具专用缴款书向主管税务机关预缴的增值税额。

㊸ 本表第 30 项"③本期缴纳上期应纳税额"栏数据，填写纳税人本期上缴上期应缴未缴的增值税款，包括缴纳上期按简易征收办法计提的应缴未缴的增值税额。"本年累计"栏数据，为年度内各月数之和。

㊹ 本表第 31 项"④本期缴纳欠缴税额"栏数据，填写纳税人本期实际缴纳的增值税欠税额，但不包括缴纳入库的查补增值税额。"本年累计"栏数据，为年度内各月数之和。

㊺ 本表第 32 项"期末未交税额(多缴为负数)"栏数据，为纳税人本期期末应缴未缴的增值税额，但不包括纳税检查应缴未缴的税额。"本年累计"栏与"本月数"栏数据相同。

㊻ 本表第 33 项"其中：欠缴税额(≥0)"栏数据，为纳税人按照税法规定已形成欠税的数额。

㊼ 本表第 34 项"本期应补(退) 税额"栏数据，为纳税人本期应纳税额中应补缴或应退回的数额。

㊽ 本表第 35 项"即征即退实际退税额"栏数据，填写纳税人本期因符合增值税即征即退优惠政策规定，而实际收到的税务机关返还的增值税额。"本年累计"栏数据，为年度内各月数之和。

㊾ 本表第 36 项"期初未缴查补税额"栏数据，为纳税人前一申报期的"期末未缴查补税额"。该数据与本表第 25 项"期初未缴税额(多缴为负数)"栏数据之和，应与"应交税金—未交增值税"明细科目期初余额一致。"本年累计"栏数据应填写纳税人上年度末的"期末未缴查补税额"数。

㊿ 本表第 37 项"本期入库查补税额"栏数据，填写纳税人本期因税务、财政、审计部门检查而实际入库的增值税款，包括：a. 按适用税率计算并实际缴纳的查补增值税款；b. 按简易征收办法计算并实际缴纳的查补增值税款。"本年累计"栏数据，为年度内各月数之和。

○51 本表第 38 项"期末未缴查补税额"栏数据，为纳税人纳税检查本期期末应缴未缴的增值税额。该数据与本表第 32 项"期末未缴税额(多缴为负数)"栏数据之和，应与"应交税金—未交增值税"明细科目期末余额一致。"本年累计"栏与"本月数"栏数据相同。

3.《增值税纳税申报表附列资料(表一)》的填报

(1)《增值税纳税申报表附列资料(表一)》如表 6-2 所示。

表 6-2　增值税纳税申报表附列资料(表一)

(本期销售情况明细)

税款所属时间：　年　月

纳税人名称:(公章)　　　　填表日期：　年　月　日　　　　金额单位：元至角分

一、按适用税率征收增值税货物及劳务的销售额和销项税额明细													
项目	栏次	应税货物						应税劳务			小计		
		17%税率			13%税率								
		份数	销售额	销项税额	份数	销售额	销项税额	份数	销售额	销项税额	份数	销售额	销项税额
防伪税控系统开具的增值税专用发票	1												
非防伪税控系统开具的增值税专用发票	2	—	—	—	—	—	—	—	—	—	—	—	—
开具普通发票	3												
未开具发票	4	—			—			—			—		
小计	5=1+2+3+4	—			—			—			—		
纳税检查调整	6	—			—			—			—		
合计	7=5+6	—			—			—			—		

二、简易征收办法征收增值税货物的销售额和应纳税额明细										
项目	栏次	6%征收率			4%征收率			小计		
		份数	销售额	销项税额	份数	销售额	销项税额	份数	销售额	销项税额
防伪税控系统开具的增值税专用发票	8									

续表

二、简易征收办法征收增值税货物的销售额和应纳税额明细										
项目	栏次	6%征收率			4%征收率			小计		
		份数	销售额	销项税额	份数	销售额	销项税额	份数	销售额	销项税额
非防伪税控系统开具的增值税专用发票	9	——	——	——	——	——	——	——	——	——
开具普通发票	10									
未开具发票	11	——			——			——		
小计	12=8+9+10+11	——			——			——		
纳税检查调整	13	——			——			——		
合计	14=12+13	——			——			——		

三、免征增值税货物及劳务销售额明细										
项目	栏次	免税货物			免税劳务			小计		
		份数	销售额	销项税额	份数	销售额	销项税额	份数	销售额	销项税额
防伪税控系统开具的增值税专用发票	15				——	——	——			
开具普通发票	16			——			——			——
未开具发票	17	——		——	——		——	——		——
合计	18=15+16+17	——			——			——		

（2）填表说明

① 本表“税款所属时间”是指纳税人申报的增值税应纳税额的所属时间，应填写具体的起止年、月。

② 本表“填表日期”指纳税人填写本表的具体日期。

③ 本表“纳税人名称”栏，应加盖纳税人单位公章。

④ 本表第1、8、15栏均包含税控机具开具的机动车销售统一发票数据。

⑤ 本表第2、9栏“非防伪税控系统开具的增值税专用发票”不再填写。

⑥ 本表“一、按适用税率征收增值税货物及劳务的销售额和销项税额明细”和“二、简易征收办法征收增值税货物的销售额和应纳税额明细”部分中“防伪税控系统开具的增值税专用发票”“开具普通发票”“未开具发票”各栏数据均应包括销货退回或折让、视同销售货物、价外费用的销售额和销项税额，不包括免税货物及劳务的销售额，出口执行免、抵、退办法的销售额以及税务、财政、审计部门检查并调整的销售额、销项税额或应纳税额。

⑦ 本表“一、按适用税率征收增值税货物及劳务的销售额和销项税额明细”和“二、简易征收办法征收增值税货物的销售额和应纳税额明细”部分中“纳税检查调整”栏数据应填写纳税人本期因税务、财政、审计部门检查计算调整的应税货物、应税劳务的销售额、销项税额或应纳税额。

⑧ 本表“三、免征增值税货物及劳务销售额明细”部分中“防伪税控系统开具的增值税专用发票”栏数据，填写本期因销售免税货物而使用防伪税控系统开具的增值税专用发票的份数、销售额和税额，包括国有粮食收储企业销售的免税粮食，政府储备食用植物油等。

4.《增值税纳税申报表附列资料（表二）》的填报

（1）《增值税纳税申报表附列资料（表二）》如表6-3所示。

表6-3 增值税纳税申报表附列资料（表二）

（本期进项税额明细）

税款所属时间：　年　月

纳税人名称：（公章）　　填表日期：　年　月　日　　金额单位：元至角分

一、申报抵扣的进项税额				
项目	栏次	份数	金额	税额
（一）认证相符的防伪税控增值税专用发票	1			
其中：本期认证相符且本期申报抵扣	2			
前期认证相符且本期申报抵扣	3			
（二）非防伪税控增值税专用发票及其他扣税凭证	4			
其中：海关进口增值税专用缴款书	5			
农产品收购发票或者销售发票	6			
废旧物资发票	7			
运输费用结算单据	8			
6%征收率	9	——	——	——
4%征收率	10	——	——	——
（三）外贸企业进项税额抵扣证明	11	——	——	
当期申报抵扣进项税额合计	12			

续表

二、进项税额转出额				
项目	栏次	份数	金额	税额
本期进项税转出额	13			
其中：免税货物用	14			
非应税项目用、集体福利、个人消费	15			
非正常损失	16			
按简易征收办法征税货物用	17			
免抵退税办法出口货物不得抵扣进项税额	18			
纳税检查调减进项税额	19			
未经认证已抵扣的进项税额	20			
红字专用发票通知单注明的进项税额	21			
三、待抵扣进项税额				
（一）认证相符的防伪税控增值税专用发票	22	——	——	——
期初已认证相符但未申报抵扣	23			
本期认证相符且本期未申报抵扣	24			
期末已认证相符但未申报抵扣	25			
其中：按照税法规定不允许抵扣	26			
（二）非防伪税控增值税专用发票及其他扣税凭证	27			
其中：海关进口增值税专用缴款书	28			
农产品收购发票或者销售发票	29			
废旧物资发票	30			
运输费用结算单据	31			
6%征收率	32	——	——	——
4%征收率	33	——	——	——
	34			
四、其他				
本期认证相符的全部防伪税控增值税专用发票	35			
期初已征税款余额	36	——	——	
期初已征税款余额	37	——	——	
代扣代缴税额	38	——	——	

注：第1栏＝第2栏＋第3栏＝第23栏＋第35栏－第25栏；第2栏＝第35栏－第24栏；第3栏＝第23栏＋第24栏－第25栏；第4栏等于第5栏至第10栏之和；第12栏＝第1栏＋第4栏＋第11栏；第13栏等于第14栏至第21栏之和；第27栏等于第28栏至第34栏之和。

（2）填表说明

① 本表“税款所属时间”是指纳税人申报的增值税应纳税额的所属时间，应填写具体的起止年、月。

② 本表“填表日期”指纳税人填写本表的具体日期。

③ 本表“纳税人名称”栏，应加盖纳税人单位公章。

④ 本表第1—3、22—26、35栏均包含税控机具开具的机动车销售统一发票和税务机关代开的增值税专用发票数据。

⑤ 本表“一、申报抵扣的进项税额”部分各栏数据，分别填写纳税人按税法规定符合抵

扣条件，在本期申报抵扣的进项税额情况。

➢ 第1栏"（一）认证相符的防伪税控增值税专用发票"，填写本期申报抵扣的认证相符的防伪税控增值税专用发票、税控机具开具的机动车销售统一发票和税务机关代开的增值税专用发票数据，应等于第2栏"本期认证相符且本期申报抵扣"与第3栏"前期认证相符且本期申报抵扣"数据之和。

➢ 第2栏"本期认证相符且本期申报抵扣"，填写本期认证相符本期申报抵扣的防伪税控增值税专用发票、税控机具开具的机动车销售统一发票和税务机关代开的增值税专用发票数据，应与第35栏"本期认证相符的全部防伪税控增值税专用发票"减第24栏"本期已认证相符且本期未申报抵扣"后的数据相等。

➢ 第3栏"前期认证相符且本期申报抵扣"，填写以前期认证相符本期申报抵扣的防伪税控增值税专用发票、税控机具开具的机动车销售统一发票和税务机关代开的增值税专用发票数据，辅导期纳税人填写由税务机关告知的稽核比对结果通知书及明细清单注明的稽核相符专用发票、机动车销售统一发票的份数、金额、税额。应与第23栏"期初已认证相符但未申报抵扣"加第24栏"本期已认证相符且本期未申报抵扣"减第25栏"期末已认证相符但未申报抵扣"后数据相等。

➢ 第4栏"非防伪税控增值税专用发票及其他扣税凭证"，填写本期申报抵扣的非防伪税控增值税专用发票及其他扣税凭证情况，应等于第5栏至第10栏之和。

➢ 第5栏"海关进口增值税专用缴款书"填写本期申报抵扣的海关进口增值税专用缴款书的份数、金额、税额。辅导期纳税人应填写本月税务机关告知的稽核比对结果通知书及其明细清单注明的稽核相符海关进口增值税专用缴款书的份数、金额、税额。

➢ 第6栏"农产品收购发票或者销售发票"填写本期申报抵扣的农产品收购发票或者销售发票的份数、金额、税额。

➢ 第8栏"运输费用结算单据"填写本期申报抵扣的运输费用结算单据的份数、金额、税额，辅导期纳税人应填写仍采用汇总申报抵扣的海洋运输、航空运输、管道运输、铁路运输发票及税务机关告知的稽核比对结果通知书及其明细清单注明的稽核相符的公路运输、内河运输、联运发票运输费用结算单据的份数、金额、税额。

➢ 第11栏"外贸企业进项税额抵扣证明"，其"税额"栏填写税务机关出口退税部门开具的《外贸企业出口视同内销征税货物进项税额抵扣证明》允许抵扣的进项税额。

➢ 第12栏"当期申报抵扣进项税额合计"应等于第1栏、第4栏、第11栏之和。

⑥ 本表"二、进项税额转出额"部分填写纳税人已经抵扣但按税法规定应作进项税额转出的明细情况，但不包括销售折扣、折让，销货退回等应负数冲减当期进项税额的情况。

第13栏"本期进项税转出额"应等于第14栏至第21栏之和。

第15栏"非应税项目、集体福利、个人消费用"，填写用于非增值税应税项目、集体福利或者个人消费的购进货物或者应税劳务转出的进项税额。

第21栏"红字专用发票通知单注明的进项税额"。填写纳税人按照主管税务机关开具的《开具红字增值税专用发票通知单》中"需要做进项税额转出"的税额。

⑦ 本表"三、待抵扣进项税额"部分各栏数据，分别填写纳税人已经取得，但按税法规定不符合抵扣条件，暂不予在本期申报抵扣的进项税额情况及按照税法规定不允许抵扣的进

项税额情况。

➢ 第 23 栏“期初已认证相符但未申报抵扣”，填写前期认证相符，但按照税法规定，暂不予抵扣，结存至本期的防伪税控增值税专用发票和税控机具开具的机动车销售统一发票数据；辅导期纳税人填写认证相符但未收到稽核比对结果的防伪税控增值税专用发票(含税务机关代开的增值税专用发票)、机动车销售统一发票月初余额数。该项应与上期“期末已认证相符但未申报抵扣”栏数据相等。

➢ 第 24 栏“本期认证相符且本期未申报抵扣”，填写本期认证相符，但因按照税法规定暂不予抵扣及按照税法规定不允许抵扣，而未申报抵扣的防伪税控增值税专用发票和税控机具开具的机动车销售统一发票数据。包括外贸企业购进供出口的货物。辅导期纳税人填写本期已认证相符但未收到稽核比对结果的防伪税控增值税专用发票和税控机具开具的机动车销售统一发票数据。

➢ 第 25 栏“期末已认证相符但未申报抵扣”，填写截至本期期末，按照税法规定仍暂不予抵扣及按照税法规定不允许抵扣且已认证相符的防伪税控增值税专用发票和税控机具开具的机动车销售统一发票数据。辅导期纳税人填写已认证相符但未收到稽核比对结果的防伪税控增值税专用发票和税控机具开具的机动车销售统一发票月末余额数。

➢ 第 26 栏“其中：按照税法规定不允许抵扣”，填写期末已认证相符但未申报抵扣的防伪税控增值税专用发票和税控机具开具的机动车销售统一发票数据，按照税法规定不允许抵扣，而只能作为出口退税凭证或应列入成本、资产等项目的防伪税控增值税专用发票和税控机具开具的机动车销售统一发票。包括外贸出口企业用于出口而采购货物的防伪税控增值税专用发票等。

➢ 第 28 栏“海关进口增值税专用缴款书”，填写按照税法规定暂不予抵扣及按照税法规定不允许抵扣的海关进口增值税专用缴款书。辅导期纳税人应填写未收到稽核比对结果的海关进口增值税专用缴款书月末余额数。

➢ 第 31 栏“运输费用结算单据”，填写按照税法规定暂不予抵扣及按照税法规定不允许抵扣的运输费用结算单据，辅导期纳税人应填写未收到稽核比对结果的运输费用结算单据数据。

⑧ 本表“四、其他”栏中“本期认证相符的全部防伪税控增值税专用发票”项指标，应与防伪税控认证子系统中的本期全部认证相符的防伪税控增值税专用发票(包含税控机具开具的机动车销售统一发票和税务机关代开的增值税专用发票)数据相同。“代扣代缴税额”项指标，填写纳税人根据《中华人民共和国增值税暂行条例》第十八条的规定扣缴的增值税额。

5.《增值税纳税申报表附列资料(表三)》的填报

(1)《增值税纳税申报表附列资料(表三)》如表 6-4 所示。

表 6-4 增值税纳税申报表附列资料(表三)(应税服务扣除项目明细)

税款所属时间：　年　月　日至　年　月　日

纳税人名称：(公章)　　　　　　　　　　　　　　　　　　　　金额单位：元至角分

项目及栏次	本期应税服务价税合计额（免税销售额）	应税服务扣除项目				
		期初余额	本期发生额	本期应扣除金额	本期实际扣除金额	期末余额
	1	2	3	4＝2＋3	5(5≤1 且 5≤4)	6＝4－5
17%税率的有形动产租赁服务						
11%税率的应税服务						
6%税率的应税服务						
3%征收率的应税服务						
免抵退税的应税服务						
免税的应税服务						

(2)《增值税纳税申报表附列资料(表三)》填表说明。

① 第 1 列“本期应税服务价税合计额(免税销售额)”：营业税改征增值税的应税服务属于征税项目的，填写扣除之前的本期应税服务价税合计额；营业税改征增值税的应税服务属于免抵退税或免税项目的，填写扣除之前的本期应税服务免税销售额。本列各行次等于《增值税纳税申报表附列资料(一)》第 11 列对应行次。

② 第 2 列“应税服务扣除项目”“期初余额”：填写应税服务扣除项目上期期末结存的金额，试点实施之日的税款所属期填写“0”。本列各行次等于上期《增值税纳税申报表附列资料(三)》第 6 列对应行次。

③ 第 3 列“应税服务扣除项目”“本期发生额”：填写本期取得的按税法规定准予扣除的应税服务扣除项目金额。

④ 第 4 列“应税服务扣除项目”“本期应扣除金额”：填写应税服务扣除项目本期应扣除的金额。

本列各行次＝第 2 列对应各行次＋第 3 列对应各行次

⑤ 第 5 列“应税服务扣除项目”“本期实际扣除金额”：填写应税服务扣除项目本期实际扣除的金额。

本列各行次≤第 4 列对应各行次且本列各行次≤第 1 列对应各行次

⑥ 第 6 列“应税服务扣除项目”“期末余额”：填写应税服务扣除项目本期期末结存的金额。

本列各行次＝第 4 列对应各行次－第 5 列对应各行次

6.《增值税纳税申报表附列资料(表四)》的填报

(1)《增值税纳税申报表附列资料(表四)》如表 6-5 所示。

表 6-5 增值税纳税申报表附列资料(表四)(税额抵减情况表)

税款所属时间： 年 月 日至 年 月 日

纳税人名称：(公章) 金额单位：元至角分

序号	抵减项目	期初余额	本期发生额	本期应抵减税额	本期实际抵减税额	期末余额
		1	2	3=1+2	4≤3	5=3-4
1	增值税税控系统专用设备费及技术维护费					
2	分支机构预征缴纳税款					
3						
4						
5						
6						

(2)《增值税纳税申报表附列资料(表四)》填表说明。

本表第1行由发生增值税税控系统专用设备费用和技术维护费的纳税人填写，反映纳税人增值税税控系统专用设备费用和技术维护费按规定抵减增值税应纳税额的情况。

本表第2行由营业税改征增值税纳税人，应税服务按规定汇总计算缴纳增值税的总机构填写，反映其分支机构预征缴纳税款抵减总机构应纳增值税税额的情况。其他纳税人不填写本表。

7.《固定资产进项税额抵扣情况表》的填报

(1)《固定资产进项税额抵扣情况表》如表6-6所示。

表 6-6 固定资产进项税额抵扣情况表

纳税人识别号： 纳税人名称(公章)：

填表日期： 年 月 日 金额单位：元至角分

项目	栏次	当期申报抵扣的固定资产进项税额	当期申报抵扣的固定资产进项税额累计
增值税专用发票	1		
海关进口增值税专用缴款书	2		
合计	3		

注：本表一式二份，一份纳税人留存，一份主管税务机关留存

(2)《固定资产进项税额抵扣情况表》填表说明。

表6-6反映了纳税人在表6-3“一、申报抵扣的进项税额”中固定资产的进项税额。表6-6按增值税专用发票、海关进口增值税专用缴款书分别填写。税控《机动车销售统一发票》填入增值税专用发票栏内。

① 本表所称的“固定资产”是指新购进的要抵扣的所有固定资产。

② 本表“纳税人识别号”栏，填写税务机关为纳税人确定的识别号，即税务登记证号码。

③ 本表“纳税人名称”栏，填写纳税人单位名称全称，不得填写简称。

④ 本表“填表日期”指纳税人填写本表的具体日期。

⑤ 本表第 3 栏的“合计”必须是第 1 栏和第 2 栏之和，“增值税专用发票”栏填写当期认证并申报抵扣的进项税额（辅导期企业要比对相符并申报后在抵扣当月才能填入此表）。“海关进口增值税专用缴款书”栏填写当期采集并申报抵扣的进项税额（辅导期企业要比对相符并申报后在抵扣当月才能填入此表）。

◆ **增值税小规模纳税人纳税申报**

小规模纳税人增值税业务流程相对简单，只有开票和报税缴税两步。小规模纳税人纳税申报所填纳税申报表比较简单。

1.《增值税纳税申报表（适用小规模纳税人）》的填报

（1）《增值税纳税申报表（适用小规模纳税人）》如表 6-7 所示。

表 6-7　增值税纳税申报表（适用小规模纳税人）

纳税人识别号：

纳税人名称（公章）：　　　　　　　　　　金额单位：元（列至角分）

税款所属期：　年　月　日至　年　月　日　　　　　　填表日期：　年　月　日

<table>
<tr><td></td><td>项目</td><td>栏次</td><td>本期数</td><td>本年累计</td></tr>
<tr><td rowspan="9">一、计税依据</td><td>（一）应征增值税货物及劳务不含税销售额</td><td>1</td><td></td><td></td></tr>
<tr><td>其中：税务机关代开的增值税专用发票不含税销售额</td><td>2</td><td></td><td></td></tr>
<tr><td>税控器具开具的普通发票不含税销售额</td><td>3</td><td></td><td></td></tr>
<tr><td>（二）销售使用过的应税固定资产不含税销售额</td><td>4</td><td></td><td></td></tr>
<tr><td>其中：税控器具开具的普通发票不含税销售额</td><td>5</td><td></td><td></td></tr>
<tr><td>（三）免税货物及劳务销售额</td><td>6</td><td></td><td></td></tr>
<tr><td>其中：税控器具开具的普通发票销售额</td><td>7</td><td></td><td></td></tr>
<tr><td>（四）出口免税货物销售额</td><td>8</td><td></td><td></td></tr>
<tr><td>其中：税控器具开具的普通发票销售额</td><td>9</td><td></td><td></td></tr>
<tr><td rowspan="6">二、税款计算</td><td>本期应纳税额</td><td>10</td><td></td><td></td></tr>
<tr><td>本期应纳税额减征额</td><td>11</td><td></td><td></td></tr>
<tr><td>应纳税额合计</td><td>12＝10－11</td><td></td><td></td></tr>
<tr><td>本期预缴税额</td><td>13</td><td></td><td></td></tr>
<tr><td>本期应补（退）税额</td><td>14＝12－13</td><td></td><td></td></tr>
<tr><td></td><td></td><td></td><td></td></tr>
<tr><td rowspan="4">纳税人或代理人声明：
此纳税申报表是根据国家税收法律的规定填报的，我确定它是真实的、可靠的、完整的。</td><td colspan="4">如纳税人填报，由纳税人填写以下各栏：</td></tr>
<tr><td colspan="4">办税人员（签章）：　　　　财务负责人（签章）：
法定代表人（签章）：　　　联系电话：</td></tr>
<tr><td colspan="4">如委托代理人填报，由代理人填写以下各栏：</td></tr>
<tr><td colspan="4">代理人名称：　　　　经办人（签章）：
联系电话：
代理人（公章）：</td></tr>
</table>

受理人：　　　受理日期：　年　月　日　　　　　　受理税务机关（签章）：

本表为 A3 竖式一式三份，一份纳税人留存，一份主管税务机关留存、一份征收部门留存。

（2）填表说明

① 本申报表适用于增值税小规模纳税人（以下简称纳税人）填报。纳税人销售使用过的固定资产、销售免税货物或提供免税劳务的，也使用本表。

② 具体项目填写说明。

➢ 本表“税款所属期”是指纳税人申报的增值税应纳税额的所属时间，应填写具体的起止年、月、日。

➢ 本表“纳税人识别号”栏，填写税务机关为纳税人确定的识别号，即：税务登记证号码。

➢ 本表“纳税人名称”栏，填写纳税人单位名称全称，不得填写简称。

➢ 本表第 1 项“应征增值税货物及劳务不含税销售额”栏数据，填写应征增值税货物及劳务的不含税销售额，不包含销售使用过的固定资产应征增值税的不含税销售额、免税货物及劳务销售额、出口免税货物销售额、稽查查补销售额。

➢ 本表第 2 项“税务机关代开的增值税专用发票不含税销售额”栏数据，填写税务机关代开的增值税专用发票的销售额合计。

➢ 本表第 3 项“税控器具开具的普通发票不含税销售额”栏数据，填写税控器具开具的应征增值税货物及劳务的普通发票金额换算的不含税销售额。

➢ 小规模纳税人销售自己使用过的固定资产和旧货，其不含税销售额填写在《增值税纳税申报表（适用于小规模纳税人）》第 4 栏，其利用税控器具开具的普通发票不含税销售额填写在第 5 栏。（摘自《国家税务总局关于增值税简易征收政策有关管理问题的通知》国税函〔2009〕90 号）

➢ 本表第 6 项“免税货物及劳务销售额”栏数据，填写销售免征增值税货物及劳务的销售额。

➢ 本表第 7 项“税控器具开具的普通发票销售额”栏数据，填写税控器具开具的销售免征增值税货物及劳务的普通发票金额。

➢ 本表第 8 项“出口免税货物销售额”栏数据，填写出口免税货物的销售额。

➢ 本表第 9 项“税控器具开具的普通发票销售额”栏数据，填写税控器具开具的出口免税货物的普通发票金额。

➢ 本表第 10 项“本期应纳税额”栏数据，填写本期按征收率计算缴纳的应纳税额。

➢ 本表第 11 项“本期应纳税额减征额”栏数据，填写数据是根据相关的增值税优惠政策计算的应纳税额减征额。

➢ 本表第 13 项“本期预缴税额”栏数据，填写纳税人本期预缴的增值税额，但不包括稽查补缴的应纳增值税额。

2.《增值税纳税申报表（小规模纳税人适用）》附列资料

（1）《增值税纳税申报表（小规模纳税人适用）》附列资料如表 6-8 所示。

表 6-8　增值税纳税申报表(小规模纳税人适用)附列资料

税款所属期：　年　月　日至　年　月　日　　　　　　　　　　　　　填表日期：年　月　日

税款人名称(公章)：　　　　　　　　　　　　　　　　　　　　　　　　金额单位：元至角分

应税服务扣除额计算			
期初余额	本期发生额	本期扣除额	期末余额
1	2	3(3≤1＋2之和，且3≤5)	4＝1＋2－3
应税服务计税销售额计算			
5	6＝3	7＝5－6	8＝7÷1.03

(2)《增值税纳税申报表(小规模纳税人适用)》附列资料填报说明。

本附列资料由应税服务有扣除项目的纳税人填写，各栏次均不包含免征增值税应税服务数额。

① “税款所属期”是指纳税人申报的增值税应纳税额的所属时间，应填写具体的起止年、月、日。

② “纳税人名称”栏，填写纳税人单位名称全称。

③ 第1栏“期初余额”：填写应税服务扣除项目上期期末结存的金额，试点实施之日的税款所属期填写“0”。

④ 第2栏“本期发生额”：填写本期取得的按税法规定准予扣除的应税服务扣除项目金额。

⑤ 第3栏“本期扣除额”：填写应税服务扣除项目本期实际扣除的金额。

第3栏“本期扣除额”≤第1栏“期初余额”＋第2栏“本期发生额”，且第3栏“本期扣除额”≤第5栏“全部含税收入”。

⑥ 第4栏“期末余额”：填写应税服务扣除项目本期期末结存的金额。

⑦ 第5栏“全部含税收入”：填写纳税人提供应税服务取得的全部价款和价外费用数额。

⑧ 第6栏“本期扣除额”：填写本附列资料第3项“本期扣除额”栏数据。

第6栏“本期扣除额”＝第3栏“本期扣除额”。

⑨ 第7栏“含税销售额”：填写应税服务的含税销售额。

第7栏“含税销售额”＝第5栏“全部含税收入”－第6栏“本期扣除额”。

⑩ 第8栏“不含税销售额”：填写应税服务的不含税销售额。

第8栏“不含税销售额”＝第7栏“含税销售额”÷1.03，与《增值税纳税申报表(小规模纳税人适用)》第1栏“应征增值税不含税销售额”“本期数”“应税服务”栏数据一致。

◆ 特殊情况申报

1. 一般纳税人辅导期申报

(1) 辅导期进项抵扣应先认证，比对通过后才能抵扣。比对结果一般要隔月才能收到，所以认证的票要相隔一个月方能抵扣。

对于等待比对结果的进项税额部分，计入“待抵扣进项税额”，并在《增值税纳税申报表附列资料(表二)》第24栏“本期已认证相符且本期未申报抵扣”内填写此行内容。

(2) 辅导期每月一次最多只能买25份发票且最大开票限额为1万元,如需要申请增购发票,应按上次所购发票所开具金额的3%预缴税款,所交税可在下期应纳税中抵减。当月缴纳当月的税款,属于预缴,会计上在“应交税费—应交增值税—已交税金”明细账核算。

2. 外贸型出口企业纳税申报

(1) 外贸企业发生一般出口业务、进料加工作价销售业务和来料加工业务的,应在当期进行免税申报,将免税货物销售额和免税劳务销售额分别填列在增值税纳税申报表主表第9、第10栏。

(2) 外贸企业销售的免税货物和免税劳务对应的进项税金填列在《增值税纳税申报表附列资料(表二)》第26栏“本期已认证相符且本期未申报抵扣”。

(3) 外贸企业出口的货物,有下列情形之一的,应视同内销货物计提销项税额或征收增值税。

① 属于国家明确规定不予退(免)增值税的。

② 未在规定期限内申报退(免)税。

③ 出口企业虽已申报退(免)税但未在规定期限内向税务机关补齐有关凭证或出口企业未在规定期限内申报《代理出口货物证明》。

④ 出口退税部门规定的其他应视同内销行为。

(4) 外贸企业发生出口货物视同内销行为,应按以下方法处理。

①发生应并入当期内销货物销售额申报的视同内销行为,应按规定在当期补提销项税金,已认证的进项增值税专用发票,可以申报抵扣。外贸企业前期已进行出口免税申报的,在次月申报时对《增值税纳税申报表》做如下调整。

➢《增值税纳税申报表附列资料(表一)》。

第5列第1行或第3行“未开具发票”栏按适用税率填列补提销项税金的货物销售额。

第5列第18行“未开具发票”栏填列相对应的负数销售收入(含税),以此修正销售收入的应税和免税属性。

➢《增值税纳税申报表附列资料(表二)》。

第3栏“前期认证相符且本期申报抵扣”填写出口业务对应的已认证的进项税金,金额应等于企业在财务上已转入“主营业务成本”和“应收补贴款—应收出口退税”科目的对应购进货物进项税金。

外贸企业前期未办理出口免税申报的,按规定直接并入当期内销货物销售额进行申报。

② 发生应先补征税款的视同内销行为。

➢《增值税纳税申报表附列资料(表一)》。

第5列第1行或3行“未开具发票”栏按适用税率填列补税申报的销售收入,第5列第18行“未开具发票”栏填列相对应的负数销售收入(含税),以此修正销售收入的应税和免税属性。

➢《增值税纳税申报表附列资料(表二)》。

第3栏“前期认证相符且本期申报抵扣”填写出口业务对应的已认证进项税金。

3. 生产型出口企业纳税申报

(1) 生产型出口企业出口销售收入填写在主表的第7栏“免、抵、退办法出口货物销售额"中,应退税额填写在第15栏"免、抵、退货物应退税额"中,但当期计算的应退税额要在下期申报表中体现。

(2) 生产型出口企业因征退税率不一致而产生的征退税率差填写在《增值税纳税申报附列资料(表二)》的第18栏"免、抵、退税办法出口货物不得抵扣进项税额"中。

(3) 生产企业来料加工销售额填写在主表的第10栏"免税劳务销售额"和《增值税纳税申报附列资料(表一)》的第18行第3列"开具其他发票"或第18行第5列"未开具发票"中。

4. 一般纳税人销售自己使用的固定资产按4%减半征收纳税申报

在增值税一般纳税人申报表中:

(1)《增值税纳税申报附列资料(表一)》填写在第10行的4%对应的"开具其他发票"或"未开具发票"项下;

(2) 主表销售额填写在第5栏"按简易征收办法征税货物销售额"中;

(3) 按4%征收的税额填写在第21栏"按简易征收办法计算的应纳税额"中;

(4) 按4%减半计算的税额填写在第23栏"应纳税额减征额"中。

5. 小规模纳税人销售自己使用过的固定资产按2%减半征收纳税申报

在小规模纳税人申报表中:

(1) 销售额填写在第4栏"销售使用过的应税固定资产不含税销售额",销售额=含税售价/(1+3%);

(2) 按3%征收率计算应纳税额,填入第10栏;

(3) 按1%征收率差计算的税额填写在第11栏"本期应纳税额减征额"中;

(4) 实际应纳税额填入第12栏。

6. 增值税税控系统专用设备费用和技术维护费用抵减增值税税额的申报

纳税人在填写纳税申报表时,对可在增值税应纳税额中全额抵减的增值税税控系统专用设备费用以及技术维护费,应按以下要求填报。

(1) 增值税一般纳税人将抵减金额填入《增值税纳税申报表(适用于增值税一般纳税人)》第23栏"应纳税额减征额"。当本期减征额小于或等于第19栏"应纳税额"与第21栏"简易征收办法计算的应纳税额"之和时,按本期减征额实际填写;当本期减征额大于第19栏"应纳税额"与第21栏"简易征收办法计算的应纳税额"之和时,按本期第19栏与第21栏之和填写,本期减征额不足抵减部分结转下期继续抵减。

(2) 小规模纳税人将抵减金额填入《增值税纳税申报表(适用于小规模纳税人)》第11栏"本期应纳税额减征额"。当本期减征额小于或等于第10栏"本期应纳税额"时,按本期减征额实际填写;当本期减征额大于第10栏"本期应纳税额"时,按本期第10栏填写,本期减征额不足抵减部分结转下期继续抵减。

相关知识

◆ 纳税申报网上操作流程

进入增值税纳税申报系统后,按界面提示进行如图6-1所示的操作:

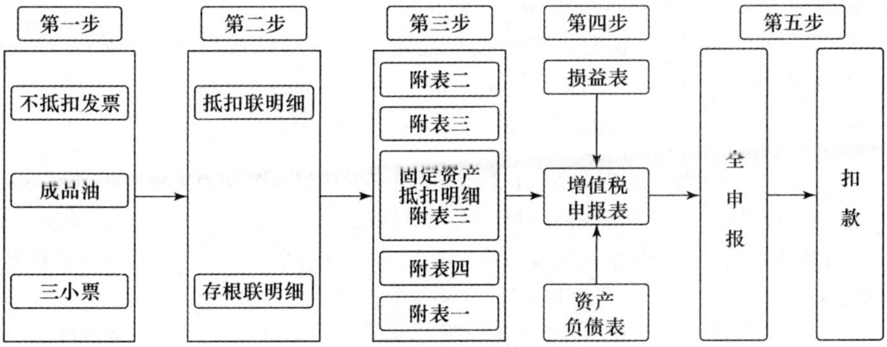

图 6-1　纳税申报网上操作流程图

实例详解

【例 6-2】 某公司为增值税一般纳税人，2013 年 1 月该企业发生如下业务：

(1) 销售产品实现销售收入 120 万元(税率为 17%，其中采用免、抵、退方法出口收入 30 万元，退税税率为 14%)，为其他企业加工产品取得收入 20 万元，上述收入均不含增值税。

(2) 本月取得增值税专用发票注明进项税额 10.2 万元(抵扣率为 17%)，向农民收购农产品开具农产品收购发票注明买价 3 万元，取得运费发票 2 万元，上述发票本月均通过认证。

(3) 本月收到稽查局出具的税务处理决定书，查补 2010 年开票未申报收入 2 万元，税款 3 400 元。

(4) 本月"应交税费—未交增值税"期初贷方余额为 4 万元(其中所属期 2011 年 12 月的税款 2 万元，所属期 2012 年 12 月的申报税款 2 万元)。"应交税费—应交增值税"期初无余额。

(5) 本月入库 2011 年 12 月份税款 6 000 元，入库属期 2012 年 12 月申报增值税 2 万元，入库稽查局查补税 3 400 元。

请根据上述资料要求计算本期应纳税额并按规定填写纳税申报表。

【分析】

(1) 按适用税率征税货物及劳务销售额＝1 200 000－300 000＋200 000＋20 000＝1 120 000(元)，填入主表第 1 栏；

销项税额＝1 120 000×17%＝19 040(元)，填入第 11 栏；

应税货物销售额＝1 200 000—300 000＝900 000(元)，填入主表第 2 栏；

应税劳务销售额＝200 000 元，填入主表第 3 栏；

稽查查补销售 20 000 元，填入主表第 4 栏；

免、抵、退办法出口货物销售额＝300 000 元，填入主表第 7 栏；计算出口货物不予抵扣进项税额转出＝300 000×(17%－14%)＝9 000(元)，填入主表第 14 栏；

(2) 本月发生进项税额＝102 000＋30 000×13%＋20 000×7%＝107 300(元)，填入主表第 12 栏；

(3) 稽查应补税 3 400 元，填入主表第 16 栏；

(4) 期初未交税款 40 000 元填入第 25 栏；

(5) 本月入库 2011 年 12 月税款 6 000 元填入第 31 栏；入库属期 2012 年 12 月申报税金 20 000 元填入第 30 栏；入库查补税额 3 400 元填入第 37 栏。

填写纳税申报表如表 6-9 所示。

表 6-9　增值税纳税申报表(适用于增值税一般纳税人)

根据《中华人民共和国增值税暂行条例》第二十二条和第二十三条的规定制定本表，纳税人不论有无销售额，均应按主管税务机关核定的纳税期限按期填报本表，并于次月 1 日起 15 日内，向当地税务机关申报。

税款所属时间：　自　　年　月　日至　　年　月　日

填表日期：　　年　月　日　　　　　　　　　　　　　　　金额单位：元至角分

纳税人识别号				所属行业		
纳税人名称	（公章）	法定代表人姓名		注册地址		营业地址
开户银行及账号		企业登记注册类型		电话号码		

项目		栏次	一般货物、劳务和应税服务		即征即退货物、劳务和应税服务	
			本月数	本年累计	本月数	本年累计
销售额	(一) 按适用税率征税货物及劳务销售额	1	1 120 00			
	其中：应税货物销售额	2	900 000			
	应税劳务销售额	3	200 000			
	纳税检查调整的销售额	4	20 000			
	(二) 按简易征收办法征税货物销售额	5				
	其中：纳税检查调整的销售额	6				
	(三) 免、抵、退办法出口货物销售额	7	300 000		—	—
	(四) 免税货物及劳务销售额	8			—	—
	其中：免税货物销售额	9			—	—
	免税劳务销售额	10			—	—
税款计算	销项税额	11	19 040			
	进项税额	12	107 300			
	上期留抵税额	13		—		—
	进项税额转出	14	9 000			
	免抵退货物应退税额	15			—	—
	按适用税率计算的纳税检查应补缴税额	16	3 400		—	—
	应抵扣税额合计	17=12+13−14−15+16	101 700	—		—
税款计算	实际抵扣税额	18(如 17<11，则为 17，否则为 11)	19 040			
	应纳税额	19=11−18				
	期末留抵税额	20=17−18	82 660	—		—
	按简易征收办法计算的应纳税额	21				

续表

项目		栏次	一般货物、劳务和应税服务		即征即退货物、劳务和应税服务	
			本月数	本年累计	本月数	本年累计
税款计算	按简易征收办法计算的纳税检查应补缴税额	22			—	—
	应纳税额减征额	23				
	应纳税额合计	24＝19＋21－23				
税款缴纳	期初未缴税额(多缴为负数)	25	40 000			
	实收出口开具专用缴款书退税额	26			—	—
	本期已缴税额	27＝28＋29＋30＋31	26 000			
	(1) 分次预缴税额	28		—		—
	(2) 出口开具专用缴款书预缴税额	29		—	—	—
	(3) 本期缴纳上期应纳税额	30	20 000			
	(4) 本期缴纳欠缴税额	31	6 000			
	期末未缴税额(多缴为负数)	32＝24＋25＋26－27	14 000			
税款缴纳	其中：欠缴税额(≥0)	33＝25＋26－27	14 000	—		—
	本期应补(退)税额	34＝24－28－29	0	—		—
	即征即退实际退税额	35	—	—		
	期初未缴查补税额	36	0		—	—
	本期入库查补税额	37	3 400		—	—
	期末未缴查补税额	38＝16＋22＋36－37	0		—	—

授权声明	如果你已委托代理人申报，请填写以下资料： 为代理一切税务事宜，现授权(地址)为本纳税人的代理申报人，任何与本申报表有关的往来文件，都可寄予此人。 授权人签字：	申报人声明	此纳税申报表是根据《中华人民共和国增值税暂行条例》的规定填报的，我相信它是真实的、可靠的、完整的。 声明人签字：

以下由税务机关填写：
收到日期：　　　接收人：　　　主管税务机关盖章：

实战训练

一、单项选择题

1. 按照《电力产品增值税征收管理办法》的规定，下列各项中表述正确的有（　　）。

A. 独立核算的发电企业生产销售电力产品，向其销售地的主管税务机关申报纳税

B. 独立核算的区县级供电企业，向其所在地的税务机关申报纳税

C. 非独立核算的发电企业（具有一般纳税人资格）生产销售电力产品，向其销售地的税务机关申报纳税

D. 非独立核算的发电企业（不具有一般纳税人资格）生产销售电力产品，向其销售地的主管税务机关申报纳税

2. 按照增值税专用发票开具时限的规定，下列说法正确的是（　　）。

A. 将货物分配给股东，为货物移送的当天

B. 采用交款提货结算方式的，为货物发出的当天

C. 将货物交付给他人代销，为收到受托人送交货款的当天

D. 采用预收货款结算方式的，为收到货款的当天

3. 下列各项中，不符合有关增值税纳税地点规定的是（　　）。

A. 进口货物，应当由进口人或其代理人向报关地海关申报纳税

B. 非固定业户销售货物或者提供应税劳务，应向销售地主管税务机关申报纳税

C. 固定业户必须向其机构所在地主管税务机关申报纳税

D. 非固定业户到外县（市）销售货物或者提供应税劳务，且未向销售地主管税务机关申报纳税的，由其机构所在地或居住地主管税务机关补征税款

4. 一般纳税人申报表中按4%征收的税额填写在第21栏（　　）。

A. “特殊征收办法计算的应纳税额”

B. “按简易征收办法计算的应纳税额”

C. “按简易征收办法征税货物销售额”

D. “应纳税额减征额”

二、多项选择题

1. 下列关于销售电力产品，正确的纳税义务发生时间为（　　）。

A. 发电企业和其他企事业单位销售电力产品的纳税义务发生时间为电力上网并开具确认单据的当天

B. 供电企业采取直接收取电费的方式结算，销售对象属于企事业单位，为开具发票的当天；属于居民个人，为开具电费缴纳凭证的当天

C. 供电企业采取预收电费结算方式的，为发行电量的当天

D. 发、供电企业将电力产品用于非应税项目、集体福利、个人消费，为发出电量的当天

2. 按照增值税专用发票管理制度规定，增值税一般纳税人出现下列（　　）情况不得开具增值税专用发票。

A. 建材厂销售建材时，提供安装劳务取得的安装收入

B. 药厂销售免税药品

C. 商业企业销售烟、酒给消费者

D. 国有粮食购销企业销售给其他单位粮食

3. 下列关于增值税纳税义务发生时间的认定(　　)是正确的。

A. 采取直接收款方式销售货物的，为货物发出的当天

B. 进口货物为报关进口的当天

C. 将委托加工货物无偿赠与他人的，为货物移送的当天

D. 委托商场销售的货物，为商场售出货物的当天

4. 下列说法正确的是(　　)。

A. 申报方式认定是指传统的上门申报开单之外特定申报方式的认定，一般都涉及税务机关与纳税人之间的某种协议

B. 纳税人丢失专用发票，应按规定向当地公安机关报案

C. 小规模纳税人增值税业务流程相对简单，可直接报税缴税

D. 申报方式包括上门申报、缴税一卡通(属于简易申报)、网上电子申报，还包括电话申报、邮寄申报、合并申报、微机申报、非正常申报等其他申报方式

三、判断题

1. 增值税的纳税期限分别为1日、3日、5日、10日、15日、1个月或者1个季度。(　　)

2. 生产型出口企业出口销售收入填写在主表的第9栏“免、抵、退办法出口货物销售额”中。(　　)

3. 申报方式认定是指传统的上门申报开单之外的特定申报方式的认定，一般都涉及税务机关与纳税人之间的某种协议。(　　)

4. 纳税人以1个月或者1个季度为1个纳税期的，应在期满之日起30日内申报纳税。(　　)

5. 纳税人进行纳税申报必须实行电子信息采集。使用防伪税控系统开具增值税专用发票的纳税人必须在抄报税成功后，方可进行纳税申报。(　　)

四、问答题

1. 生产型出口企业如何进行纳税申报?

2. 固定业户增值税的纳税地点有哪些?

3. 增值税的纳税期限的一般规定包括哪些?

第7章　增值税的会计处理

在会计上，增值税的核算主要是通过“应交税费”科目下的“应交增值税”和“未交增值税”两个明细科目进行的。增值税实行价外税，使得税负转嫁的特点更加突出，通过一道道环节的征税、退税，使得增值税最终由消费者来承担，而生产企业、商业企业在这一过程中只是起到了税负传递作用，并不负担增值税税款。企业发生的有关增值税业务实际上属于一种特殊的资金往来业务，购进货物所支付的增值税属于代垫款项，销售货物收取的增值税属于代收款项，都需要在财务上进行单独核算，而两者之差体现了企业与国家的债权与债务关系。由于增值税一般纳税人与小规模纳税人在增值税计算方法上有差异，因此两者的账务处理也就有所不同。

7.1　增值税一般纳税人的会计处理

要　点

增值税一般纳税人在账务处理上具有以下两个主要特点：① 在购进阶段，会计处理时实行价与税的分离，价与税分离的依据是增值税专用发票上注明的价款和增值税，属于价款部分，计入购入货物的成本；属于增值税额部分，计入进项税额；② 在销售阶段，销售价格中不再含税，如果定价是含税，应还原为不含税价格作为销售收入，向购买方收取的增值税作为销项税额。

解　释

◆ **一般纳税人会计科目设置**

增值税一般纳税人根据增值税专用发票上注明的税额，按税款抵扣制度计算应纳税额，其中货物和应税劳务的价款、税款应分别核算。为准确反映和核算增值税的应交、抵扣、已交、退税及转出等情况，增值税一般纳税人需在“应交税费”账户下设置“应交税费—应交增值税”和“应交税费—未交增值税”两个明细账户。

(1)“应交税费—应交增值税”科目

该科目借方发生额反映企业购进货物或接受应税劳务所支付的进项税额、实际已缴纳的增值税以及月末转入“未交增值税”明细科目的当月发生应缴未缴增值税额；贷方发生额反映销售货物、提供应税劳务应缴纳的增值税额、出口货物退税、转出已支付或应分摊的增值税以及月末转入“未交增值税”明细科目中当月多交的增值税额；期末借方余额反映尚未抵扣的增值税额。

在“应交税费—应交增值税”二级科目下，可设置“进项税额”“已交税金”“减免税款”“出口抵减内销产品应纳税额”“转出未交增值税”“销项税额”“出口退税”“进项税额转出”“转出多交增值税”等明细科目。在“应交税费—应交增值税”二级账目下，按明细科目设置专栏，具体如下。

①“进项税额”专栏，记录企业购入货物或接受应税劳务而支付的，准予从销项税额中抵扣的增值额。以蓝字登记企业购入货物或接受应税劳务支付的进项税额；用红字登记退回所购货物应冲销的进项税额。

②“已交税金”专栏，记录企业已缴纳的增值税。用蓝字登记企业已缴纳的增值税；用红字登记退回多交的增值税。

③“减免税款”专栏，记录企业按规定直接减免的，用于指定用途的(新建项目、改扩建和技术改造项目、归还长期借款，冲减进口货物成本等)或未规定专门用途的、准予从销项税额中抵扣的增值税额。用蓝字登记直接减免的增值税；用红字登记应冲销直接减免的增值税。

④“出口抵减内销产品应纳税额”专栏，记录内资企业以及1993年12月31日以后批准设立的外商投资企业直接出口或委托外资企业代理出口的货物，按国务院的规定退税率计算的出口货物进项税额抵减内销产品应纳税额。

⑤“转出未交增值税”专栏，记录企业月终时，当月发生的应交未交增值税转账额。在会计上，进行转账核算后，“应交税费—应交增值税”的期末余额不再包括当期应交未交增值税额。

⑥“销项税额”专栏，记录企业销售货物或提供应税劳务应收取的增值税额。用蓝字登记企业销售货物或提供应税劳务应收取的销项税额；用红字登记退回销售货物应冲销的销项税额。

⑦“出口退税”专栏，记录适用零税率的企业出口货物，向海关办理报关出口手续后，凭出口报关单等有关凭证，向税务机关申报办理出口退税而收到退回的税款。用蓝字登记出口货物退回的增值税额；用红字登记出口货物办理退税后发生退货或者退关而补交已退的税款。

⑧“进项税额转出”专栏，记录企业购进货物、在产品、产成品等发生非正常损失以及其他原因而不应从销项税额中抵扣。按规定转出的进项税额。

⑨“转出多交增值税”专栏，记录企业月末将当月多交增值税的转出额。此项转账后，“应交税费—应交增值税”期末余额不会包含多交增值税因素。

(2)“应交税费—未交增值税”科目

为了分别反映增值税一般纳税人欠缴增值税税款和待抵扣增值税的情况，确保企业及时足额上缴增值税，避免出现企业用以前月份欠缴增值税抵扣以后月份未抵扣增值税的情况，企业应在“应交税费”科目下设置“未交增值税”明细科目，核算企业月份终了从“应交税费—应交增值税”科目转入的当月未交或多交的增值税额；同时，在“应交税费—应交增值税”科目下，设置“转出未交增值税”和“转出多交增值税”专栏。月份终了时，计算当期应交未交的增值税。

借：应交税费—应交增值税（转出未交增值税）

贷：应交税费—未交增值税

月份终了，计算出当月多交的增值税。

借：应交税费—未交增值税

贷：应交税费—应交增值税（转出多交增值税）

结转后，“应交税费—应交增值税”科目的余额，反映企业尚未抵扣的增值税。

缴纳当月的增值税：

借：应交税费—应交增值税（已交税金）

贷：银行存款

当月缴纳以前各期的增值税：

借：应交税费—未交增值税

贷：银行存款

（3）“应交税金—待抵扣进项税额”科目

处于纳税辅导期管理的增值税一般纳税人和2013年7月1日后取得海关进口增值税专用缴款书均实行“先比对后抵扣”的办法。因此，纳税人应在“应交税金”科目下设“待抵扣进项税额”明细科目，用于核算已申请稽核但尚未取得稽核相符结果的进项税额。纳税人取得增值税专用发票或海关缴款书后，应借记“应交税金—待抵扣进项税额”明细科目，贷记相关科目；稽核比对相符以及核查后允许抵扣的，应借记“应交税金—应交增值税（进项税额）”专栏，贷记“应交税金—待抵扣进项税额”。

◆ **一般纳税人进项税额的核算**

增值税实行税款抵扣原则，进项税额记入“应交税费—应交增值税”科目借方，在账户中实现这种抵扣。如已支付的进项税额不符合税法规定，就不能记入“应交税费—应交增值税”科目的借方，而应计入相应采购物资的入账价值。因此，进项税额的核算应区分是否能抵扣而进行不同的账务处理。

1. 进项税额允许抵扣时的账务处理

（1）国内购进货物

企业在国内采购的货物，按照增值税发票上注明的增值税额，借记“应交税费—应交增值税（进项税额）”科目；按照专用发票上记载的采购成本的金额，借记“原材料”“材料采购”“商品采购”“制造费用”“经营费用”“管理费用”“其他业务支出”等科目，按照应付或实际支付的金额，贷记“银行存款”“应付账款”“应付票据”。

若购进货物未能取得增值税发票，则不能计算扣除进项税额；如果购入货物取得的增值税发票有误，也不得作为扣税凭证，购货方有权拒收不符合规定的增值税发票，否则，其进项税额就必须计入货物的购进成本。

实例详解

【例7-1】 某公司作为增值税一般纳税人，适用增值税税率17%（下同）。2012年9月购入一批原材料用于生产产品，增值税专用发票上注明原材料价款为1 000 000元，增值税为 170 000 元，以银行存款支付，原材料已验收入库。另付运费 20 000 元，取得运输发票。该公司对存货采用实际成本法核算。试做其账务处理。

【分析】 该批原材料的入账价值＝1 000 000＋20 000×(1－7%)＝1 018 600(元)

可抵扣的进项税额＝170 000＋20 000×7%＝171 400(元)

甲公司账务处理为：

借：原材料　　1 018 600

　应交税费—应交增值税(进项税额)　　171 400

　贷：银行存款　　1 190 000

(2) 接受投资转入货物

企业接受投资转入货物，应按照专用发票上所注明的增值税额，借记“应交税费—应交增值税(进项税额)”科目；按照确认的投资货物价值(已扣增值税)，借记“原材料”等科目，按照增值税与货物价值的合计数，贷记“实收资本”等科目。

实例详解

【例 7-2】 某企业 2013 年 7 月接受甲工厂自产 1000 000 元的 A 产品实物投资，同时甲工厂开具专用发票给此企业入账。试做其会计处理。

【分析】 其会计处理如下：

借：库存商品—A 商品　　1 000 000

　应交税费—应交增值税(进项税额)　　170 000

　贷：实收资本　　1 170 000

(3) 接受捐赠转入的货物

企业接受捐赠而转入的货物，应按增值税专用发票上注明的增值税额，借记“应交税费—应交增值税(进项税额)”科目；按照确认的捐赠货物价值(已扣增值税)，借记“原材料”等科目；按照增值税额与货物价值的合计数，贷记“营业外收入”等科目。

实例详解

【例 7-3】 某企业接受甲工厂捐赠的 15 辆电动车，价值 8 万元，取得专用发票，接受乙工厂 5 万元的 A 产品实物投资，用作有奖销售的奖品，仅取得赞助清单一份，无专用发票。试进行会计处理。

【分析】 接受捐赠，取得发票，其会计处理为：

借：库存商品—电动车　　80 000

　应交税费—应交增值税(进项税额)　　13 600

　贷：营业外收入　　93 600

接受赞助，但无专用发票，其会计处理为：

借：库存商品—A 产品　　50 000

　贷：营业外收入　　50 000

(4) 接受应税劳务

企业接受应税劳务，应按增值税专用发票上注明的增值税额，借记“应交税费—应交增值税(进项税额)”科目；按照专用发票上记载的应计入加工、修理修配等货物成本的金额，借记“制造费用”“其他业务支出”“加工商品”“委托加工材料”“经营费用”“管理费用”等科目；按应付或实际支付的金额，贷记“银行存款”“应付账款”等科目。

实例详解

【例 7-4】 甲公司2013年8月委托乙公司加工铝合金门一批，甲公司提供材料，价值15 000元，9月收回加工完的铝合金门，加工费8 000元，增值税额1 360元，有增值税专用发票，款项以银行存款支付。试做甲公司的账务处理。

【分析】 8月甲公司发出材料时：

借：委托加工材料	15 000	
贷：原材料		15 000

9月甲公司支付加工费，收回门时：

借：委托加工材料	8 000	
应交税费—应交增值税(进项税额)	1 360	
贷：银行存款		9 360
借：低值易耗品	15 000	
贷：委托加工材料		15 000

(5) 进口货物

应按照海关提供的完税凭证上所注明的增值税额，借记“应交税费—应交增值税(进项税额”)科目；按照进口货物应计入采购成本的金额，借记“商品采购”“材料采购”“原材料”等科目；按照应付或实际支付的金额，贷记“银行存款”“应付账款”等科目。

实例详解

【例 7-5】 某汽车销售公司2013年5月进口汽车50辆，折合人民币后买价为100万元，支付海关保管费2万元，海关代征的消费税10万元，增值税17万元，以上结算凭证全部取得。试做其会计处理。

【分析】 其会计处理如下：

借：库存商品	1 120 000	
应交税费—应交增值税(增值税额)	170 000	
贷：银行存款		1 290 000

(6) 购入免税农产品

应按照13%的扣除率计算购入免税农产品买价的进项税额，借记“应交税费—应交增值税(进项税额)”科目；按买价扣除进项税额后的余额，借记“材料采购”“商品采购”等科目；按实际支付的价款，贷记“应付账款”“银行存款”等科目。

若取得废旧物资销售发票，则按买价的10%计算进项税额；若取得运输发票，则按运输费用的7%，计算进项税额。

实例详解

【例 7-6】 某企业 2013 年 5 月份购入免税农业产品一批，该商品含税零售价为 100 000 元，取得的专用发票上注明的价款 75 000 元。商品已验收入库，款项以银行转账支票付讫。试做其会计分录。

【分析】 其会计分录如下：

借：原材料	65 250	
应交税费—应交增值税(进项税额)	9 750	
贷：银行存款		75 000

(7) 支付运输费用

对增值税一般纳税人外购货物所支付的运输费用，根据国有铁路、民用航空、公路和水上运输单位以及从事货物运输的非国有运输单位开具的套印全国统一发票监制单的发票上所列运费金额(包括货票上注明的运费、建设基金)依 7%计算进项税额准予扣除。

实例详解

【例 7-7】 某企业本月外购原材料一批，支付的运输费发票上注明的运费金额为 9 700 元，建设基金为 200 元，装卸费等杂费为 300 元，合计金额为 10 200 元。试做其会计分录。

【分析】 其会计分录如下：

借：材料采购	9 507	
应交税费—应交增值税(进项税额)	693	
贷：银行存款		10 200

(8) 外购货物发生非正常损失

企业购入货物验收入库时，可能会发现短缺或毁损，无论何种原因，其损失额包括货物的价款及其进项税额。由于原因不同，损失的承担者也不同，损失货物所含进项税额的处理不同。

若货物短缺属于运输途中的合理损耗，其进项税额可以予以抵扣；若货物短缺属于非合理损耗，其进项税额不得抵扣，该部分损耗在未查明原因之前，通过“待处理财产损益”处理，待查明原因后再转入相应账户。

实例详解

【例 7-8】 某企业外购原材料一批，数量为 40 吨，取得专用发票上注明价款为 100 000 元，税金 17 000 元，款项已付，因管理原因入库前造成非正常损失 4 吨。试做其会计分录。

【分析】 管理原因入库前造成非正常损失 4 吨转入“待处理财产损益” $=100\ 000\div 40\times 4\times 1.17=11\ 700$(元)

其会计分录如下：

借：原材料	90 000	
应交税费—应交增值税(进项税额)	15 300	
待处理财产损益—待处理流动资产损益	11 700	

贷：银行存款　117 000

(9) 购进货物发生退货，折让进项税额

企业购进货物发生退货时，购货方应区别下列两种不同情况进行具体处理。

① 购货方未付款且未做账务处理。这种情况下，购货方只需将“发票联”和“抵扣联”退还给销货方。

② 购货方已付货款，或者货款未付但已做账务处理。这种情况下，“发票联”及“抵扣联”无法退还，购货方必须取得当地主管税务机关开具的证明单送交销货方，作为销货方开具红字增值税专用发票的合法依据。购货方根据销货方转来的红字“发票联”“抵扣联”扣减当期的进项税额。

实例详解

【例 7-9】 某公司 4 月外购钢材一批，已收到增值税专用发票，发票上注明价款 20 万元，税金已付，钢材已验收入库。5 月因存在质量问题退回部分钢材，取得当地主管税务机关开具的“进货退出及索取折让证明单”送交销货方，退回价款 10 000 元，增值税款 1 700 元，试做其会计分录。

【分析】 其会计分录如下：

借：银行存款　11 700

　　应交税费—应交增值税(进项税额)　1 700(红字)

　　贷：原材料　10 000

2. 进项税额不允许抵扣时的账务处理

企业承担的进项税额，按规定如果不能抵扣，则无须通过“应交税费”科目核算，而是直接转入相关成本。涉及不能抵扣的业务主要有以下几点。

(1) 购置固定资产。企业无论是进口还是在国内购入固定资产，其完税凭证上注明的增值税额计入固定资产的价值，即按价税合计的实际支付款项，借记“在建工程”“固定资产”等科目，贷记“应付账款”“银行存款”等科目。

(2) 购入不属于固定资产的货物而不能抵扣的。企业购入货物及接受应税劳务直接用于非应税项目，或直接用于免税项目以及直接用于集体福利和个人消费的，其专用发票上注明的增值税额，计入购入货物及接受劳务的成本，即按价税合计的实际支付款项。借记“材料采购”“在建工程”“应付福利费”等科目，贷记“应付账款”“银行存款”等科目。

(3) 企业购入货物取得普通发票(不包括购进免税农业产品)，按实际支付价款，借记“材料采购”等科目，贷记“银行存款”等科目。

实例详解

【例 7-10】 某企业为增值税一般纳税人，本期购入一批材料，增值税专用发票上注明的增值税额为 170 000 元，材料价款为 1 000 000 元。材料已入库，货款已经支付。材料入库后，该企业将该批材料全部用于工程建设项目。根据该项业务，试做其会计分录。

【分析】 其会计分录如下：

(1) 材料入库时：

借：原材料　　1 000 000
　　应交税费——应交增值税(进项税额)　　170 000
　　贷：银行存款　　1 170 000

(2) 工程领用材料时：

借：在建工程　　1 170 000
　　贷：应交税费——应交增值税(进项税额转出)　　170 000
　　　　原材料　　1 000 000

◆ **进项税额转出的核算**

企业在购进时尚分不清楚用途，因此，会计先把进项税发票进行认证，会计账上作为进项税抵扣。后发现情况有变，原购进的用于不得抵扣项目或非正常损失，则需要把不得抵扣部分进项税予以转出。

在“应交税费—应交增值税”明细账下设三级科目“进项税额转出”。“进项税额转出”三级账主要适用于以下两种情况。

(1) 非正常损失的在产品、产成品所耗用的购进货物或应税劳务

当发生非正常损失时，首先计算出在产品、产成品中耗用货物或应税劳务的购进额和进项税额，然后按非正常损失的在产品、产成品实际成本与负担的进项税额的合计数，借记“待处理财产损溢”账户；按实际损失的在产品、产成品成本，贷记“生产成本”“库存商品”等账户；按计算的应转出的进项税额，贷记“应交税费—应交增值税(进项税额转出)”账户。

实例详解

【例 7-11】 某公司 6 月由于仓库保管不善导致免税农产品受潮发霉，经清查发现受损的免税农产品价值 17 400 元，产成品价值 160 000 元，已知公司当期总生产成本为 800 000 元，其中耗用外购材料、低值易耗品等总计为 600 000 元。试做其会计分录。

【分析】

损失免税农产品应转出的进项税额＝17 400÷(1－13%)×13%＝2 600(元)

损失产成品所耗用外购货物的进项税额＝160 000×(600 000÷800 000)×17%＝20 400(元)

其会计处理为

借：待处理财产损溢　　200 400
　　贷：库存商品　　160 000
　　　　原材料　　17 400
　　　　应交税费——应交增值税(进项税额转出)　　23 000

(2) 用于非应税项目、免税项目、集体福利或个人消费的购进货物或应税劳务

企业将外购货物改变用途用于其他方面，其进项税额不能从销项税额中抵扣。由于这货物的进项税额在其购进时已从当期销项税额中抵扣，因此应将其从进项税额中转出，在转

成本的同时将相应的增值税额从“进项税额”专栏中转出，借记“在建工程”“应付职工薪酬”“主营业务成本”等账户，贷记“应交税费—应交增值税（进项税额转出）”账户。

实例详解

【例 7-12】 某制药厂10月药品销售收入700 000元（不含税），其中免税药品销售额为50 000元，当月购入原料（为应税药品与免税药品共用原料且无法准确划分）取得专用发票注明的税额为68 000元，支付包装物加工费30 000元（为应税药品的包装物加工费），增值税专用发票上注明税金5 100元。

【分析】 不予抵扣进项税额＝68 000×（50 000÷700 000）＝4 857.14（元）

用于免税药品进项税额转出的会计处理为：

借：主营业务成本	4 857.14	
贷：应交税费—应交增值税（进项税额转出）		4 857.14

◆ **一般纳税人销项税额的核算**

在销售阶段，销售价格中不再含税，如果定价时含税，应还原为不含税价格作为销售收入，贷记“主营业务收入”等账户；向购买方收取的增值税作为销项税额，贷记“应交税费—应交增值税（销项税额）”账户。

根据《增值税暂行条例》及有关规定，应区别不同情况对销项税额做相应的会计处理。

1. 销售货物或提供应税劳务

企业销售货物或提供应税劳务（包括将自产、委托加工或购买的货物分配给股东或投资者），应按照实现的销售收入和按规定收取的增值税额，借记“应收票据”“应收账款”“应付股利”“银行存款”等科目；按照当期的销售额和规定税率计算的增值税，贷记“应交税费—应交增值税（销项税额）”科目；按实现的销售收入，贷记“主营业务收入”“其他业务收入”科目。若发生的销售退回，应做相反的会计分录。

实例详解

【例 7-13】 某公司2013年2月对外销售一批产品，应收取款项为1 250 000元，其中价款750 000元，代垫运输费372 500元，税金127 500元，试做其会计分录。

【分析】 相应的会计分录如下：

借：应收账款	1 250 000	
贷：主营业务收入		750 000
应交税费—应交增值税（销项税额）		127 500
银行存款		372 500

2. 将自产、委托加工货物用于非应税项目

自产、委托加工货物用于非应税项目应视同销售货物计算应交增值税，借记“在建工程”科目，贷记“应交税费—应交增值税（销项税额）”科目。

实例详解

【例 7-14】 某公司将自产的 2 000 箱瓷砖用于本企业办公楼装修，每箱成本为 120 元，对外售价 150 元(不含税价)，其会计分录。

【分析】 相应的会计分录如下：

借：在建工程　　291 000

　贷：库存商品　　240 000

　　应交税费——应交增值税(销项税额)　　51 000

3. 利用自产、委托加工或购买的货物进行投资

企业将自产、委托加工货物作为投资提供给其他单位和个体经营者，应视同销售货物计算应交增值税，借记“长期投资”科目，贷记“应交税费—增值税(销项税额)”科目。

实例详解

【例 7-15】 甲公司是增值税一般纳税人，以库存商品对乙公司进行投资。取得为 150 万元，计税价格为 180 万元。假设该批产品的增值税税率为 17%。试做甲公司的账务处理。

【分析】 对外投资转出库存商品计算的销项税额＝180×17%＝31.6(万元)

借：长期股权投资　　1 816 000

　贷：库存商品　　1 500 000

　　应交税费——应交增值税(销项税额)　　316 000

4. 将自产、委托加工货物用于集体福利

企业将自产、委托加工货物用于集体福利等，应视同销售货物计算应交增值税，借记“应付职工薪酬”科目，贷记“应交税费—增值税(销项税额)”科目。

实例详解

【例 7-16】 某公司为一家家电生产企业，共有职工 300 名，其中生产工人 240 人，生产车间技术人员、管理人员 40 人，企业管理人员 20 人。2 月份公司以其生产成本为 500 元的微波炉作为春节福利发放给公司每名职工。该型号微波炉的售价为每台 700 元。试做该公司的账务处理。

【分析】 按微波炉的市场售价计提应付职工薪酬，计入成本费用，会计处理为：

借：生产成本　　168 000

　制造费用　　28 000

　管理费用　　14 000

　贷：应付职工薪酬—非货币性福利　　210 000

发放微波炉，确认收入的会计处理为：

借：应付职工薪酬—非货币性福利　　210 000

　贷：主营业务收入、　　174 300

　　应交税费—应交增值税(销项税额)　　35 700

借：主营业务成本　　150 000
　　贷：库存商品　　150 000

5. 无偿赠送自产、委托加工或购买货物

企业将自产、委托加工或购买货物无偿赠送他人，应视同销售货物计算应交增值税，借记“营业外支出”等科目，贷记“应交税费—增值税（销项税额）”科目。

实例详解

【例 7-17】 某食品加工企业 8 月将自产的方便面 300 箱赠送给灾区，方便面每箱成本 45 元，每箱不含税售价 60 元。请做会计分录。

【分析】 相应的会计分录如下：

借：营业外支出　　16 560
　　贷：库存商品　　13 500
　　　　应交税费—应交增值税（销项税额）　　3 060

6. 随同产品出售的包装物

随同产品出售且不单独计价的包装物，其收入随同所销售的产品一起记入“主营业务收入”账户；随同产品销售但单独计价的包装物，其收入记入“其他业务收入”账户，同时应按规定计算缴纳增值税。

实例详解

【例 7-18】 某白酒厂 10 月销售散装白酒 20 吨，收取价款 300 000 元，收取随同产品出售但单独计价包装物价款 40 000 元，收取增值税额 57 800 元。请做会计分录。

【分析】 该酒厂增值税的会计处理为：

借：银行存款　　397 800
　　贷：主营业务收入　　300 000
　　　　其他业务收入　　40 000
　　　　应交税费—应交增值税（销项税额）　　57 800

7. 销售货物发生折扣或折让

(1) 商业销售。如在同一发票上分别注明折扣额、原价，则实现销售中发生的买卖双方都按折扣后的价格成交，会计上按照一般的购销行为进行会计处理。

实例详解

【例 7-19】 A 公司 10 月销售电脑桌 600 台，不含税售价为 600 元/台，因购买数量较大，给予 10%的商业折扣，折扣额与销售额在同一张发票上注明，货款尚未收到。请做该公司的会计处理。

【分析】 该公司的会计处理为：

借：应收账款　　379 080
　　贷：主营业务收入　　324 000

应交税费—应交增值税(销项税额) 55 080

(2) 现金折扣,在销售实现时,按应收的价款和增值税税额,借记“应收账款”科目,贷记“主营业务收入”科目和“应交税费—应交增值税(销项税额)”科目;当收到货款时,按扣除折扣额后的余额及折扣额,借记“银行存款”科目和“财务费用”科目,贷记“应收账款”科目。

实例详解

【例 7-20】 条件同【例 7-19】,如果 A 公司为对方规定的现金折扣条件为 2/10、*n*/30;该公司在 10 日内收到货款。请做该公司的会计处理。

【分析】 该公司的会计处理为:

借:银行存款 371 498.4

财务费用 7 581.6

贷:应收账款 379 080

(3) 销售折让,收入确认后发生的销售折让,应按不含增值税的折让金额,借记“主营业务收入”等科目,相应的增值税税额,借记“应交税费—应交增值税”科目;不含增值税的折让金额与对应的增值税税额之和,贷记“应收账款”“银行存款”等科目。

实例详解

【例 7-21】 条件同【例 7-19】,如果 A 公司 10 月销售的电脑桌因质量问题经双方协商同意由 A 公司给予购货方 10%的折让,A 公司 11 月收到购货方转来的开具红字专用发票通知单,所列折让价款 32 400 元,税金 5 508 元,A 公司根据通知单开出红字增值税专用发票,货款当即汇出。请做该公司的会计处理。

【分析】 A 公司的会计处理如下:

借:主营业务收入 32 400

贷:银行存款 36 892

应交税费—应交增值税(销项税额) 5 508(红字)

相关知识

◆ **辅导期一般纳税人预缴增值税**

辅导期进项抵扣是先认证待比对通过后才能抵扣,比对结果一般要隔月才能收到,所以认证的票要隔一个月才能抵扣。

辅导期每月一次,最多只能买 25 份票且最大开票限额是 1 万元,如要申请增购票的话,要按上次所购发票所开具的金额的 3%预交税款,所交税可在下期应纳税中抵减。

实例详解

【例 7-22】 某小型商贸批发企业,2013 年 5 月进入一般纳税人辅导期,当月购买 25 份专用发票已全部开完,不含税销售价合计 120 000 元,如要申请增购票,则要按上次所购发票所开具的金额的 3%预交税款。

【分析】 该企业会计分录如下：

借：应交税费—应交增值税—已交税金　　3 600

　　贷：银行存款　　3 600

再假如2013年5月有专用发票，认证后进项税11 000元，因为需先认证待比对通过后才能抵扣。因此，在应交税费——增设“待抵扣进项税额”二级科目。

5月份，企业认证后：

借：库存商品（或其他相关科目）　　120 000

　　应交税费—待抵扣进项税额　　11 000

　　贷：银行存款（或其他相关科目）　　131 000

6月份，收到比对结果后：

借：应交税费—应交增值税—进项税额　　11 000

　　贷：应交税费—待抵扣进项税额　　11 000

7.2 增值税小规模纳税人的会计处理

要 点

小规模纳税人在购进货物时，无论其是否取得增值税专用发票，其支付的增值税额均不计入进项数额，这不同于一般纳税企业的会计处理。销售货物或者提供应税劳务时，一般情况下，只能开具普通发票，不能开具增值税专用发票。实际工作中，一般日常经营业务从会计的角度可以分为两部分：开票销售和未开票销售。

解 释

◆ 小规模纳税人会计科目的设置

小规模纳税人应在“应交税费”科目下设置“应交增值税”二级科目，无须再设明细科目。该科目借方登记已缴纳的增值税额，如有多缴退回的增值税额，以红字登记；贷方反映应交的增值税，如有因销货退回冲减的应交税额，以红字登记。期末借方余额反映多缴的增值税，贷方余额反映尚未上缴或欠缴的增值税。

◆ 开票销售

会计凭开票收款人员移送的发票记账联核算销售和增值税。会计记账时间根据企业规模和核算要求而定，大的、多的可以一天一记账，小的、少的可以月底一次记账。

◆ 未开票销售

比如一些直接销往市场的，对方不需要发票（说明：不开发票这种情况实际工作中经常发生，但违反《中华人民共和国发票管理办法》的规定，属未按规定开具发票）。一般在月末根据收款人员提供的未开票销售收入结报单进行核算（原始凭证自制）。

◆ **会计核算**

会计核算具有及时性原则，因为会计分期是分月按年，只要在一个月中反映就是及时的。

1. 小规模纳税人购进货物和接受应税劳务的核算

由于小规模纳税企业实行简易办法计算缴纳增值税，其购入货物或接受应税劳务时，不论是否取得增值税专用发票，所支付的增值税额都不得抵扣，而应计入有关货物及劳务的成本。在编制会计分录时应按支付的全部价款和增值税，借记“材料采购”“原材料”“委托加工物资”“管理费用”等账户，贷记“银行存款”“应付账款”等账户。

2. 小规模纳税人销售货物或提供应税劳务的核算

与一般纳税人相同的是，小规模纳税企业销售货物或提供应税劳务时，按实际收取或应收的款项，借记“银行存款”“应收账款”等账户；按实现的不含税销售额，贷记“主营业务收入”或“其他业务收入”等账户；按不含税销售额和规定的征收率计算的增值税额，贷记“应交税费—应交增值税”账户。

需要注意的是，对于视同销售行为的征税规定同样适用小规模纳税人。

3. 小规模纳税人缴纳增值税的核算

小规模纳税人按规定的纳税期限上缴税款时，借记“应交税费—应交增值税”账户，贷记“银行存款”账户。收到退回多缴的增值税时，做相反的会计分录。

实例详解

【例 7-23】 某电脑公司为增值税小规模纳税人，2013 年 5 月购进计算机，取得普通发票，注明价款 800 000 元；销售计算机开具的普通发票注明价款 950 000 元。购进货物已验收入库，以银行存款收付。该企业采用进价核算制。试进行会计处理。

【分析】 本期应纳增值税＝950 000÷(1＋3%)×3%＝27 669.90(元)

(1) 借：库存商品　800 000
　　贷：银行存款　800 000
(2) 借：银行存款　950 000
　　贷：主营业务收入　922 330.10
　　　　应交税费—应交增值税　27 669.90
(3) 借：应交税费—应交增值税　27 669.90
　　贷：银行存款　27 669.90

7.3 增值税优惠的会计处理

要 点

企业收到即征即退、先征后退、先征税后返还的增值税，除国家规定有指定用途的项目外，都应并入企业应纳税所得额，借记“银行存款”科目，贷记“营业外收入”科目。企业应在“应交增值税明细表”的“已交税金”项下设“减免税款”项目，反映企业按规定减免的增值税税款。

解　释

◆ 先征后返、先征后退增值税的会计处理

(1) 按指定用途返回的会计处理

① 用于新建项目：实际收到返回的增值税税款时，应直接转作国家资本金处理。财务处理如下：

借：银行存款

　　贷：实收资本—国家投入资本

② 用于改建扩建、技术改造：实际收到返还的增值税税款时，应视同国家专项拨款。账务处理如下：

借：银行存款

　　贷：专项应付款—××专项拨款

实际用于工程支出时：

借：在建工程—××工程

　　贷：银行存款

工程完工时，报经主管财政机关批准，对按规定予以核销的部分(不构成固定资产价值)：

借：专项应付款—××专项拨款

　　贷：在建工程

构成固定资产价值的部分：

借：固定资产

　　贷：在建工程

借：专项应付款—××专项拨款

　　贷：资本公积

③ 用于归还长期贷款：经批准归还长期借款，可转为国家资本金。账务处理如下：

借：银行存款

　　贷：实收资本—国家投入资本

借：长期借款

　　贷：银行存款

(2) 用于弥补企业亏损和未指定用途

借：银行存款

　　贷：营业外收入

也可以通过“其他应收款”反映应收和实收过程：

借：其他应收款—增值税

　　贷：营业外收入

借：银行存款

　　贷：其他应收款—增值税

◆ **即征即退增值税的会计处理**

对某些进口商品应计征的增值税采取即征即退办法，退税额冲减采购成本，退税的直接受益者必须是以购进商品从事再加工的生产企业。

◆ **直接减免增值税的会计处理**

(1) 企业部分产品(商品)免税

月份终了，企业应按免税主营业务收入和适用税率计算出销项税额，然后减去按税法规定计算的应分摊的进项税额，差额即为当月销售免税货物应免征的税额。

结转免税产品(商品)应分摊的进项税额时，会计处理如下：

借：主营业务成本

　　贷：应交税费—应交增值税(进项税额转出)

结转免税产品(商品)销项税额时：

借：主营业务收入

　　贷：应交税费—应交增值税(销项税额)

结转免缴增值税时：

借：应交税费—应交增值税(减免税款)

　　贷：营业外收入

(2) 企业全部产品(商品)免税

工业企业应在月终将免税主营业务收入参照上年度实现的增值率计算出增值额(产销较均衡的企业也可以按月用“购进扣税法”计算)，并将其折算为不含税增值额，依据适用税率得出应免缴的增值税税额；零售商业企业(批发企业比照工业企业)应在月终将销售直接免税商品实现的进销差价折算为不含税增值额，按照适用税率计算出应免缴增值税税额。

计算免缴税额时：

借：主营业务收入

　　贷：应交税费—应交增值税(销项税额)

结转免缴税额时：

借：应交税费—应交增值税(减免税款)

　　贷：营业外收入

会计上对于免税与非免税产品应当分别设账、分别核算。对生产经营粮油、氮肥、饮料等免税产品的企业，主要产品免税，但也可能发生增值税的应税行为。

实例详解

【例 7-24】 某进出口公司 2013 年 7 月购进棉布委托加工女装出口，取得购买棉布增值税票一张，计税金额为 900 000 元(退税率为 13%)；取得委托加工发票一张，计税金额为 7 000 元(退税率为 17%)，请做会计处理。

【分析】 该企业的应退税额的会计处理为：

企业的应退税额＝900 000×13%＋7 000×17%＝118 190(元)

(1) 购进货物时:

借:原材料 900 000

  应交税费—应交增值税(进项税额) 153 000

  贷:应付账款或银行存款等 1 053 000

(2) 提供委托加工物资、支付加工费时:

借:委托加工物资 905 810

  应交税费—应交增值税(进项税额) 1 190

  贷:原材料 900 000

    银行存款 7 000

(3) 收到出口商品退税款:

借:银行存款 118 190

  贷:应交税费—应交增值税(出口退税) 118 190

7.4 上缴增值税的会计处理

要 点

一般纳税人上缴增值税时,借记"应交税费—应交增值税(已交税金)"科目,贷记"银行存款"科目。收到退回多缴的增值税时,做相反的会计分录。对一般纳税人补缴入库的税款,借记"应交税费—应交增值税(查补税款)"科目,贷已"银行存款""现金"等科目。

解 释

◆ 按月缴纳增值税的会计处理

平时,企业在"应交税费—应交增值税"多栏式明细账中核算增值税业务;月末,结出借、贷方合计和差额,并自期满之日起15日内申报纳税。

当月应纳增值税税额=(当期销项税额+当期进项税额转出+出口退税)-(当期发生的允许抵扣的进项税额+减免税款+出口抵减内销产品应纳税额+期初留抵进项税额)

若"应交税费—应交增值税"为借方差额,表示本月尚未抵扣的进项税额,应继续留在该账户借方,不再转出。若为贷方差额,表示本月应交增值税税额。做会计处理:

借:应交税费—应交增值税(转出未交增值税)

  贷:应交税费—未交增值税

以一个月为纳税期限的企业不存在当月预缴当月税款的情况,月末也不会有多缴情况。若月末"应交税费—未交增值税"有借方余额,只能是当月尚未抵扣完的进项税额。

◆ 按日缴纳增值税的会计处理

主管税务机关核定纳税人按日(1日、3日、5日、10日、15日)缴纳增值税的,属预缴性质;月末在核实上月应交增值税后,应于下月10日前缴清。

平时,企业在"应交税费—应交增值税"明细账中核算增值税业务,当月上交当月增值税时:

借：应交税费—应交增值税(已交税金)

　　贷：银行存款

月末，结出该账户借、贷方合计和差额。若“应交税费—应交增值税”为贷方差额，表示本月应交未交的增值税税额，应转至“应交税费—未交增值税”的贷方。

借：应交税费—应交增值税(转出未交增值税)

　　贷：应交税费—未交增值税

若“应交税费—应交增值税”为借方差额，不仅可能是尚未抵扣的进项税额，还可能包含了多交的部分。

(1) 如果“应交税费—应交增值税”的借方差额大于“已交税金”合计数时，表明当月已交的税金全部为多交，两者差额为本月尚未抵扣完的进项税额。

(2) 如果“应交税费—应交增值税”账户的借方余额等于当月“已交税金”专栏合计数，表明本月销项税额等于准予抵扣的进项税额，本月无应交税费，也无留抵税额，“已交税金”专栏合计数即为本月多交税额。

(3) 如果“应交税费—应交增值税”账户的借方余额小于当月“已交税金”专栏合计数，表明本月已交税金中部分为应交税费，部分为多交税金。“应交增值税”账户的借方余额即为本月多交税金数额，应将其转入“应交税费—未交增值税”账户的借方。

◆ **实际缴纳增值税的会计处理**

(1) 当月预交、上交当月应交增值税时：

借：应交税费—应交增值税(已交税金)

　　贷：银行存款

(2) 月初结清上月应交增值税或上交以前月份(年度)欠缴增值税时：

借：应交税费—未交增值税

　　贷：银行存款

实例详解

【例 7-25】 某企业 4 月份“应交税费—应交增值税”账户资料，如下所示：

(元)

	借方	贷方	借或贷	余额
进项税额	2 850			
销项税额		2 550		
已交税金	1 200			
合计	4 050	2 550	借	1 500

试做其会计分录。

【分析】 借方差额 1 500 元中包括多交的 1 200 元税款和留待抵扣的 300 元进项税额(2 550－2 850＝－300)，多交税额应从“转出多交增值税”账户转至“应交税费—未交增值税”账户的借方，尚未抵扣税额留在“应交税费—应交增值税”账户的借方。做会计分录如下：

借：应交税费—未交增值税 1 200

　　贷：应交税费—应交增值税（转出多交增值税） 1 200

结转后的“应交税费—应交增值税”为借方余额300元。

(3) 当“应交税费—应交增值税”的借方差额等于“已交税金”合计数时，表明已交税金全部为多交，本月无待抵扣进项税额。

实例详解

【例7-26】 某企业4月份“应交税费—应交增值税”账户资料，如下所示：

（元）

	借方	贷方	借或贷	余额
进项税额	2 850			
销项税额		2 850		
已交税金	1 200			
合计	4 050	2 850	借	1 200

试做其会计分录。

【分析】 借方差额1 200元即为已交税金1 200元或多交税金1 200元。当期销项税额2 850元即为当期进项税额2 850元，无待抵扣进项税额。结转后的“应交税费—应交增值税”余额应为零。

借：应交税费—未交增值税 1 200

　　贷：应交税费—应交增值税（转出多交增值税） 1 200

结转后的“应交税费—应交增值税”为借方余额0元。

(4) 当“应交税费—应交增值税”的借方差额小于“已交税金”合计数时，表明当月已交税金中部分为应交税额，部分为多交税额，借方差额即多交税额。

实例详解

【例7-27】 某企业5月份“应交税费—应交增值税”账户资料，如下所示：

（元）

	借方	贷方	借或贷	余额
进项税额	2 850			
销项税额		3 000		
已交税金	1 200			
合计	4 050	3 000	借	1 050

试做其会计分录。

【分析】 本月该企业已交税金1 200元，其中应交150元（3 000－2 850＝150），故多交1 050元。做会计分录如下：

借：应交税费—未交增值税 1 050

　　贷：应交税费—应交增值税（转出多交增值税） 1 050

结转后的“应交税费—应交增值税”余额为零。

7.5 增值税检查后的会计处理

要 点

税务机关应对增值税一般纳税人的增值税纳税情况进行检查，凡涉及增值税涉税账务调整的，需设立“应交税费—增值税检查调整”专门账户。就增值税检查中涉及增值税补退税金，在“增值税检查调账通知书”中逐笔进行调整，作为企业调整账户的依据。

(1) 检查后应调减账面进项税额或调增销项税额和进项税额转出的数额，借记有关科目，贷记本科目；

(2) 检查后应调增账面进项税额或调减销项税额和进项税额转出的数额，借记本科目，贷记有关科目。

全部调账事项入账后，应结出本账户的余额，并对余额进行处理。处理后账户应无余额。一般需调整的常用分录如下所述。

解 释

◆ **少计销项**

(1) 应作销售而未作销售

对纳税人因发出货物、价外收费、残料收入、“三包”收入(应按修理修配申报)等应作销售而未作销售而少记销项税额的调整分录：

借：应收账款(现金等)

　　贷：主营业务收入(营业外收入、其他业务收入等)

　　　　应交税费—增值税检查调整

如果是以前年度则：

借：应收账款(现金等)

　　贷：以前年度损益调整

　　　　应交税费—增值税检查调整

(2) 应视销售而未视同销售。

对纳税人将自产或委托加工的货物用于集体福利、个人消费、非应税项目等而少计销项税额的调整分录：

借：应付福利费(在建工程、固定资产等)

　　贷：应交税费—增值税检查调整

对纳税人将自产或委托加工的货物用于投资、分配、展览、广告、无偿赠送他人等而少计销项税额的调整分录：

借：长期投资(应付利润、营业费用、营业外支出等)

　　贷：应交税费—增值税检查调整

（3）对纳税人将货物交付他人代销、销售代销货物或移送相关机构销售而少计销项税额的调整分录：

借：应收账款等

贷：应交税费—增值税检查调整

（4）对纳税人因混合销售行为或兼营销售而少计销项税额的调整分录：

借：主营业务收入

贷：应交税费—增值税检查调整

（5）对出售不符免税规定的固定资产应交未交增值税的调整分录：

借：营业外支出等

贷：应交税费—增值税检查调整

◆ **多计进项**

（1）对纳税人因结算上年税金需调整本年期初留抵税金而企业未作调整造成虚列进项税金的调整分录：

借：以前年度损益调整

贷：应交税费—增值税检查调整

（2）对纳税人将购买的货物用于不得抵扣的集体福利、个人消费、非应税项目而多抵进项税额的调整分录：

借：应付福利费（在建工程、固定资产等）

贷：应交税费—增值税检查调整

（3）对纳税人因发生非正常损失的购进货物和发生非正常损失的产成品、在产品所耗用的外购货物的进项税额未作进项转出的调整分录：

借：待处理财产损失

贷：应交税费—增值税检查调整

（4）对纳税人因取得假发票，虚开、代开发票以及其他不符规定发票须转出进项税额的调整分录：

借：原材料（库存商品等）

贷：应交税费—增值税检查调整

实例详解

【例 7-28】 2013 年 3 月，某市国税局对甲公司（一般纳税人）上年度增值税检查时发现：2012 年度 10 月发生存货非正常损失，企业将损失的存货账面成本计入“营业外支出”账户，未包括增值税进项税额 5 000 元；2012 年 11 月将自产产品作为福利发给职工，未按视同销售进行税务处理，少计算增值税销项税额 4 000 元。据此，税务部门做出企业补缴增值税 9 000 元、加收滞纳金和罚款 4 500 元的决定。公司当即缴纳上述税款、滞纳金和罚款。请做有关会计处理。

【分析】 有关会计处理如下：

（1）转出非正常损失存货的增值税进项税：

借：以前年度损益调整　　5 000

　　贷：应交税费—增值税检查调整　　5 000

(2) 补提视同销售的增值税销项税：

借：应付职工薪酬　　4 000

　　贷：应交税费—增值税检查调整　　4 000

借：应交税费—增值税检查调整　　9 000

　　贷：应交税费—未交增值税　　9 000

(3) 实际缴纳查补税款、收滞纳金和罚款：

借：应交税费—未交增值税　　9 000

　　营业外支出　　4 500

　　贷：银行存款　　13 500

7.6　营改增的会计处理

要　点

(1) 一般纳税人应在“应交税费”科目下设置“应交增值税”“未交增值税”两个明细科目；辅导期管理的一般纳税人应在“应交税费”科目下增设“待抵扣进项税额”明细科目；原增值税一般纳税人兼有应税服务改征期初有进项留抵税款，应在“应交税费”科目下增设“增值税留抵税额”明细科目。在“应交增值税”明细账中，借方应设置“进项税额”“已交税金”“出口抵减内销应纳税额”“减免税款”“转出未交增值税”等专栏，贷方应设置“销项税额”“出口退税”“进项税额转出”“转出多交增值税”等专栏。

“进项税额”专栏，记录企业购入货物或接受应税劳务和应税服务而支付的、准予从销项税额中抵扣的增值税额。企业购入货物或接受应税劳务和应税服务支付的进项税额，用蓝字登记。

“减免税款”专栏，用于记录该企业按规定抵减的增值税应纳税额，包括允许在增值税应纳税额中全额抵减的初次购买增值税税控系统专用设备支付的费用以及缴纳的技术维护费。

“已交税金”专栏，记录企业已缴纳的增值税额，企业已缴纳的增值税额用蓝字登记。

“出口抵减内销应纳税额”专栏，记录企业按免抵退税规定计算的向境外单位提供适用增值税零税率应税服务的当期应免抵税额。

“转出未交增值税”专栏，记录企业月末转出应交未交的增值税。企业转出当月发生的应交未交的增值税额用蓝字登记。

“销项税额”专栏，记录企业提供应税服务应收取的增值税额。企业提供应税服务应收取的销项税额，用蓝字登记；发生服务终止或按规定可以实行差额征税、按照税法规定允许扣减的增值税额应冲减销项税额，用红字或负数登记。

“出口退税”专栏，记录企业向境外提供适用增值税零税率的应税服务，按规定计算的当期免抵退税额或按规定直接计算的应收出口退税额；出口业务办理退税后发生服务终止而补交已退的税款，用红字或负数登记。

“进项税额转出”专栏，记录由于各类原因而不应从销项税额中抵扣，按规定转出的进项税额。

“转出多交增值税”专栏，记录企业月末转出多交的增值税。企业转出当月发生的多交的增值税额用蓝字登记。

“未交增值税”明细科目，核算一般纳税人月末转入的应交未交增值税额，转入多交的增值税也在本明细科目核算。

“待抵扣进项税额”明细科目，核算一般纳税人按税法规定不符合抵扣条件，暂不予在本期申报抵扣的进项税额。

“增值税留抵税额”明细科目，核算一般纳税人试点当月按照规定不得从应税服务的销项税额中抵扣的月初增值税留抵税额。

（2）小规模纳税人应在“应交税费”科目下设置“应交增值税”明细科目，不需要再设置上述专栏。

解 释

◆ 一般纳税人国内购进货物、接受应税劳务和应税服务

（1）取得专用发票、购进农产品

一般纳税人国内采购的货物或接受的应税劳务和应税服务，取得的增值税扣税凭证，按税法规定符合抵扣条件可在本期申报抵扣的进项税额，借记“应交税费——应交增值税（进项税额）”科目，按应计入相关项目成本的金额，借记“材料采购”“商品采购”“原材料”“制造费用”“管理费用”“营业费用”“固定资产”“主营业务成本”“其他业务成本”等科目，按照应付或实际支付的金额，贷记“应付账款”“应付票据”“银行存款”等科目。购入货物发生的退货或接受服务中止，作相反的会计分录。

（2）取得专用发票

一般纳税人国内采购的货物或接受的应税劳务和应税服务，取得增值税专用发票（不含小规模纳税人代开的货运增值税专用发票），按发票注明增值税税额进行核算。

实例详解

【例 7-29】 2013 年 8 月，A 物流企业，本月提供交通运输收入 100 万元，物流辅助收入 100 万元，按照适用税率，分别开具增值税专用发票，款项已收。当月委托 B 公司一项运输业务，取得 B 企业开具的货物运输业增值税专用发票，价款 20 万元，注明的增值税税额为 2.2 万元。请做出 A 企业取得 B 企业货物运输业增值税专用发票后的会计处理。

【分析】 会计处理如下：

借：主营业务成本	200 000	
应交税费—应交增值税（进项税额）		22 000
贷：应付账款—B 公司		222 000

实例详解

【例 7-30】 2013 年 9 月 2 日，A 物流企业（一般纳税人）与 H 公司（一般纳税人）签订合同，为其提供购进货物的运输服务，H 公司于签订协议时全额支付现金 60 000 元，且开具了专用发票。9 月 8 日，由于前往目的地的道路被冲毁，双方同意中止履行合同。H 公司将尚未认证专用发票退还给 A 企业，A 企业返还运费。请做出会计处理。

【分析】 会计处理如下：

(1) H 公司 7 月 2 日取得专用发票的会计处理：

借：在途物资	54 054.05	
应交税费—应交增值税(进项税额)	5 945.95	
贷：现金		60 000

(2) H 公司 7 月 8 日发生服务中止的会计处理：

借：银行存款		60 000
贷：在途物资	−54 054.05	
应交税费—应交增值税(进项税额)	−5 945.95	

◆ **进口货物或服务**

一般纳税人进口货物或接受境外单位或者个人提供的应税服务，按照海关提供的海关进口增值税专用缴款书上注明的增值税额或中华人民共和国税收通用缴款书上注明的增值税额进行会计核算。

实例详解

【例 7-31】 2013 年 8 月，G 港口公司，本月从澳大利亚 Re 公司进口散货装卸设备一台，价款 15 000 00 元已于上月支付，缴纳进口环节的增值税 2 550 000 元，取得海关进口增值税专用缴款书。

相关会计处理为：

借：工程物资	15 000 000	
贷：预付账款		15 000 000
借：应交税费—应交增值税(进项税额)	2 550 000	
贷：银行存款		2 550 000

实例详解

【例 7-32】 2013 年 9 月，G 港口公司，进行传输带系统技术改造过程中，接受澳大利亚 Re 公司技术指导，合同总价为 18 万元。当月改造完成，澳大利亚 Re 公司境内无代理机构，G 公司办理扣缴增值税手续，取得扣缴通用缴款书，并将扣税后的价款支付给 Re 公司。书面合同、付款证明和 Re 公司的对账单齐全。

(1) 扣缴增值税税款时的会计处理：

借：应交税费—应交增值税(进项税额)	10 188.68

贷：银行存款 10 188.68

(2)支付价款时的会计处理：

借：在建工程 169 811.32

贷：银行存款 169 811.32

◆ **一般纳税人（辅导期）**

一般纳税人(辅导期)国内采购的货物或接受的应税劳务和应税服务，已经取得的增值税扣税凭证，按税法规定不符合抵扣条件，暂不予在本期申报抵扣的进项税额，借记“应交税费—待抵扣进项税额”科目，应计入采购成本的金额，借记“材料采购”“商品采购”“原材料”“制造费用”“管理费用”“营业费用”“固定资产”“主营业务成本”“其他业务成本”等科目，按照应付或实际支付的金额，贷记“应付账款”“应付票据”“银行存款”等科目。

收到税务机关告知的稽核比对结果通知书及其明细清单后，按稽核比对结果通知书及其明细清单注明的稽核相符、允许抵扣的进项税额，借记“应交税费—应交增值税(进项税额)”科目，贷记“应交税费—待抵扣进项税额”科目。

混业经营原一般纳税人“挂账留抵”处理兼有增值税应税服务的原增值税一般纳税人，应在营业税改征增值税开始试点的当月月初将不得从应税服务的销项税额中抵扣的上期留抵税额，转入“增值税留抵税额”明细科目，借记“应交税费—增值税留抵税额”科目，贷记“应交税费—应交增值税(进项税额转出)”科目。

待以后期间允许抵扣时，按允许抵扣的金额，借记“应交税费—应交增值税(进项税额)”科目，贷记“应交税费—增值税留抵税额”科目。

◆ **一般纳税人提供应税服务**

一般纳税人提供应税服务，按照确认的收入和按规定收取的增值税额，借记“应收账款”“应收票据”“银行存款”等科目；按规定收取的增值税额，贷记“应交税费—应交增值税(销项税额)”科目；按确认的收入，贷记“主营业务收入”“其他业务收入”等科目。发生的服务中止或折让，做相反的会计分录。

实例详解

【例 7-33】 2013 年 10 月，A 物流企业，本月提供交通运输收入 100 万元，物流辅助收入 100 万元，按照适用税率，分别开具增值税专用发票，款项已收。当月委托 B 企业一项运输业务，取得 B 企业开具的货物运输业增值税专用发票，价款 20 万元，注明的增值税额为 2.2 万元。

(1) 取得运输收入的会计处理：

借：银行存款 1 110 000

贷：主营业务收入—运输 1 000 000

应交税费—应交增值税(销项税额) 110 000

(2)取得物流辅助收入的会计处理：

借：银行存款 1 060 000

贷：其他业务收入—物流　　1 000 000

　　应交税费—应交增值税(销项税额)　　60 000

实例详解

【例 7-34】 2013 年 9 月 2 日，A 物流企业与 H 公司签订合同，为其提供购进货物的运输服务，H 公司于签订协议时全额支付现金 6 万元，且 A 企业开具了增值税专用发票。9 月 8 日，由于前往目的地的道路被冲毁，双方同意中止履行合同。H 公司将尚未认证专用发票退还给 A 企业，A 企业返还运费。

(1) A 企业 9 月 2 日取得运输收入的会计处理：

借：库存现金　　60 000

　贷：主营业务收入—运输　　54 054.05

　　应交税费—应交增值税(销项税额)　　5 945.95

(2) A 企业 9 月 8 日发生服务中止的会计处理：

借：银行存款　　60 000

　贷：主营业务收入—运输　　—54 054.05

　　应交税费—应交增值税(销项税额)　　—5 945.95

实例详解

【例 7-35】 2013 年 9 月，X 设备租赁公司出租给 L 公司 2 台数控机床，收取租金半年租金 18 万元并开具发票，L 公司使用两个月后发现其中一台机床的齿轮存在故障无法运转，要求 X 公司派人进行维修并退还 L 公司维修期间租金 2 万元，L 公司至主管税务机关开具《开具红字增值税专用发票通知单》，X 公司开具红字专用发票，退还已收租金 2 万元。

(1) X 企业 9 月份取得租金收入的会计处理：

借：银行存款　　180 000

　贷：主营业务收入—设备出租　　153 846.15

　　应交税费—应交增值税(销项税额)　　26 153.85

(2) X 公司开具红字专用发票的会计处理：

借：银行存款　　20 000

　贷：主营业务收入—设备出租　　—17 094.02

　　应交税费—应交增值税(销项税额)　　—2 905.98

◆ 一般纳税人首次购入税控系统专用设备

一般纳税人首次购入增值税税控系统专用设备，按实际支付或应付的金额，借记“固定资产”科目，贷记“银行存款”“应付账款”等科目。按规定抵减的增值税应纳税额，借记“应交税费—应交增值税(减免税款)”科目，贷记“递延收益”科目。按期计提折旧，借记“管理费用”等科目，贷记“累计折旧”科目；同时，借记“递延收益”科目，贷记“管理费用”等科目。

一般纳税人发生技术维护费，按实际支付或应付的金额，借记“管理费用”等科目，贷记“银行存款”等科目。按规定抵减的增值税应纳税额，借记“应交税费—应交增值税

（减免税款）”科目，贷记“管理费用”等科目。

实例详解

【例 7-36】 2013 年 10 月，S 生物科技公司首次购入增值税税控系统设备，支付价款 1 416 元，同时支付当年增值税税控系统专用设备技术维护费 370 元。当月两项合计抵减当月增值税应纳税额 1 786 元。

（1）首次购入增值税税控系统专用设备

借：固定资产—税控设备	1 416	
贷：银行存款		1 416

（2）发生防伪税控系统专用设备技术维护费

借：管理费用	370	
贷：银行存款		370

（3）抵减当月增值税应纳税额

借：应交税费—应交增值税（减免税款）	1 786	
贷：管理费用		370
递延收益		1 416

（4）以后各月计提折旧时（按 3 年，残值 10%举例）

借：管理费用	35.40	
贷：累计折旧		35.40
借：递延收益	35.40	
贷：管理费用		35.40

◆ **简易计税方法**

一般纳税人提供适用简易计税方法应税服务的，借记“现金”“银行存款”“应收账款”等科目，贷记“主营业务收入”“其他业务收入”等科目，贷记“应交税费—未交增值税”科目。

实例详解

【例 7-37】 2013 年 10 月 25 日，Z 巴士公司当天取得公交乘坐费85 000元。

按简易计税办法计算增值税应纳税款为 85 000÷103%×3%＝2 475.73元，相应会计处理为：

借：现金	85 000	
贷：主营业务收入		82 524.27
应交税费—未交增值税		2 475.73

◆ **小规模纳税人初次购入税控设备**

小规模纳税人初次购入增值税税控系统专用设备，按实际支付或应付的金额，借记“固定资产”科目，贷记“银行存款”“应付账款”等科目。按规定抵减的增值税应纳税额，借记“应交税费—应交增值税”科目，贷记“递延收益”科目。按期计提折旧，借记“管理费用”等科目，贷记“累计折旧”科目；同时，借记“递延收益”科目，贷记“管理费用”等科目。

小规模纳税人发生技术维护费，按实际支付或应付的金额，借记“管理费用”等科目，贷记“银行存款”等科目。按规定抵减的增值税应纳税额，借记“应交税费—应交增值税”科目，贷记“管理费用”等科目。

实战训练

一、单项选择题

1. 企业在（　　）多栏式明细账中核算增值税业务；月末，结出借、贷方合计和差额。

A. “应收账款”

B. “预收账款”

C. “应交税费”

D. “应交税费—应交增值税”

2. 对商业企业向供货方收取的与商品销售量、销售额挂钩的各种返还收入，应该（　　）。

A. 作为价外费用计算增值税销项税额

B. 冲减当期增值税进项税金

C. 按营业税的适用税目税率征收营业税

D. 免于征收增值税或营业税

3. 小规模纳税人采用简易办法计算应纳增值税，购进货物或接受应税劳务时，不管是否取得增值税专用发票，（　　）。

A. 其支付给销售方的增值税可以抵扣，计入有关货物或劳务成本

B. 其支付给销售方的增值税都不得抵扣，而应计入有关货物或劳务成本

C. 其支付给销售方的增值税都可以抵扣，计入生产成本

D. 其支付给销售方的增值税都不得抵扣，而应计入运营成本

4. 增值税一般纳税人根据增值税专用发票上注明的税额实行税款抵扣制度计算应纳税额，（　　）的价款、税款应分别核算。

A. 货物

B. 劳务

C. 货物和应税劳务

D. 免税货物和应税劳务

5. 企业销售货物或提供应税劳务（包括将自产、委托加工或购买的货物分配给股东或投资者），按照实现的（　　）收取增值税额。

A. 全部收入　　B. 销售收入

C. 全部利润　　D. 销售利润

二、多项选择题

1. 企业购进的货物、在产品、产成品发生非正常损失，以及购进的货物改变用途等原因，其进项税额，应相应转入有关科目，借记（　　）。

A. “应付职工工资”

B. “处理财产损益”

C. “在建工程”

D. “应付福利费”

2. 企业收到（　　）的增值税，除国家规定有指定用途的项目外，都应并入企业应纳税所得额。

A. 即征即退

B. 先征后退

C. 免税

D. 先征税后返还

3. 企业在国内采购的货物，按照增值税发票上注明的增值税额，借记“应交税金—应交增值税（进项税额）”科目；按照专用发票上记载的应采购成本金额，借记（　　）等科目。

A. “制造费用”

B. “原材料”

C. “经营费用”

D. “材料采购”

4. 为准确反映和核算增值税的（　　）及转出等情况，增值税一般纳税人应在“应交税费”账户下设置“应交税费—应交增值税”和“应交税费—未交增值税”两个明细账户。

A. 应交

B. 抵扣

C. 已交

D. 退税

5. 在“应交增值税”二级账户下需设置明细项目（　　）。

A. “出口抵减内销产品应纳税额”

B. “进项税额转出”

C. “出口退税”

D. “转出多交增值税”

三、判断题

1. 税务机关对增值税一般纳税人的增值税纳税情况进行检查后，凡涉及增值税涉税账务调整的，需设立“应交税费——增值税检查调整”专门账户。（　　）

2. 企业将自产、委托加工或购买货物无偿赠送他人，应视同销售货物计算应交增值税，借记“营业外支出”等科目，贷记“应交税金—应交增值税（销项税额）”科目。（　　）

3. 企业收到即征即退、先征后退、先征税后返还的增值税，除国家规定有指定用途的项目外，都应并入企业应纳税所得额，借记“银行存款”科目，贷记“营业外收入”科目。（　　）

4. “进项税额转出”专栏，记录企业购进货物、产成品、在产品等发生预计损失以及其他原因从销项税额中抵扣。（　　）

5. 企业销售货物或提供的应税劳务包括将自产、委托加工或购买的货物分配给股东或投资者。（　　）

四、计算题

1. 某酒厂为增值税一般纳税人，主要生产销售粮食白酒和薯类白酒，2013 年 8 月有关经营业务情况如下。

(1) 从农业生产者手中收购薯类作物，收购凭证上注明金额 400 000 元，薯类作物已验收入库。

(2) 购入生产用煤，取得税控增值税专用发票注明的金额 400 000 元，税额 68 000 元，支付运输费用 20 000 元，取得货运发票，已验收入库。

(3) 销售散装粮食白酒 20 000 斤，开具普通发票取得收入 210 600 元。销售瓶装粮食白酒 50 000 斤，开具增值税专用发票取得价款780 000元，收取包装物押金，开具普通发票取得押金收入 58 500 元。

(4) 试制一批新型号的粮食白酒 10 000 斤发给职工作为福利，成本价 60 000 元，成本利润率 10%，该产品无同类产品市场价格。

(5) 月初库存外购已税酒精 4 吨，每吨 4 000 元，本月外购已税酒精 10 吨，取得税控增值税专用发票，支付价款 40 000 元，税额 6 800 元，已验收入库。月末库存酒精 3 吨，其他被本月生产粮食白酒所使用。

(6) 发出薯类作物 30 000 元委托某县城甲企业加工薯类白酒 2 000 斤，取得对方开具的专用发票，注明加工费 20 000 元，税额 3 400 元，薯类白酒已经验收入库，将其中 1 000 斤直接零售，取得零售收入 64 350 元。

(7) 因管理不善，损失库存的薯类作物成本 58 000 元，损失上月购进煤炭金额 30 000 元。有关票据当月均通过税务机关的认证。

(8) 销售 2012 年 1 月份购进作为固定资产使用过的设备 5 台，开具普通发票，每台取得含税销售额 23 400 万元；该设备原值每台 18 000 万元。

根据上述资料，计算下列问题：

(1) 计算本月可以实际抵扣的进项税额；

(2) 计算本月销项税额；

(3) 计算本月应纳增值税；

2. 某烟厂为增值税一般纳税人，2013 年 3 月份发生以下业务：

(1) 从农民手中收购烟叶，收购凭证上注明收购买价 30 000 元，企业另支付价外补贴 3 000元，支付运输企业运费 1 000 元，并取得了符合规定的运费发票，装卸费 500 元；

(2) 将购买的烟叶直接运往 A 企业(增值税一般纳税人)委托其加工烟丝，取得增值税专用发票，注明加工费 5 000 元、增值税 850 元，A 企业代收代缴了消费税；

(3) 直接销售收回烟丝的 20%，取得不含税销售额 35 000 元，80%用于生产 A 牌卷烟，本月销售卷烟 17 箱(标准箱)，取得不含税销售额 416 500 元；

(4) 企业职工浴池领用从小规模纳税人购进时取得普通发票的劳保用品，成本 8 600 元，领用从一般纳税人购进时取得增值税专用发票和合法的运输发票的煤炭，成本 32 360 元(包括买价 30 000 元，运输成本1 860元，装卸费 500 元)。

(A 牌卷烟的不含增值税调拨价为 98 元/条，本月取得的发票均在本月认证并抵扣)

根据上述资料，计算下列问题：

(1) A企业收购烟叶业务中准予抵扣的进项税额；

(2) 本月应纳增值税的进项税额；

(3) 本月的进项税转出额；

(4) 卷烟厂本月应纳增值税。

五、会计处理

某汽车制造企业为增值税一般纳税人，已知2012年12月尚未抵扣完的进项税额为5 100元。该企业2013年1月有关生产经营业务如下：

(1) 以交款提货方式销售Ⅰ型小汽车10辆，每辆不含税售价30万元，开具增值税专用发票注明应收价款300万元，款项全部收回。

(2) 向特约经销商销售Ⅱ型小汽车50辆，每辆不含税售价24万元，开具了税控增值税专用发票，注明价款1 200万元、增值税204万元，由于特约经销商当月支付了全部价款，汽车制造商给予原售价2%的销售折扣。

(3) 将新研制生产的Ⅲ型汽车5辆作为公司自用，每辆成本10万元，Ⅲ型小汽车尚无市场销售价格。（Ⅲ型小汽车成本利润率为8%，消费税税率为8%）

(4) 将某单位逾期未退还的包装物押金8万元转作其他业务收入。

(5) 购进机械设备取得税控专用发票，注明价款20万元、进项税额3.4万元，支付运费5万元，该设备当月投入使用。

(6) 购进原材料取得税控专用发票注明金额1 200万元、进项税额204万元，经税务机关认证，支付购进原材料的运输费用40万元、保险费用10万元、装卸费用6万元。

(7) 企业以商业汇票方式购入包装物一批，价款为6万元，增值税额为10 200元。

(8) 因材料质量问题将当月所购材料退还给供货方，收回价款8万元，增值税额为13 600元。

(9) 委托某企业加工一批材料，发出原材料成本为200万元，支付加工费20万元（扣税后），材料加工完成后验收入库。

(10) 将购进的钢材转用于在建工程。按企业材料成本计算方法确定，该材料成本为52万元，其进项税额为88 400元。

(11) 当月发生意外事故损失库存原材料金额70万元（其中含运费5.58万元），直接计入"营业外支出"账户损失为70万元。

(12) 销售给外贸企业出口的汽车已缴纳增值税67 000元。

根据上述资料，试做有关会计处理。

第8章　增值税专用发票

增值税专用发票也是发票的一种，只有具备增值税一般纳税人资格的企业，才可以向主管税务机关(国税)申领，并通过防伪税控系统开具。也只有具有一般纳税人资格的购买方，凭此专用发票的“抵扣联”通过计算机扫描进行比对认证后，方可抵扣税款。有关专用发票虚开、代开的案件时有发生，甚至有人为此丢了性命。确实，无论是对纳税人来说，还是对税务部门来说，增值税专用发票都是增值税管理中的关键环节。

8.1　增值税专用发票的概述

要　点

增值税专用发票(以下简称专用发票)是增值税一般纳税人(以下简称一般纳税人)销售货物或者提供应税劳务时开具的发票，是购买方支付增值税额并可按照增值税有关规定据以抵扣增值税进项税额的凭证。

一般纳税人应通过增值税防伪税控系统使用专用发票。使用，包括领购、开具、缴销、认证纸质专用发票及其相应的数据电文。

解　释

◆ 专用发票的构成及其管理

1. 专用发票的构成

现用的专用发票一般有以下三联。

(1) 发票联：购买方核算采购成本及增值税进项税额的记账凭证。

(2) 抵扣联：购买方报送主管税务机关认证和留存备查的凭证。

(3) 记账联：销售方核算销售收入及增值税销项税额的记账凭证。

2. 专用发票的限额管理

专用发票实行最高开票限额管理。最高开票限额，是单份专用发票所开具销售额合计数不得达到的上限额度。

最高开票限额由一般纳税人申请，税务机关依法审批，最高开票限额为 1 000 万元及以上的，由省级税务机关审批；最高开票限额为 100 万元的，由地市级税务机关审批；最高开票限额为 10 万元及以下的，由区县级税务机关审批；防伪税控系统的具体发行工作由区县级税务机关负责。

◆ **专用发票的初始发行**

一般纳税人领购专用设备后,应凭《最高开票限额申请表》《发票领购簿》到主管税务机关办理初始发行。初始发行是指主管税务机关将一般纳税人的下列信息载入空白金税卡和IC卡的行为。

(1) 企业名称。

(2) 税务登记代码。

(3) 开票限额。

(4) 购票限量。

(5) 购票人员姓名、密码。

(6) 开票机数量。

(7) 国家税务总局规定的其他信息。

一般纳税人发生上列第1、3、4、5、6、7项信息变化,应向主管税务机关申请变更发行;发生第2项信息变化,应向主管税务机关申请注销发行。

◆ **专用发票的购买范围**

一般纳税人销售货物或者提供应税劳务,应向购买方开具专用发票。商业企业一般纳税人零售的酒、烟、食品、服装、鞋帽(不包括劳保专用部分)、化妆品等消费品不得开具专用发票。增值税小规模纳税人(以下简称小规模纳税人)需要开具专用发票的,可向主管税务机关申请代开。销售免税货物不得开具专用发票,法律、法规及国家税务总局另有规定的除外。

一般纳税人凭《发票领购簿》、IC卡和经办人身份证明领购专用发票。

一般纳税人有下列情形之一的,不得领购开具专用发票。

(1) 会计核算不健全,不能向税务机关准确提供增值税销项税额、进项税额、应纳税额数据及其他有关增值税税务资料的。

其中,其他有关增值税税务资料的内容,由省、自治区、直辖市和计划单列市国家税务局确定。

(2) 有《税收征收管理法》规定的税收违法行为,拒不接受税务机关处理的。

(3) 有下列行为之一,经税务机关责令限期改正而仍未改正的。

① 虚开增值税专用发票。

② 私自印制专用发票。

③ 向税务机关以外的单位和个人买取专用发票。

④ 借用他人专用发票。

⑤ 未按《增值税专用发票使用规定》第十一条开具专用发票。

⑥ 未按规定保管专用发票和专用设备。

⑦ 未按规定申请办理防伪税控系统变更发行。

⑧ 未按规定接受税务机关检查。

有上列情形的一般纳税人,如已领购专用发票,主管税务机关应暂扣其结存的专用发票和IC卡。

有下列情形之一的,为《增值税专用发票使用规定》第八条所称未按规定保管专用发票和专用设备。

(1) 未设专人保管专用发票和专用设备。

(2) 未按税务机关要求存放专用发票和专用设备。

(3) 未将认证相符的专用发票抵扣联、《认证结果通知书》和《认证结果清单》装订成册。

(4) 未经税务机关查验，擅自销毁专用发票基本联次。

相关知识

◆ 购买专用发票的流程

专用发票由国家税务总局统一授予权印制。除国家税务总局授权单位外，其他任何单位和个人都无权印制专用发票。因此，纳税人使用专用发票须向当地主管税务机关购买。经过主管税务机关认定的一般纳税人有资格使用专用发票，非增值税纳税人、增值税小规模纳税人和达到一般纳税人但没有向税务机关认定的增值税纳税人都没有资格购买和使用专用发票。

增值税一般纳税人在办理完毕一般纳税人认定手续后，应按照一定的程序领购专用发票。其基本程序如下。

1. 向当地主管税务机关提出领购专用发票申请

增值税纳税人要购买专用发票，必须在办理一般纳税人认定手续后向当地主管税务机关申请领取《增值税专用发票领购簿》(以下简称领购簿)。

领购簿是一般纳税人用以申请领购专用发票的凭证，是记录纳税人领购、使用和注销专用发票情况的账簿。申请领取领购簿，首先应填报“领取增值税专用发票领购簿申请书”(如表 8-1 所示)。

表 8-1 领取增值税专用发票领购簿申请书

领取增值税专用发票领购簿申请书

××国家税务局：

我单位已于××××年××月××日被认定为增值税一般纳税人，纳税人识别号 ，现申请购买增值税专用发票。

发票名称	发票代码	联次	每次领购最大数量

为做好专用发票的领购工作，我单位特指定×××(身份证号：)和×××(身份证号：)××位同志为购票员。

我单位将建立健全专用发票管理制度，严格遵守有关专用发票领购、使用、保管的法律和法规。

法定代表人(负责人)(签章)：

申请单位(签章)

年 月 日

主管税务机关审核意见：

(签章)

年 月 日

县(市)级税务机关审核意见：

(签章)

年 月 日

注：本表一式三份，一份纳税人留存，各级税务机关留存一份。

2. 按照税务机关要求提供相关的证件

当地税务机关接受申请后，要求领购发票的单位或者个人提供一些证件。一般领购发票的单位或者个人必须提供盖有“增值税一般纳税人”确认专章的税务登记证件、经办人身份证明及其他有关证明，并提供财务印章或发票专用章的印模。

3. 主管税务机关经审核后，发给发票领购簿

购票申请报告经有关国家税务机关审查批准后，购票者可领取国家税务机关核发的《发票领购簿》或者《增值税专用发票领购簿》，根据核定的发票种类、数量以及购票方式，到指定的国家税务机关领购发票。购买专用发票的，还应当场在发票联和抵扣联上加盖发票专用章或财务印章等章戳。

4. 凭发票领购簿向主管税务机关领购专用发票

领购专用发票的单位和个人凭《发票领购用证》核准的发票种类、数量及购票方式，向税务所领购发票。批量供应发票的单位和个人，每次供应发票的数量仅限于1个月内的用量。用票户第二次领购发票时，应带《发票领购用证》及已用完发票存根交税务机关审验。税务机关应实行验旧领新的发票领购制度，并通过电脑检查用票户是否缴纳税款。用票户如需领购其他种类或增加相同种类发票数量，按首次领购发票办理领购手续。

自2014年5月1日起，为简化纳税人领用增值税发票手续，取消增值税发票（包括增值税专用发票、货物运输业增值税专用发票、增值税普通发票和机动车销售统一发票，下同）手工验旧。税务机关应用一般纳税人发票税控系统报税数据，通过信息化手段实现增值税发票验旧工作。

同时，纳税信用等级评定为A类的纳税人以及地市国税局确定的纳税信用好、税收风险等级低的其他类型纳税人，可一次领取不超过3个月的增值税发票用量，纳税人需要调整增值税发票用量，手续齐全的，按照纳税人需要即时办理。上述纳税人2年内有涉税违法行为、移交司法机关处理记录，或者正在接受税务机关立案稽查的，不适用此规定。

5. 一般纳税人临时到外地经营的规定

一般纳税人临时到外地经营，又未持有“外出经营活动税收管理证明”的，可以向经营地主管税务机关申请领购专用发票。领购专用发票时要提供相应的担保，常见的两种担保方式，一种是由担保人给予担保，从而领购发票；另一种是由领购人缴纳一定的保证金来领购发票，其保证金的最高限额为10 000元人民币。

6. 一般纳税人对领购专用发票的检查

一般纳税人对领购的专用发票应当场及时进行检查，如有缺联、少份、缺写错号、联次错位、未印防伪标志等印制问题，应整本退回。

专用发票的一至四联的规定位置应加盖“发票专用章”和“专用发票销货单位栏戳证章”并由发票销售窗口经办人员监督，经检查无误后方可将专用发票交付纳税人使用（发票专用章用红印色，专用发票销货单位栏戳证章用蓝印色）。

8.2 专用发票的填开

要 点

有资格购买和使用专用发票的纳税人销售货物或应税劳务，应按规定向购买方填开专用发票。这里的“按规定”，不仅是指纳税人需按规定范围使用专用发票，而且需要按规定的时限、内容和填开要求来开具专用发票。

解 释

◆ 专用发票开具的范围

除税法规定不得开具增值税专用发票的情形外，一般纳税人销售货物（包括视同销售货物）、提供应税劳务以及按照规定应当征缴增值税的非应税劳务（指混合销售中的非应税劳务、兼营的非应税劳务等），均应按规定向购买方开具增值税专用发票。

属于下列情形之一的，只能开具普通发票，不得开具增值税专用发票。

(1) 向消费者销售应税项目。

(2) 销售免税项目。

(3) 销售报关出口的货物、在境外销售应税劳务。

(4) 将货物用于非应税项目。

(5) 将货物用于集体福利或个人消费。

(6) 将货物无偿赠送他人（如果受赠者为一般纳税人，可根据受赠人的要求开具增值税专用发票）。

(7) 提供非应税劳务（不包括上述应当征收增值税的非应税劳务）、转让无形资产或者销售不动产。

(8) 向小规模纳税人销售应税项目，可以不开具增值税专用发票。

(9) 小规模纳税人销售应税项目。

◆ 专用发票的开具要求

专用发票的开具要求有以下几点。

(1) 字迹清楚，不得涂改。如填写有误，应另行开具专用发票，并在误填的专用发票上注明“误填作废”四字；如专用发票开具后因购货方不索取而成为废票的，也应按填写有误办理。

(2) 项目填写齐全。

(3) 票、物相符，票面金额与实际收取的金额相符。

(4) 各项目内容正确无误。

(5) 全部联次一次填开，上、下联的内容和金额一致。

(6) 发票联和抵扣联加盖财务专用章或发票专用章。

(7) 按照规定的时限开具专用发票。

(8) 不得开具伪造的专用发票。

(9) 不得拆本使用专用发票。

(10) 不得开具票样与国家税务总局统一制定的票样不相符合的专用发票。

凡开具的专用发票有不符合上述要求者，不得作为扣税凭证，购买方有权拒收。

◆ 专用发票的开具时限

按照规定，增值税专用发票的开具时限规定如下。

(1) 采用预收货款、托收承付、委托银行收款结算方式的，为货物发出的当天。

(2) 采用交款提货结算方式的，为收到货款的当天。

(3) 采用赊销、分期付款结算方式的，为合同约定的收款日期的当天。

(4) 将货物交付他人代销，为收到受托人送交的代销清单的当天。

(5) 设有两个以上机构并实行统一核算的纳税人，将货物从一个机构移送其他机构用于销售，按规定应当征收增值税的，为货物移送的当天。

(6) 将货物作为投资提供给其他单位或者个体经营者，为货物移送的当天。

(7) 将货物分配给股东，为货物移送的当天。

一般纳税人必须按规定时限开具增值税专用发票，不得提前或滞后。对于已经开具增值税专用发票的销售货物，要及时足额计入当期的销售额并计算纳税。凡开具了增值税专用发票而其销售额未按规定计入销售账户核算的，一律按偷税论处。代开、虚开增值税专用发票，一律按票面所列货物的适当税率全额补征税，并按《税收征收管理法》的规定按偷税给予处罚。

◆ 专用发票的填开内容

(1) “开票日期”栏：按实际填开专用发票的日期填写。

(2) 购货单位“名称”栏：填写购货单位的全称，注意不能简写。如果单位名称较长，可在“名称”栏内分上下两行填写，必要时可出该栏的上下横线。

(3) 购货单位“地址、电话”栏：规定填写购货单位的详细地址和电话号码。

(4) 购货单位“税务登记号”栏：填写购货单位的税务登记号，共15位，不能简写。

(5) 购货单位“开户银行及账号”栏：填写购货单位的开户银行名称及其账号。

(6) “货物或应税劳务名称”栏：填写货物或应税劳务的名称。如果销售货物或应税劳务的项目较多，纳税人可按照适用税率的不同进行分类汇总并开具专用发票。此时，本栏应填写“汇总”或“××等，详见清单”字样。

(7) “规格型号”栏：填写货物的规格型号。

(8) “计量单位”栏：填写货物或应税劳务的计量单位。汇总开具专用发票的，可以不填。

(9) “数量”栏：填写货物或应税劳务的数量。汇总开具专用发票的，可以不填。

(10) “单价”栏：填写货物或应税劳务的不含税价格。纳税人如果采用销售额和增值税额合并定价方法的，其不含税单价应按下列公式计算：

① 一般纳税人按增值税税率计算应纳税额的，不含税单价计算公式为：

不含税单价＝含税单价÷(1＋税率)

② 一般纳税人按简易办法计算应纳税额的和由税务所代开专用发票的小规模纳税人，不含税单价计算公式为：

不含税单价＝含税单价÷(1＋征收率)

不含税单价的尾数，“元”以下一般保留到“分”，特殊情况下也可以适当增加保留的位数。

汇总开具专用发票的，“单价”栏可以不填。

(11) “金额”栏：填写销售货物或应税劳务的不含税销售额。具体按不含税单价和数量相乘计算填写，计算公式为：

金额＝不含税单价×数量

注意：凡纳税人超面额开具专用发票的，属于不按规定开具专用发票的行为，购货方取得这种专用发票不能作为扣税凭证。所谓超面额开具专用发票，就是纳税人在专用发票“金额”栏逐行或合计行填写的销售额超过了该栏的最高金额单位。

(12) “税率”栏：填写销售货物或应税劳务的适用税率。如果是由税务机关代小规模纳税人开具的专用发票，或者是一般纳税人销售按简易办法计税的货物，则该栏按适用的征收率填写。

(13) “税额”栏：填写销售货物或应税劳务的销项税额，具体按“金额”栏数字和“税率”相乘计算填写。计算公式为：

税额＝金额×税率

前面已提到，纳税人以含税单价销售货物或应税劳务的，应换算成不含税单价填开专用发票。但如果换算使单价、销售额和税额等项目发生尾数误差的，则应按以下方法计算填开：

销售额＝含税总收入÷(1＋税率或征收率)

税额＝含税总收入－销售额

不含税单价＝销售额÷数量

按照上述方法计算开具的专用发票，如果票面“货物数量×不含税单价＝销售额”这一逻辑关系存在少量尾数误差，属于正常现象，可以作为购货方的扣税凭证。

(14) “合计”栏：分别填写销售项目的销售额(金额)合计数与税额合计数。开具专用发票，必须在“金额”“税额”栏合计(小写)数前用“￥”符号封顶，不封顶的专用发票将不能作为购货方的扣税凭证。

(15) “价税合计”栏：填写各项货物和应税劳务销售额(金额)与税额汇总数的大小金额。填开专用发票时，注意应在大写金额前用“⊗”符号封顶。不封顶的专用发票将不能作为购货方的扣税凭证。

(16) 销货单位的“名称”“地址电话”“纳税人登记号”“开户银行及账号”等栏目填写内容同购货单位的相应栏目。需要注意的是，纳税人开具专用发票不能手工填写“销货单位”栏，而是预先加盖专用发票销货单位栏戳记。如果以手工填写“销货单位”栏，则属于不按规定开具专用发票，购货方不能作为扣税凭证。不过，按规定，纳税人在购买专用发票(不包括电脑专用发票)时，就要求在专用发票的第一至第四联的有关“销货单位”的栏目内加盖刻有其名称、地址、电话号码、纳税人登记号的专用戳记。专用发票销货单位栏戳记使用蓝色印泥。

（17）“备注”栏：填写需要补充说明的事项，如合同编号等。一般可不填。

（18）“销货单位（章）”栏：加盖销货单位的单位财务专用章或发票专用章。开具专用发票应严格按照《增值税专用发票使用规定》统一加盖单位财务专用章或发票专用章，不能加盖其他财务印章。财务专用章或发票专用章使用红色印泥。

（19）“收款人”“复核”和“开票人”栏，则分别签具经办收款人员、复核人员和开票人员的姓名。

相关知识

◆ **汇总开具专用发票**

为了减少开具专用发票的工作量，降低专用发票的使用成本，销售货物品种较多的，可以汇总开具专用发票。如果所售货物适用的税率不一致，应按不同税率分别汇总填开专用发票。汇总填开专用发票，可以不填写“货物或应税劳务名称”“计量单位”“数量”和“单价”栏。

汇总填开专用发票，必须附有销售方开具并加盖财务专用章或发票专用章的销货清单。销货清单应填写购销双方的单位名称、货物或应税劳务名称、计量单位、数量、单价、销售额，销货清单的汇总销售额应与专用发票“金额”栏的数字一致。购货方应索取销货清单一式两份，分别附在发票联和抵扣联之后。

销货清单的样式，是由省、自治区、直辖市、计划单列市税务局自行制定的。

◆ **收取价外费用时专用发票的开具**

销售货物或应税劳务收取价外费用（指增值税额以外的价外收费）者，如果价格与价外费用需要分别填写，可以在专用发票的“单价”栏填写价、费合计数，另附价外费用项目表交与购货方。但如果价外费用属于按规定不征收增值税的代收代缴的消费税，则该项合计数中不应包括此项价外费用。

价外费用项目表应填写购销双方的单位名称、收取价外费用的商品或劳务的名称、计量单位、数量、价外费用的项目名称、单位收费标准及价外费用金额（单位费用标准乘以数量），并加盖销售方的财务专用章或发票专用章。购货方应索取价外费用项目表一式两份，分别附在发票联和抵扣联之后。

价外费用项目表的样式，也是由省、自治区、直辖市、计划单列市税务局自行制定的。

8.3 专用发票的使用及管理

要 点

专用发票不仅反映结算货款等经营业务方面的信息，具有商业结算凭证的作用，而且反映销售的货物或应税劳务所承担的增值税额，购方可据以抵扣销项税额。这说明，专用发票直接关系政府的利益和纳税人的利益。因此，纳税人一定要重视专用发票的使用及管理。

解 释

◆ 相关手续和操作流程

在实际工作中，企业办理完税务登记证，就可以向国税机关申请增值税一般纳税人资格。税务机关批准为一般纳税人之后，就要办理增值税防伪税控的相关手续。

（1）企业向维护单位购买专用设备。

（2）持所购专用设备到国税机关申请发行。

（3）由维护单位到企业安装专用设备（金税卡装在企业的电脑中）。

（4）企业办税人员持IC卡购买纸质发票（发票的电子信息从税务机关读到IC卡）。一般纳税人凭《发票领购簿》、IC卡和经办人身份证明领购专用发票。

（5）把IC卡中的发票信息读入金税卡。

（6）发票内容通过电脑开具，由打印机打印出纸质发票。

◆ 专用发票作废处理

增值税一般纳税人开具专用发票当月，发生销货退回、开票有误等情形，收到退回的发票联、抵扣联符合作废条件的，按作废处理；开具时发现有误，即时作废。

1. 作废条件的规定

销售方开具专用发票时发现有误，发票联、抵扣联尚未交付给购买方的，当月即时作废。除此之外，对开出的专用发票在作废时需要同时具备以下三个条件。

（1）收到退回的发票联、抵扣联时间未超过销售方开票的当月。

（2）销售方未抄税并且未记账。

（3）购买方未认证或者认证结果为“纳税人识别号认证不符”或“专用发票代码、号码认证不符”。对这些条件，购买方需要格外关注。对当场取得专用发票的，认真审核，发现错误立即要求销货方重新开具专用发票；事后取得专用发票的，对照上述作废条件，及时发现问题，及时进行处理。

2. 作废后的处理

对于满足专用发票作废条件的，销售方取得发票联、抵扣联后，须在防伪税控系统中将相应的数据电文按“作废”处理，在纸质专用发票（含未打印的专用发票）各联次上注明“作废”字样，全联次留存。

◆ 丢失已开具专用发票处理

一般纳税人丢失已开具的专用发票发票联和抵扣联，分别按以下情形处理。

（1）专用发票的发票联和抵扣联均已丢失的

① 丢失前已认证相符的，购买方凭销售方提供的相应专用发票记账联复印件及销售方所在地主管税务机关出具的《丢失增值税专用发票已报税证明单》或《丢失货物运输业增值税专用发票已报税证明单》，可作为增值税进项税额的抵扣凭证。

② 丢失前未认证的，购买方凭销售方提供的相应专用发票记账联复印件到主管税务机关进行认证，认证相符的凭该专用发票记账联复印件及销售方所在地主管税务机关出具的

《丢失增值税专用发票已报税证明单》，作为增值税进项税额的抵扣凭证。

自2014年5月1日起，为简化丢失专用发票的处理流程，一般纳税人丢失已开具专用发票的发票联和抵扣联，如果丢失前已认证相符的，购买方可凭销售方提供的相应专用发票记账联复印件及销售方主管税务机关出具的《丢失增值税专用发票已报税证明单》或《丢失货物运输业增值税专用发票已报税证明单》，作为增值税进项税额的抵扣凭证；如果丢失前未认证的，购买方凭销售方提供的相应专用发票记账联复印件进行认证，认证相符的可凭专用发票记账联复印件及销售方主管税务机关出具的《证明单》，作为增值税进项税额的抵扣凭证。专用发票记账联复印件和《证明单》留存备查。

（2）专用发票的抵扣联丢失的

① 丢失前已认证相符的，可使用专用发票发票联复印件留存备查。

② 丢失前未认证的，可使用专用发票发票联到主管税务机关认证，专用发票发票联复印件留存备查。

（3）专用发票的发票联丢失的

可将专用发票抵扣联作为记账凭证，专用发票抵扣联复印件留存备查。

◆ 丢失未开具专用发票处理

根据《国家税务总局关于被盗、丢失增值税专用发票的处理意见的通知》，凡违反规定发生被盗、丢失专用发票的纳税人，主管税务机关必须严格按《税收征收管理法》和《发票管理办法》的规定，处以1万元以下的罚款，并视具体情况，对丢失专用发票纳税人，在一定期限内（最长不超过半年）停止其领购专用发票。对纳税人申报遗失的专用发票，如发现非法代开、虚开问题的，该纳税人应承担偷税、骗税的连带责任。

企业由于保管不善或其他原因丢失或被盗空白发票的，应立即向主管税务机关书面报告，并将附有关部门证明材料到主管税务机关发票管理部门申报办理有关手续。具体办法有以下两种。

（1）企业应向主管税务机关征管服务大厅发票管理窗口提交书面报告以及公安等部门的证明材料，报告主管税务机关，在《中国税务报》等税务报纸杂志上登报声明作废。

（2）主管税务机关检查核实处理。对丢失、损（撕）毁发票及虚报丢失发票，隐瞒案情，不主动报告等违章行为，处以1万元以下的罚款，造成其他后果的，还应按照有关法律、法规严肃处理。

◆ 开具专用发票后发生退货或销售折让时的处理

企业需要开具红字专用发票时，应先向税务机关提交申请单，税务机关审核并开具通知单后，企业方可开具红字专用发票。根据实际业务需要可以分为购买方申请开具和销售方申请开具两种情况，其处理流程不同，具体如下。

1. 开具情况

当出现以下情况时，应由购买方申请开具红字专用发票。

（1）购买方获得的专用发票认证相符且已进行抵扣，之后因发生销货退回或销售折让需要做进项税额转出。

（2）购买方获得专用发票后因以下问题无法抵扣时。

① 专用发票抵扣联、发票联均无法认证。

② 专用发票认证结果为纳税人识别号认证不符。

③ 专用发票认证结果为专用发票代码、号码认证不符。

④ 所购货物不属于增值税扣税项目范围。

当出现以下情况时，应由销售方申请开具红字专用发票。

(1) 因开票有误购买方拒收。

(2) 因开票有误等原因尚未交付。

2. 开具流程

(1) 购买方申请开具红字专用发票的具体流程如图 8-1 所示。

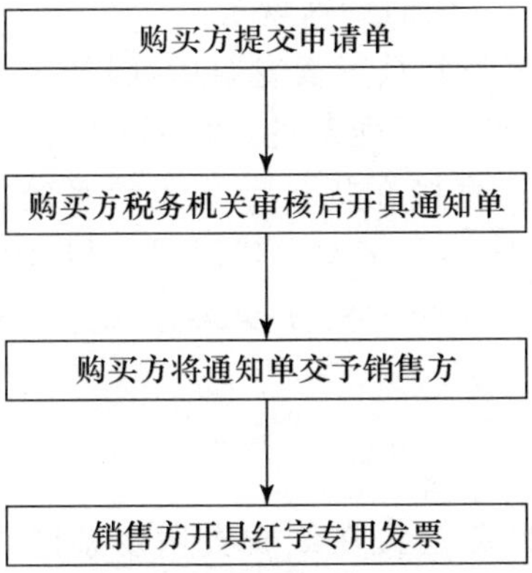

图 8-1 购买方申请开具红字专用发票流程

① 购买方提交申请单。若购买方需要申请开具红字专用发票，购买方应向主管税务机关提交申请单。

② 购买方税务机关审核后开具通知单。购买方税务机关根据纳税人提交的申请单，审核后通过红字票通知单管理系统开具通知单。

③ 购买方将通知单交予销售方。税务机关开具通知单后，将纸质通知单交给购买方，购买方即可以适当方式将纸质通知单传递给销售方。

④ 销售方开具红字专用发票。销售方接收到由购买方传递的纸质通知单，根据通知单的内容在开票子系统中开具红字专用发票。

(2) 销售方申请开具红字专用发票的具体流程如图 8-2 所示。

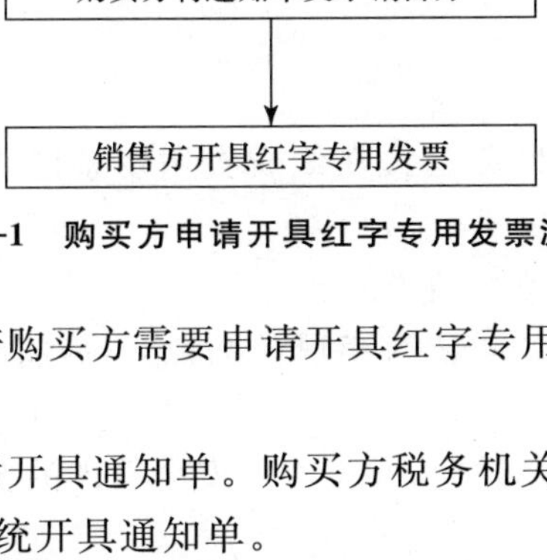

图 8-2 销售方申请开具红字专用发票流程

① 销售方提交申请单。若销售方需要申请开具红字专用发票，销售方应向主管税务机关提交申请单。

② 销售方税务机关审核后开具通知单。销售方税务机关根据纳税人提交的申请单，审核后通过红字票通知单管理系统开具通知单。

③ 销售方开具红字专用发票。销售方凭取得的通知单内容在开票子系统中开具红字专用发票。

自 2014 年 5 月 1 日起，为简化红字专用发票办理手续，一般纳税人开具专用发票后，发生销货退回或销售折让，按照规定开具红字专用发票后，不再将该笔业务的相应记账凭证复印件报送主管税务机关备案。

（3）铁路运输企业开具红字发票的特殊规定

一般纳税人提供铁路运输服务开具货运专票后，因开票有误且不符合发票作废条件，需要开具红字货运专票的，如同时符合下列条件，可不再向主管税务机关填报《开具红字货物运输业增值税专用发票申请单》，直接在货运专票税控系统中以销项负数开具红字货运专票，开具红字货运专票时应将对应的蓝字发票代码、号码打印在发票备注栏中：① 实际受票方拒收或者承运人尚未将货运专票交付实际受票方；② 发票联次齐全，实际受票方未认证发票。

◆ 专用发票的缴销

专用发票的缴销是指主管税务机关在纸质专用发票监制章处按“V”字剪角作废，同时作废相应的专用发票数据电文。

被缴销的纸质专用发票应退还纳税人。

一般纳税人注销税务登记或者转为小规模纳税人，应将专用设备和结存未用的纸质专用发票送交主管税务机关。

主管税务机关应缴销其专用发票，并按有关安全管理的要求处理专用设备。

◆ 专用发票的管理

纳税人应按税务机关的要求，妥善保管专用发票。

（1）建立专用发票管理制度。

（2）设专人保管专用发票。防伪税控企业应将专用发票和税控 IC 卡分开专柜保管，并采取有效措施保障开票设备的安全。

（3）设置专门存放专用发票的场所。

（4）取得的抵扣联按税务机关的要求装订成册。

（5）已经开具的专用发票存根联，应当保存 5 年。保存期满，报经主管税务机关检验后销毁。没有经过税务机关查验，纳税人不能擅自销毁专用发票的基本联次。

（6）没有经过税务部门批准，不能跨地区携带、邮寄、运输空白的专用发票。

相关知识

◆ **辅导期一般纳税人使用专用发票**

1. 限量限额发售

(1) 针对小型商贸企业

主管税务机关应根据约谈和实地核查的情况对其限量限额发售专用发票，其增值税防伪税控开票系统最高开票限额不得超过1万元。专用发票的领购实行按次限量控制，主管税务机关可根据企业的实际年销售额和经营情况确定每次的专用发票供应数量，但每次发售专用发票数量不得超过25份。

(2) 针对商贸零售企业和大中型商贸企业

主管税务机关也应根据企业实际经营情况对其限量限额发售专用发票，其增值税防伪税控开票系统最高开票限额由相关税务机关按照现行规定审批。专用发票的领购也实行按次限量控制，主管税务机关可根据企业的实际经营情况确定每次的供应数量，但每次发售专用发票数量不得超过25份。

2. 增购预征

(1) 企业按次领购数量不能满足当月经营需要的，可以再次领购，但每次增购前应依据已领购并开具的正数专用发票上所注明的销售额按3%计算征收率，向主管税务机关预缴税款，同时应将领购并已开具的专用发票自行填写清单，连同已开具专用发票的记账联复印件一并提交税务机关核查。主管税务机关应对纳税人提供的专用发票清单与专用发票记账联进行核对，并确认企业已经缴纳预缴税款之后，方可允许继续领购。未预缴增值税税款的企业，主管税务机关不得向其增售专用发票。

(2) 纳税人在辅导期内增购专用发票，预缴的增值税可在本期增值税应纳税额中抵减，抵减后预缴增值税仍有余额的，应于下期增购专用发票时按次抵减。

① 纳税人发生预缴税款抵减的，应自行计算需抵减的税款并向主管税务机关提出抵减申请。

② 主管税务机关接到申请后，经审核，纳税人缴税和专用发票发售情况无误，且纳税人预缴增值税余额大于本次预缴增值税的，不再预缴税款可直接发售专用发票；纳税人本次预缴增值税大于预缴增值税余额的，应按差额部分预缴后再发售专用发票。

3. 退还余额

主管税务机关应在纳税人辅导期结束后的第一个月内，一次性退还纳税人因增购专用发票发生的预缴增值税余额。

8.4 税务机关代开专用发票

要 点

凡能够认真履行纳税义务的小规模纳税人，经县(市)税务局批准，其销售货物或应税劳务可由税务机关代开专用发票。税务机关应将代开专用发票的情况造册详细登记备查。

解 释

◆ 代开专用发票的范围

代开专用发票是指主管税务机关为所辖范围内的增值税纳税人代开专用发票，其他单位和个人不得代开。所称增值税纳税人，是指已办理税务登记的小规模纳税人（包括个体经营者）以及国家税务总局确定的其他可予代开增值税专用发票的纳税人。

增值税纳税人发生增值税应税行为、需要开具专用发票时，可向其主管税务机关申请代开。

但销售免税货物或将货物、应税劳务销售给消费者的，以及小额零星销售，不能代开专用发票。对于不能认真履行纳税义务的小规模纳税人，不能代开专用发票。

◆ 代开专用发票的要求

（1）凡税务机关代开增值税专用发票必须通过防伪税控系统开具，通过防伪税控报税子系统采集代开增值税专用发票开具信息。

（2）纳税人申请代开专用发票时，应填写《代开增值税专用发票缴纳税款申报单》，连同税务登记证副本，到主管税务机关税款征收岗位按专用发票上注明的税额全额申报缴纳税款，同时缴纳专用发票工本费。

（3）对实行定期定额征收方法的纳税人正常申报时，按以下方法进行清算。

① 每月开票金额大于应征增值税税额的，以开票金额数为依据征收税款，并作为下一年度核定定期定额的依据。

② 每月开票金额小于应征增值税税额的，按应征增值税税额数征收税款。

（4）税务机关代开专用发票时填写有误的，应及时在防伪税控代开票系统中作废，重新开具。代开专用发票后发生退票的，税务机关应按照增值税一般纳税人作废或开具负数专用发票的有关规定进行处理。对需要重新开票的，税务机关应同时进行新开票税额与原开票税额的清算，多退少补；对无须重新开票的，按有关规定退还增值税纳税人已缴的税款或抵顶下期正常申报税款。

◆ 小规模纳税人代开专用发票

为小规模纳税人代开专用发票，应在专用发票"单价"栏和"金额"栏分别填写不含其本身应纳税额的单价和销售额；"税率"栏填写适用的征收率；"税额"栏填写其本身应纳的税额，即按销售额与适用的征收率所计算的增值税额。一般纳税人取得由税务所代开的专用发票后，应以专用发票上填写的税额为进项税额。

税务机关为小规模纳税人代开专用发票需要开具红字专用发票的，比照一般纳税人开具红字专用发票的处理办法。

税务机关代开专用发票，除加盖纳税人财务专用章或发票专用章外，必须同时加盖税务机关代开增值税专用发票专用章，凡未加盖上述专用章的，购货方不能作为扣税凭证。

税务机关代小规模纳税人开具增值税专用发票时，其税务机关代开增值税专用发票专用章加盖在专用发票底端的中间位置。

税务机关代开专用发票专用章使用红色印泥。

8.5 防伪税控系统开具专用发票

要 点

所有增值税一般纳税人都必须通过计算机防伪税控开票子系统开具专用发票。防伪税控报税子系统和防伪税控认证子系统采集的专用发票存根联数据和抵扣联数据，是增值税计算机稽核系统（以下简称稽核系统）发票比对的唯一数据来源。税务征收机关应要求纳税人抄税、报税和进行专用发票的认证，以便采集专用发票数据。

解 释

◆ 抄税、报税

一般纳税人开具专用发票后，应进行抄税和报税，并由税务机关将专用发票存根联数据采集到防伪税控报税子系统。

（1）抄税，是报税前用 IC 卡或者 IC 卡和软盘抄取开票数据电文。

（2）报税，是纳税人持 IC 卡或者 IC 卡和软盘向税务机关报送开票数据电文。

① 税务机关采集专用发票存根联数据时，应要求使用 DOS 版防伪税控开票子系统的企业报送专用发票存根联明细数据软盘和 IC 卡；应要求使用 Windows 版防伪税控开票子系统的企业报送 IC 卡。

② 税务机关应要求有主、分开票机且使用 DOS 版防伪税控开票子系统的企业报送汇总软盘和汇总的主开票机 IC 卡，或所有软盘（软盘数量不小于开票机数量）和汇总的主开票机 IC 卡；征收机关应要求使用 Windows 版防伪税控开票子系统的企业报送所有主、分开票机 IC 卡。

③ 税务机关通过报税子系统，对使用 DOS 版防伪税控开票子系统企业报送的软盘数据和 IC 卡数据进行核对；对使用 Windows 版企业报送的 IC 卡中明细数据和汇总数据进行核对，两者一致时，存入报税子系统。

（3）不能正常报税的处理。

因 IC 卡、软盘质量等问题无法报税的，应更换 IC 卡、软盘。

因硬盘损坏、更换金税卡等原因不能正常报税的，应提供已开具未向税务机关报税的专用发票记账联原件或者复印件，由主管税务机关补采开票数据。在具体处理时因开票子系统和产生原因不同，相应采取不同的处理方法。

◆ 认证

（1）认证方法

所称认证，是税务机关通过防伪税控系统对专用发票所列数据的识别、确认。用于抵扣增值税进项税额的专用发票应经税务机关认证相符（国家税务总局另有规定的除外）。认证相符的专用发票应作为购买方的记账凭证，不得退还销售方。所称认证相符，是指纳税人识别号无误，专用发票所列密文解译后与明文一致。

（2）认证结果异常处理

经认证，有下列情形之一的，不得作为增值税进项税额的抵扣凭证，税务机关退还原件，购买方可要求销售方重新开具专用发票。

① 无法认证。所称无法认证，是指专用发票所列密文或者明文不能辨认，无法产生认证结果。

② 纳税人识别号认证不符。所称纳税人识别号认证不符，是指专用发票所列购买方纳税人识别号有误。

③ 专用发票代码、号码认证不符。所称专用发票代码、号码认证不符，是指专用发票所列密文解译后与明文的代码或者号码不一致。

经认证，有下列情形之一的，暂时不得作为增值税进项税额的抵扣凭证，税务机关扣留原件，查明原因，分情况进行处理。

① 重复认证。所称重复认证，是指已经认证相符的同一张专用发票再次认证。

② 密文有误。所称密文有误，是指专用发票所列密文无法解译。

③ 认证不符。所称认证不符，是指纳税人识别号有误，或者专用发票所列密文解译后与明文不一致。

④ 列为失控专用发票。所称列为失控专用发票，是指认证时的专用发票已被登记为失控专用发票。

专用发票抵扣联无法认证的，可使用专用发票发票联到主管税务机关认证。专用发票发票联复印件留存备查。

相关知识

◆ 专用发票发售出现差错的处理

（1）税务机关专用发票管理部门在运用防伪税控发售系统进行发票入库管理或向纳税人发售专用发票时，要认真录入发票代码、号码，并与纸质专用发票进行仔细核对，确保发票代码、号码电子信息与纸质发票的代码、号码完全一致。

（2）纳税人在运用防伪税控系统开具专用发票时，应认真检查系统中的电子发票代码、号码与纸质发票是否一致。发现税务机关错填电子发票代码、号码的，应持纸质专用发票和税控IC卡到税务机关办理退回手续。

（3）对税务机关错误录入代码或号码后又被纳税人开具的专用发票，按以下办法处理。

① 纳税人当月发现上述问题的，应按照专用发票使用管理的有关规定，对纸质专用发票和防伪税控开票系统中专用发票电子信息同时进行作废，并及时报主管税务机关。纳税人在以后月份发现的，应按有关规定开具负数专用发票。

② 主管税务机关按照有关规定追究有关人员责任，同时将有关情况，如发生原因、主管税务机关名称、编号、纳税人名称、纳税人识别号、发票代码号码（包括错误的和正确的）、发生时间、责任人以及处理意见或请求等，逐级上报至国家税务总局。

③ 对涉及发票数量多、影响面较大的，国家税务总局将按规定程序对“全国作废发票数

据库”进行修正。

(4) 在未收回专用发票抵扣联及发票联,或虽已收回专用发票抵扣联及发票联但购货方已将专用发票抵扣联报送税务机关认证的情况下,销货方一律不得作废已开具的专用发票。

8.6 纳税人代开、虚开专用发票的处理

要 点

根据《增值税专用发票管理中若干问题的处理规定》的规定,代开发票是指为与自己没有发生直接购销关系的他人开具发票的行为;虚开发票是指在没有任何购销事实的前提下,为他人、为自己或让他人为自己或介绍他人开具发票的行为。

解 释

◆ **虚开专用发票的行为特征**

根据最高人民法院的司法解释,具有下列行为之一的,属于“虚开增值税专用发票”。

(1) 为他人、为自己、让他人为自己或介绍他人在没有货物购销或者没有提供或接受应税劳务的情况下开具增值税专用发票。

(2) 为他人、为自己、让他人为自己或介绍他人在有货物购销或者提供或接受了应税劳务的情况下开具数量或者金额不实的增值税专用发票。

(3) 进行了实际经营活动,但让他人为自己代开增值税专用发票。

◆ **虚开专用发票的处理**

(1) 对虚开专用发票的处理

自2012年8月1日起,纳税人虚开增值税专用发票,未就其虚开金额申报并缴纳增值税的,应按照其虚开金额补缴增值税;已就其虚开金额申报并缴纳增值税的,不再按照其虚开金额补缴增值税。税务机关对纳税人虚开增值税专用发票的行为,应按《税收征收管理法》及《发票管理办法》的有关规定给予处罚。纳税人取得虚开的增值税专用发票,不得作为增值税合法有效的扣税凭证抵扣其进项税额。

纳税人发生上述规定事项,此前已处理的不再调整;此前未处理的按此规定执行。代开、虚开发票构成犯罪的,按全国人大常委会发布的《关于惩治虚开、伪造和非法出售增值税专用发票犯罪的决定》处以刑罚。

(2) 对接受虚开专用发票的处理

对纳税人取得虚开代开的专用发票,不得作为增值税合法的抵扣凭证抵扣进项税额。

① 受票方利用他人虚开的专用发票,向税务机关申报抵扣税款进行偷税的,应当依照《税收征收管理法》及有关规定追缴税款,处以偷税数额五倍以下的罚款;进项税金大于销项税金的,还应当调减其留抵的进项税额。利用虚开的专用发票进行骗取出口退税的,应当依法追缴税款,处以骗税数额五倍以下的罚款。

② 在货物交易中，购货方从销售方取得第三方开具的专用发票，或者从销货地以外的地区取得专用发票，向税务机关申报抵扣税款或者申请出口退税的，应当按偷税、骗取出口退税处理，依照《税收征收管理法》及有关规定追缴税款，处以偷税、骗税数额五倍以下的罚款。

③ 纳税人以上述第1条、第2条所列的方式取得专用发票未申报抵扣税款，或者未申请出口退税的，应当依照《发票管理办法》及有关规定，按所取得专用发票的份数，分别处以1万元以下的罚款；但知道或者应当知道取得的是虚开的专用发票，或者让他人为自己提供虚开的专用发票的，应当从重处罚。

④ 利用虚开的专用发票进行偷税、骗税，构成犯罪的，税务机关依法进行追缴税款等行政处理，并移送司法机关追究刑事责任。

相关知识

◆ 纳税人善意取得虚开专用发票的处理

1. 善意取得虚开专用发票

所称"善意"，是指购货方在主观上不具有偷税或者骗取出口退税的故意，没有牟取非法利益的目的，即主观上是非故意的。具体讲，包括两层含义：一是购货方自始至终不知道销售方提供的专用发票是以非法手段获得的，即对销售方的专用发票违法行为毫不知情；二是购货方取得专用发票是为了实现良好、合法的目的，即依法抵扣进项税款或者获得出口退税。

至于纳税人如何证明自己在主观上是"善意"的，依照《国家税务总局关于纳税人善意取得虚开的增值税专用发票处理问题的通知》的规定，只要购货方与销售方进行了真实的交易，销售方提供的是其所在省、自治区、直辖市或者计划单列市的专用发票，专用发票上注明的销售方名称、印章、货物数量、金额及税额等全部内容与实际相符，且没有证据表明购货方知道销售方提供的专用发票是以非法手段获得的，税务机关就推定其在主观上为"善意"的，对其不按偷税或者骗取出口退税处理。简言之，没有证据表明购货方主观存在故意，那就是"善意"的。

2. 善意取得虚开专用发票的处理

(1) 不以偷税或者骗取出口退税论处。

(2) 取得的虚开专用发票应按有关法规不予抵扣进项税款或者不予出口退税；已经抵扣的进项税款或者取得的出口退税，应依法追缴。

(3) 如能重新取得合法、有效的专用发票，准许其抵扣进项税款；如不能重新取得合法、有效的专用发票，不准其抵扣进项税款或追缴其已抵扣的进项税款。

(4) 因善意取得虚开专用发票被依法追缴其已抵扣税款的，不再加收滞纳金。

3. 不属善意取得虚开专用发票

(1) 购货方从销货方取得第三方开具的专用发票。

(2) 从销货地以外的地区取得专用发票。

(3) 受票方利用他人虚开的专用发票，向税务机关申报抵扣税款进行偷税。

8.7　货物运输业增值税专用发票的管理

要　点

为了贯彻落实《财政部　国家税务总局关于在全国开展交通运输业和部分现代服务业营业税改征增值税试点税收政策的通知》(财税〔2013〕37号)精神，保障营业税改征增值税(以下简称营改增)改革试点的顺利实施，国家税务总局下发了2013年第39号公告，就营业税改征增值税试点中有关发票的征收管理问题进行明确并从2013年8月1日起施行。

解　释

◆ **关于纳税人发票使用问题——货物运输业纳税人发票使用的规定**

(1) 自本地区营改增试点实施之日起，增值税纳税人不得开具公路、内河货物运输业统一发票。一般纳税人提供货物运输服务的，使用货物运输业增值税专用发票(以下简称货运专票)和普通发票；提供货物运输服务之外其他增值税应税项目的，统一使用增值税专用发票(以下简称专用发票)和增值税普通发票。

小规模纳税人提供货物运输服务，服务接受方索取货运专票的，可向主管税务机关申请代开，填写《代开货物运输业增值税专用发票缴纳税款申报单》。代开货运专票按照代开专用发票的有关规定执行。

(2) 提供港口码头服务、货运客运场站服务、装卸搬运服务、旅客运输服务的一般纳税人，可以选择使用定额普通发票。

(3) 从事国际货物运输代理业务的一般纳税人，应使用六联专用发票或五联增值税普通发票，其中第四联用作购付汇联；从事国际货物运输代理业务的小规模纳税人，应使用普通发票，其中第四联用作购付汇联。

(4) 纳税人于本地区试点实施之日前提供改征增值税的营业税应税服务并开具营业税发票后，如发生服务中止、折让、开票有误等情形，且不符合发票作废条件的，应于2014年3月31日前向原主管税务机关申请开具营业税红字发票，不得开具红字专用发票和红字货运专票。需重新开具发票的，应于2014年3月31日前向原主管税务机关申请开具营业税发票，不得开具专用发票或货运专票。

◆ **关于税控系统使用问题**

(1) 自本地区营改增试点实施之日起，一般纳税人提供货物运输服务、开具货运专票的，使用货物运输业增值税专用发票税控系统(以下简称货运专票税控系统)；提供货物运输服务之外的其他增值税应税服务、开具专用发票和增值税普通发票的，使用增值税防伪税控系统(以下简称防伪税控系统)。

(2) 自2013年8月1日起，一般纳税人从事机动车(旧机动车除外)零售业务开具机动车销售统一发票，应使用机动车销售统一发票税控系统(以下简称机动车发票税控系统)。

(3) 试点纳税人使用的防伪税控系统专用设备为金税盘和报税盘，纳税人应当使用金税盘开具发票，使用报税盘领购发票、抄报税；货运专票税控系统和机动车发票税控系统专用设备为税控盘和报税盘，纳税人应当使用税控盘开具发票，使用报税盘领购发票、抄报税。

(4) 北京市小规模纳税人自 2012 年 9 月 1 日起使用金税盘或税控盘开具普通发票，使用报税盘领购发票、抄报税的办法继续执行。

◆ 增值税专用发票（增值税税控系统）最高开票限额审批问题

增值税专用发票(增值税税控系统)实行最高开票限额管理。最高开票限额，是指单份专用发票或货运专票开具的销售额合计数不得达到的上限额度。

最高开票限额由一般纳税人申请，区县税务机关依法审批。一般纳税人申请最高开票限额时，需填报《增值税专用发票最高开票限额申请单》。主管税务机关受理纳税人申请以后，根据需要进行实地查验。实地查验的范围和方法由各省国税机关确定。

税务机关应根据纳税人实际生产经营和销售情况进行审批，保证纳税人生产经营的正常需要。

自 2014 年 5 月 1 日起，为简化专用发票审批手续，一般纳税人申请专用发票(包括增值税专用发票和货物运输业增值税专用发票)最高开票限额不超过 10 万元的，主管税务机关不需事前进行实地查验。各省国税机关可在此基础上适当扩大不需事前实地查验的范围，实地查验的范围和方法由各省国税机关确定。

◆ 关于货运专票开具问题

(1) 一般纳税人提供应税货物运输服务，使用货运专票；提供其他增值税应税项目、免税项目或非增值税应税项目的，不得使用货运专票。

(2) 货运专票中“承运人及纳税人识别号”栏填写提供货物运输服务、开具货运专票的一般纳税人信息；“实际受票方及纳税人识别号”栏填写实际负担运输费用、抵扣进项税额的一般纳税人信息；“费用项目及金额”栏填写应税货物运输服务明细项目及不含增值税的销售额；“合计金额”栏填写应税货物运输服务项目不含增值税的销售额合计；“税率”栏填写增值税税率；“税额”栏填写按照应税货物运输服务项目不含增值税的销售额和适用税率计算得出的增值税税额；“价税合计(大写)(小写)”栏填写不含增值税的销售额和增值税税额的合计；“机器编号”栏填写货运专票税控系统税控盘编号。

(3) 税务机关在代开货运专票时，货运专票税控系统在货运专票左上角自动打印“代开”字样；“税率”栏填写小规模纳税人增值税征收率；“税额”栏填写按照应税货物运输服务项目不含增值税的销售额和小规模纳税人增值税征收率计算得出的增值税税额；“备注”栏填写税收完税凭证号码；其他栏次内容与上述第 2 项相同。

(4) 提供货物运输服务，开具货运专票后，如发生应税服务中止、折让、开票有误以及发票抵扣联、发票联均无法认证等情形，且不符合发票作废条件，需要开具红字货运专票的，实际受票方或承运人可向主管税务机关填报《开具红字货物运输业增值税专用发票申请单》，经主管税务机关核对并出具《开具红字货物运输业增值税专用发票通知单》(以下简称《通知单》)。实际受票方应暂依《通知单》所列增值税税额从当期进项税额中转出，未抵扣增值税进项税额的可列入当期进项税额，待取得承运人开具的红字货运专票后，与留存的《通知单》一并作为记账凭证。认证结果为“无法认证”“纳税人识别号认证不符”“发票代码、号码认证不符”以及所购服务不属于增值税扣税项目范围的，不列入进项税额，不作进项税额转出。承运人可凭《通知单》在货运专票税控系统中以销项负数开具红字货运专票。《通知单》暂不通过系统开具，但其他事项按照现行红字专用发票有关规定执行。

◆ **关于货运专票管理问题**

(1) 货运专票暂不纳入失控发票快速反应机制管理。

(2) 货运专票的认证结果类型包括“认证相符”“无法认证”“认证不符”“密文有误”和“重复认证”等类型(暂无失控发票类型)，稽核结果类型包括“相符”“不符”“缺联”“重号”“属于作废”和“滞留”等类型。认证、稽核异常货运专票的处理按照专用发票的有关规定执行。

(3) 稽核异常的货运专票的核查工作，按照《增值税专用发票审核检查操作规程(试行)》的有关规定执行。

自 2014 年 5 月 1 日起，一般纳税人丢失已开具专用发票的发票联和抵扣联，如果丢失前已认证相符的，购买方可凭销售方提供的相应专用发票记账联复印件及销售方主管税务机关出具的《丢失增值税专用发票已报税证明单》或《丢失货物运输业增值税专用发票已报税证明单》，作为增值税进项税额的抵扣凭证；如果丢失前未认证的，购买方凭销售方提供的相应专用发票记账联复印件进行认证，认证相符的可凭专用发票记账联复印件及销售方主管税务机关出具的《证明单》，作为增值税进项税额的抵扣凭证。专用发票记账联复印件和《证明单》留存备查。

实战训练

一、单项选择题

1. 商贸企业结束辅导期转为正式一般纳税人后，原则上其增值税防伪税控开票系统最高限额不得超过 1 万元，对辅导期内实际销售额在(　　)万元以上，并且足额缴纳了税款的，经审核批准，可开具金额在 10 万元以下的专用发票。

A. 100　　B. 180　　C. 300　　D. 500

2. 对于增值税一般纳税人，下列准予抵扣的进项税额的单据、发票有(　　)。

A. 从事货物运输的非国有运输单位开具的没有套印全国统一发票监制章的货票

B. 外购货物(固定资产除外)取得的由代开票单位为代开票纳税人开具的货物运输业发票

C. 购进货物取得的国际货物运输代理业发票

D. 购进货物取得套印全国统一发票监制章的货运定额发票

3. 按照增值税专用发票开具时限的规定，下列说法正确的是(　　)。

A. 将货物分配给股东，为货物移送的当天

B. 采用交款提货结算方式的，为货物发出的当天

C. 将货物交付给他人代销，为收到受托人送交货款的当天

D. 采用预收货款结算方式的，为收到货款的当天

4. 主管税务机关也应根据企业实际经营情况对其限量限额发售专用发票，其增值税防伪税控开票系统最高开票限额由相关税务机关按照现行规定审批。专用发票的领购也实行按次限量控制，主管税务机关可根据企业的实际经营情况确定每次的供应数量，但每次发售

专用发票数量不得超过(　　)份。

A. 15　　B. 20　　C. 25　　D. 35

5. 经过主管税务机关认定的(　　)，才有资格使用专用发票。

A. 一般纳税人

B. 非增值税纳税人

C. 增值税小规模纳税人

D. 达到一般纳税人但没有向税务机关认定的增值税纳税人

二、多项选择题

1. 只能开具普通发票，不得开具增值税专用发票的情形包括(　　)。

A. 销售报关出口的货物、在境外销售应税劳务。

B. 将货物无偿赠送他人

C. 将货物用于非应税项目

D. 将货物用于集体福利或个人消费

2. 不属善意取得虚开专用发票及处理的有(　　)。

A. 购货方从销货方取得第三方开具的专用发票

B. 购货方依法抵扣进项税款或者获得出口退税

C. 从销货地以外的地区取得专用发票

D. 受票方利用他人虚开的专用发票，向税务机关申报抵扣税款进行偷税

3. 妥善保管专用发票的方法包括(　　)。

A. 建立专用发票管理制度

B. 设置专门存放专用发票的场所

C. 设专人保管专用发票

D. 已经开具的专用发票存根联，应当保存3年

4. 主管税务机关按照有关规定追究有关人员责任，同时将有关情况，如发生原因、主管税务机关名称、编号、(　　)、责任人以及处理意见或请求等，逐级上报至国家税务总局。

A. 纳税人名称

B. 纳税人识别号

C. 发票代码号码(包括错误的和正确的)

D. 发生时间

5. 增值税专用发票是(　　)。

A. 记载商品销售额和增值税税额的财务收支凭证

B. 销货方纳税义务的主要依据

C. 购货方进项税额的主要依据

D. 购货方据以抵扣税款的凭证

三、判断题

1. 主管税务机关应将纳税人提供的专用发票清单与专用发票记账联进行核对后，可允许继续领购。未预缴增值税税款的企业，主管税务机关不得向其增售专用发票。(　　)

2. 所称认证，是税务机关通过防伪税控系统对专用发票所列数据的识别、确认。(　　)

3. 对丢失、损(撕)毁发票及虚报丢失发票,隐瞒案情,不主动报告等违章行为,处以1.5万元以下的罚款,造成其他后果的,还应按照有关法律、法规严肃处理。( )

4. 专用发票的缴销,是指主管税务机关在纸质专用发票监制章处按"V"字剪角作废,同时作废相应的专用发票数据电文。( )

5. 对涉及发票数量多、影响面较大的,国家税务总局将按规定程序对"全国作废发票数据库"进行修正。( )

四、问答题

1. 专用发票应如何缴销?
2. 税务机关错误录入代码或号码后又被纳税人开具的专用发票,如何处理?
3. 购买专用发票时税务机关要求提供的相关证件包括哪些?

第9章　增值税节税技巧

依法纳税是公民应尽的义务，纳税筹划是在税法允许的范围内进行的理财行为。增值税的纳税筹划方法主要有：利用税制要素筹划、利用税收优惠政策筹划、利用“混合销售”筹划、利用挂“靠”筹划以及利用购进扣税筹划。

9.1　合理选择纳税人身份节税

要　点

根据《增值税暂行条例》和《增值税暂行条例实施细则》的规定，我国增值税的纳税人分为两类：一般纳税人和小规模纳税人。企业为了减轻增值税税负，就需要对纳税人身份做出选择。一般来讲，企业可通过以下三个标准来判断一般纳税人和小规模纳税人之间增值税税收负担的差异。纳税人是一般纳税人还是小规模纳税人，对税负影响很大，处于临界点的纳税人对纳税身份筹划可大大节约税负。

解　释

◆ **增值率判别法**

一般纳税人增值税的计算是以增值额作为计税基础，小规模纳税人的增值税是以全部收入(不含税)作为计税基础。因此，在销售价格相同的情况下，税负的高低主要取决于增值率的大小。而在增值率达到某一数值时，两种纳税人的税负相等。此时增值率称为无差别平衡点增值率。

增值率＝(不含税销售额－不含税进货金额)÷不含税进货金额×100%

一般纳税人应纳增值税额＝当期销项税额－当期进项税额＝不含税销售额×增值率×增值税税率

小规模纳税人应纳增值税额＝不含税销售额×征收率

当两者税负相等时，则有：增值率＝征收率÷增值税税率÷(1－征收率÷增值税税率)，此值即为无差别平衡点增值率。

当税率＝17%，征收率＝3%时，增值率平衡点＝3%÷17%÷(1－3%÷17%)＝21.43%，即增值率为21.43%时，两种纳税人税负相同；当增值率低于21.43%时，小规模纳税人税负重于一般纳税人，适宜选择一般纳税人；当增值率高于21.43%时，一般纳税人税负高于小规模纳税人，适宜选择小规模纳税人。

总体来说，在增值率较低的情况下，一般纳税人比小规模纳税人有优势，主要原因是前者可抵扣进项税额，而后者不能。随着增值率的上升，一般纳税人的优势不断减少。在非零售环节，一些毛利率较高的企业，如经营奢侈品或富有弹性的商品时，小规模纳税人很容易通过降价来达到尽可能高的利润，而又少纳税。在零售环节，一般纳税人的优势地位更不显著，由于小规模纳税人按3%的征收率纳税，其不含税收入较高，当进销差价达到一定程度时，小规模纳税人的利润可能超过一般纳税人。

◆ 可抵扣购进金额占销售额比重判别法

可抵扣进项税额的多少决定一般纳税人税负的高低。当抵扣额占不含税销售额的比重达到某一数值使两种纳税人的税负相等时，称为无差别平衡点抵扣率。

抵扣率＝可抵扣购进项目金额÷不含税销售额×100%

增值率＝(不含税销售额－可抵扣购进项目金额)×100%÷不含税销售额＝1－抵扣率

一般纳税人应纳增值税额＝销项税额－进项税额＝不含税销售额×税率×(1－抵扣率)

小规模纳税人应纳增值税额＝不含税销售额×征收率

当两者税负相等时，则有抵扣率＝1－征收率÷增值税税率，此值即为无差别平衡点抵扣率。

例如，当税率＝17%，征收率＝3%时，纳税比重平衡点 $X=1-3\%\div17\%=82.35\%$。即该企业可抵扣的购进项目占其销售额的比重为82.35%时，两种纳税人的税负完全相同。当企业可抵扣的购进项目占销售额的比重大于82.35%时，一般纳税人税负轻于小规模纳税人，反之，则一般纳税人税负重于小规模纳税人。

总体来看，抵扣率较低的情况下小规模纳税人比一般纳税人有优势。当抵扣率上升达到一定程度时，一般纳税人反超小规模纳税人，比小规模纳税人有优势。

◆ 含税购货金额占含税销售额比重判别法

有时纳税人提供的资料为含税的销售额和含税的购货金额，也可算出来纳税相同的比重点。假设 Y 为含增值税的销售额，X 为含增值税的购货金额(符合抵扣条件)，则下式成立：

$$[Y\div(1+17\%)-X\div(1+17\%)]\times17\%=Y\div(1+3\%)\times3\%$$

解得平衡点如下：$X=79.95\%Y$

即企业的含税购货额为同期含税销售额的79.9%时，两种纳税人的税负完全相同。当企业的含税购货额占同期含税销售额的比重大于79.95%时，一般纳税人税负轻于小规模纳税人。反之，则一般纳税人税负重于小规模纳税人。

实例详解

【例9-1】 某生产企业年销售额300万元(不含税)，每年购进的材料价格大致在260万元(不含税)左右，公司会计核算健全，可以申请认定为一般纳税人。试对其进行纳税筹划。

【分析】 作为一般纳税人，应纳增值税额＝300×17%－260×17%＝6.8(万元)

作为小规模纳税人，应纳增值税额＝300×3%＝9(万元)，大于一般纳税人的税负。因此，企业可以选择一般纳税人身份。

但考虑到进项税额＝260×17％＝44.2（万元），虽然不能抵扣却可以计入成本，成本增加44.2万元，利润减少44.2万元，假如按照25％的税率计算，所得税减少＝44.2×25％＝11.05（万元），大于多纳的增值税2.2万元。

【例 9-2】 某科研所为非企业性单位，当年预计不含税销售额4 000万元，购进不含增值税的原材料价款为1 600万元，该科研所应如何进行纳税人类别的纳税筹划？

【解析】 税法规定，年应税销售额超过小规模纳税人标准的个人、非企业性单位、不经常发生应税行为的企业，视同小规模纳税人，适用税率为3％。但该科研所可以将该部分独立出去，通过注册成立一个企业，申请为一般纳税人（适用税率为17％）。

该科研所预计抵扣率＝1 600÷4 000＝40％

预计抵扣率为40％，小于两类纳税人平衡点的抵扣率为82.35％

若为小规模纳税人，则应纳增值税额＝4 000×3％＝120（万元）

若为一般纳税人，则应纳增值税额＝4 000×17％－1 600×17％＝408（万元）

选择小规模纳税人的增值税税负降低额＝408－120＝288（万元）

因此，该科研所应选择小规模纳税人身份更为有利。

【例 9-3】 某生产型企业年应纳增值税销售额为80万元，会计核算制度健全，符合一般纳税人的条件，属于增值税一般纳税人，适用17％的增值税税率。但该企业准予从销项税额中抵扣的进项税额较少，占销项税额的10％。依照增值率判别法，增值率＝（80－80×10％）÷80＝90％＞17.6％。所以，该企业作为一般纳税人的增值税税负要远大于小规模纳税人。现在该企业有两套方案可供选择：方案一，继续以一般纳税人的身份存在；方案二，分立成两个企业，以小规模纳税人身份存在。从节税的角度出发，该企业应当选择哪套方案？

【分析】 方案一：该企业的纳税情况如下：

① 销项税额＝80×17％＝13.6（万元）

② 进项税额＝13.6×10％＝1.36（万元）

③ 应纳增值税额＝13.6－1.36＝11.24（万元）

方案二：增值税一般纳税人不能转化为小规模纳税人。因此，将该企业分设为两个企业：甲企业和乙企业，各自作为独立核算的单位。两个企业年应税销售额分别为40万元，并且符合小规模纳税人的其他条件，按照小规模纳税人的征收率征税。在该方案下，该企业的纳税情况如下：

① 甲企业应纳增值税额＝40×3％＝1.2（万元）

② 乙企业应纳增值税额＝40×3％＝1.2（万元）

③ 两个企业合计应纳税额＝1.2＋1.2＝2.4（万元）

④ 比方案一节税额＝11.24－2.4＝8.84（万元）

因此，该企业应当选择方案二，充分利用增值税一般纳税人与小规模纳税人的不同纳税方法，从而实现了节税效果。

9.2 合理递延纳税期限进行节税

要 点

纳税期限的递延也称延期纳税，即允许企业在规定的期限内，分期或延迟缴纳税款。税款递延途径有很多，企业可根据国家税法的有关规定，尽量地延缓纳税，做出一些合理的纳税筹划，从而获得节税利益。

增值税纳税期限递延的筹划方法分为以下三种方式。

解 释

◆ **赊销和分期收款方式的筹划**

赊销和分期收款结算方式中，都以合同约定日期为纳税义务发生时间。因此，企业在产品销售过程中应收货款一时无法收回或部分无法收回的情况下，可选择赊销或分期收款结算方式。

◆ **委托代销方式销售货物的筹划**

委托代销商品是指委托方将商品交付给受托方，受托方根据合同要求，将商品出售后，开具销货清单，交给委托方，这时委托方才确认销售收入的实现。因此，若企业的产品销售对象是商业企业，且货款结算方式是销售后付款，则可根据其实际收到的货款分期计算销项税额，从而延缓纳税。

◆ **购进扣税法**

购进扣税法是指工业生产企业购进货物(包括外购货物所支付的运输费用)，在购进的货物验收入库后就能申报抵扣，并计入当期的进项税额(当期进项税额不足抵扣的部分，可以结转到下期继续抵扣)。增值税实行购进扣税法，不能降低应税产品的总体税负，但可使企业延缓缴税，利用通货膨胀或时间价值因素为相对降低税负创造条件。

实例详解

【例 9-4】 某增值税一般纳税人当月发生销售业务五笔，共计应收货款 1 800 万元(含税价)。其中，三笔共计 1 000 万元，货款两清；一笔 300 万元，两年后一次付清；另一笔一年后付 250 万元，一年半后付 150 万元，余款 100 万元两年后结清。企业该如何进行纳税筹划？

【分析】 企业若全部采取直接收款方式，则应在当月全部计算销售，计提销项税额＝1 800÷(1＋17％)×17％＝261.54(万元)；若对未收到的 300 万元和 500 万元应收账款分别在货款结算中采用赊销和分期收款结算方式，则可以延缓纳税。具体销项税额及天数为(假设以月底发货计算)：

(300＋100)÷(1＋17％)×17％＝58.12(万元)，天数为 730 天

150÷(1+17%)×17%=21.79(万元)，天数为548天

250÷(1+17%)×17%=36.32(万元)，天数为365天

毫无疑问，采用赊销和分期收款方式，可以为企业节约大量的流动资金，节约银行利息支出。

【例9-5】 A造纸厂，2013年5月向B纸张供应站销售铜版纸117万元，货款结算采用销售后付款的形式。2013年10月B纸张供应站汇来货款30万元。试进行纳税筹划。

【分析】 对于这一笔业务，可选择委托代销货物的形式，按委托代销结算方式进行税务处理。

按委托代销处理，2013年5月可不计算销项税额，2013年10月按规定向代销单位索取销货清单并计算，计提销项税额为：

30÷(1+17%)×17%=4.36(万元)

尚未收到销货清单的货款可暂缓申报计算销项税额。如不按委托代销处理，则应计销项税额为：

117÷(1+17%)×17%=17(万元)

如不进行会计处理申报纳税，则违反税收规定。因此，此类销售业务选择委托代售结算方式对企业最有利。

9.3 利用“混合销售”节税

要 点

在销售过程中既涉及增值税应税货物又涉及非应税劳务，称为混合销售行为。从事兼营业务又发生混合销售行为的纳税企业或企事业单位，若当年混合销售行为较多，金额较大，企业可以增加非应税劳务销售额，使其超过年总销售额的50%，可降低混合销售行为的税负，不纳增值税。

解 释

◆ 节税分析

混合销售行为所涉及的货物和非应税劳务是直接为销售一批货物而做出的，两者具有从属关系。混合销售行为不能分别进行核算。

例如，某电冰箱厂向某商场批发80台电冰箱，为了保证及时供货，双方议定由该厂动用自己的卡车向商场运送电冰箱。电冰箱厂除收取货款外还收取运输费。在此次销售活动中，就发生了销售货物和不属于增值税应税劳务(属于营业税规定的运输业务)的混合销售行为。由于电冰箱厂属于生产型企业，其发生的混合销售行为都视为销售货物，取得的货款和运输费一并作为货物销售额，按电冰箱适用的17%税率征收增值税。

从事货物的生产、批发或零售的企业与企业性单位发生混合销售行为，视同销售货物，缴纳增值税。混合销售是面向同一购买人的，增值税应税货物和营业税应税劳务是合并定

价，二者不能分开核算。

例如，一个企业销售一台机器并负责把这台机器运到客户指定地点，就是属于一项不可分割的交易。机器买卖行为与机器运输行为是一项有着紧密从属关系的买卖行为。

根据税法规定，从事货物的生产与批发或零售的企业、企业性单位及个体经营者，从事货物的生产、批发或零售为主并兼营非应税劳务的企业、企业性单位及个体经营者，发生上述混合销售行为，视为销售货物，缴纳增值税；其他单位和个人的混合销售行为，则视为销售非应税劳务，不缴纳增值税，而只需缴纳营业税。

混合销售行为纳税筹划与兼营中的纳税筹划相似，当实际的增值率大于营业税税率与增值税税率之比时，纳税人筹划缴纳营业税比较合算；当实际的增值率等于营业税税率与增值税税率之比时，缴纳增值税和营业税税负完全一样；当实际的增值率小于营业税税率与增值税税率之比时，缴纳增值税比较合算（注：前提均为不含税销售额）。

我国税法规定，提供增值税应税劳务和营业税应税劳务的企业，即使同时提供增值税应税劳务和营业税应税劳务，也应作为兼营而不作为混合销售。并且销售行为是否属于混合销售，需要国家税务总局所属税务机关加以确定。希望通过混合销售的纳税筹划来节税首先要得到税务机关的确定；混合销售缴纳哪种税，也要得到税务机关的认可。

实例详解

【例 9-6】 某建筑材料商店主营建筑材料批发和零售，兼营承接安装、装饰工程作业，为增值税一般纳税人，适用增值税税率为 17%，营业税税率为 3%。2013 年 6 月对外发生一笔混合销售业务，销售建筑材料并代客户安装共计 115 万元，建筑材料购入价是 100 万元。如何进行纳税筹划？

【分析】 企业实际增值率＝(115－100)÷115×100%＝13.04%

营业税税率与增值税税率之比 D＝3%÷17%×100%＝17.65%

企业实际增值率小于 D，选择缴纳增值税有利。

节税额＝115×3%－(115×17%－100×17%)＝0.9(万元)。

因此，企业应当设法使货物的销售额占到全部营业额的 50%以上。

【例 9-7】 某建筑公司主营建筑工程施工，兼营建筑材料批发，其适用营业税税率为 3%。2013 年 3 月，该公司承接某单位的办公大楼建造工程，建筑公司包工包料，合并定价，工程总造价为 1 200 万元。工程完工后，建筑公司在施工中使用的建筑材料按市场价折算为 1 000 万元，工程建筑施工费为 200 万元，实际进价为 800 万元。该公司应如何进行纳税筹划？

【分析】 建筑材料销售的实际增值率＝(1 000－800)÷1 000×100%＝20%

营业税税率与增值税税率之比 D＝3%÷17%×100%＝17.65%

企业实际增值率大于 D，选择缴纳营业税有利。

节税额＝(1 200×17%－800×17%)－1 200×3%＝32(万元)。

因此，该公司应当设法使应税劳务占当年总营业额的 50%以上。

9.4 选择成本算法进行节税

要 点

税收负担是指国家征税而给纳税人造成的经济利益损失，节税筹划的目的就在于降低企业税收负担，将税收利益最大化。在市场经济条件下，税收负担的评判必须充分考虑资金时间价值与通货膨胀水平的影响。通过比较不同成本费用方法的节税效应，纳税人可以选择能为其带来最大税收利益的费用核算方法。

解 释

◆ **资金时间价值与纳税筹划**

时间价值是客观存在的经济范畴，企业的财务活动（包括纳税筹划）总是在特定的时间内进行的。离开了时间价值因素，就无法正确计算不同时期的财务收支，也就无法做出科学合理的财务决策。

企业的纳税筹划必须充分考虑资金的时间价值。评估纳税方案时，应引进资金时间价值观念，将不同纳税方案、同一纳税方案中不同时期的税收负担折算成现值加以比较。

成本费用核算的纳税筹划并不是节税金额的简单比较，必须充分考虑资金时间价值因素，通过比较不同成本费用核算方法的节税效应，选择能为纳税人带来最大税收利益的核算方法。

◆ **通货膨胀与纳税筹划**

影响企业税收负担的因素中，价格总水平和相对价格结构的变化对税收负担的形成和变化起着重要作用。价格总水平变化在通货膨胀的市场环境下对税收负担的影响尤为突出。

1. 通货膨胀对企业税负的不利影响

通货膨胀指商品和劳务的一般价格水平持续上升。本质就是货币贬值，购买力下降，导致商品和劳务的购买能力和支付能力发生转移，即国民收入的再分配变化，从而影响纳税人的利益，使纳税人的实际税收负担与名义税收负担相背离。

实际税负指纳税人在一定时期内实际缴纳的税额。一般以实际负担率，即用纳税人在一定时期内的实纳税额占其实际收益的比率来反映。

通货膨胀对纳税人税收负担水平的影响主要表现在以下三个方面。

(1) 通货膨胀影响纳税人的商品流转额和非商品营业额，影响流转税负。

流转税以商品流转额和非商品营业额为课税对象，价格的持续上升使商品流转额和非商品营业额持续扩大，导致纳税人实际缴纳的流转税税额增加。

(2) 通货膨胀对所得税的直接影响是导致纳税人营业收益的虚假增长，进而影响所得税税负。价格上涨使纳税人的收入同比例地增加，成本和费用不变的情况下，结果为应税收益的增加。由于历史成本的计价原则，成本和费用确认的价格基础是历史成本，应税收益的增加则包含了虚假的成分，用虚增后的应税收益计算缴纳的所得税税额也不可避免地虚增了。再考虑通货膨胀对费用的影响，差异更加明显。

(3) 通货膨胀使按账面历史成本所收回资金的实际购买力下降，使纳税人无法按现行市价进行简单再生产，企业税负加重。

2. 通货膨胀对企业税负不利影响的消除

在通货膨胀的市场环境下，企业对固定资产如果采用加速折旧法进行折旧，有利于前期的折旧成本取得更多的抵税效应。这种方法相当于政府将一部分税款以无息贷款的方式提供给了企业，从而达到降低税负的效果。

我国目前实行的增值税属于价外税，销项税额向购货方收取，即税收负担的增加可以转嫁给购货方。但价格机制仍会将其作用于销货方，影响销货方的税收负担。对于消费税和营业税等流转税，通货膨胀不会改变其税收负担率，但会导致纳税人实际缴纳的消费税税额和营业税税额的增加。

实例详解

【例 9-8】 某纳税人购进商品 1 件，价格为 1 500 元，支付进项税额为 255 元。该纳税人计划以 2 106 元(含税)的价格出售此商品，但由于通货膨胀的存在，致使其实际销售价为 2 281.5 元(含税)。试比较该企业经营该商品实际缴纳的增值税金及增值税负担率增减变化。

【分析】 增值税金及增值税负担率增减变化如下：

(1) 价格上涨前实纳税金＝2 106÷(1＋17％)×17％－255＝51(元)

(2) 价格上涨前税收负担率＝51÷1 800×100％＝2.83％

(3) 价格上涨后实纳税金＝2 281.5÷(1＋17％)×17％－255＝76.5(元)

(4) 价格上涨后税收负担率＝76.5÷1 950×100％＝3.92％

(5) 价格上涨后增加实纳税金＝76.5－51＝25.5(元)

(6) 价格上涨后增加税收负担率＝3.92％－2.83％＝1.09％

9.5 其他节税技巧

要 点

税法中关于增值税税制要素的多种选择为纳税人进行节税筹划提供了空间。本节就增值税的其他日常节税技巧做进一步的解释。

解 释

◆ **区分货物用途进行节税**

企业既要用于产品生产又要用于非应税和免税项目的货物，在购入时应尽量按照生产用料进行增值税会计处理，以使全部进项额获得抵扣。即使将来要用于非应税、免税项目时，也可到时再做进项额转出的会计处理，企业将因此获得货币资金的时间价值。

企业购入货物既用于应税项目又用于免税项目或非应税项目而又无法准确划分各项目的进项税额时，应计算不得抵扣的进项税额。

◆ 巧妙选择租赁方式进行节税

融资租赁是指具有融资性质和所有权转移特点的设备租赁业务。出租人根据承租人所要求的规格、型号、性能等条件购入设备租赁给承租人。合同期内，出租人拥有设备所有权，承租人拥有使用权。

税法依据租赁期满承租人是否拥有设备的所有权对融资租赁方式进行了划分，并以此作为征收增值税和营业税的依据。其中收回设备残值的租赁纳营业税而不纳增值税。

◆ 避免"重复"纳税进行节税

一些企业为便于及时地在异地销售产品，节约费用，通常在外地设立若干办事处。规模较小的办事处（非同一县市，下同）从事推销产品、回收货款的业务，但未办理税务登记的，其货款结算一般由总部代开发票，办事处收取货款汇回企业总部，或由购货方将货款汇到企业总部。有一定规模的办事处，一般都在驻地办理税务登记及增值税一般纳税人认证。

办事处所在地税务机关必须依照国家税务总局《关于企业所属机构间移送货物征收增值税问题的通知》（国税发〔1998〕137号）的规定，按照适用税率计征增值税。企业总部计提了税，企业办事处也纳一次税，且办事处纳的税不能扣除，从而形成了"重复"纳税。

◆ 核算兼营行为进行节税

兼营是指纳税人销售增值税的应税货物或提供增值税应税劳务的同时还从事营业税的应税劳务，并且这两项经营活动间并无直接的联系和从属关系。

在兼营行为中主要涉及的是增值税和营业税项目。《增值税暂行条例》第三条规定，纳税人兼营不同税率的货物或者应税劳务，应当分别核算不同税率货物或者应税劳务的销售额；未分别核算销售额的，从高适用税率。第十六条规定，纳税人兼营免税、减税项目的，应当分别核算免税、减税项目的销售额；未分别核算销售额的，不得免税、减税。

也就是说，纳税人增值税的适用税率是17%，营业税适用税率是3%，未分别核算的增值税和营业税项目销售收入，一并从高适用17%的税率，征收增值税。因此，在兼营行为中，属于增值税的应税货物或劳务不论是否分开核算，都要征增值税，没有筹划余地；而对营业税的应税劳务，纳税人可以选择是否分开核算，对比一下增值税和营业税税负的高低，以确定是缴纳增值税还是营业税。

一般情况下，大家认为增值税税负肯定高于营业税税负，但实际上未必如此。

增值税一般纳税人的计税原理是"应纳增值税税额＝企业经营的增值额×增值税税率"。由于"增值率＝企业经营的增值额÷经营收入总额"，所以：

应纳增值税税额＝经营收入总额×增值率×增值税税率

营业税的计税原理为：

应纳营业税税额＝经营收入总额×营业税税率

比较两者税负高低，可设经营收入总额为Y，增值率为D，增值税税率为t_1，营业税税率

为 t_2，则有：

应纳增值税税额 $= Y \cdot D \cdot t_1$

应纳营业税税额 $= Y \cdot t_2$

当两者税负相等时有：

$$Y \cdot D \cdot t_1 = Y \cdot t_2 \quad 即\ D = t_1 \cdot t_2$$

由此可以得出结论：当实际的增值率小于 D 时，缴纳增值税比较合算；当实际增值率等于 D 时，缴纳增值税和营业税完全一样；当实际的增值率大于 D 时，纳税人筹划缴纳营业税比较合算。

◆ 合理利用运输费用进行节税

企业的运费收支跟税收有着密切的联系，增值税一般纳税人支付运费可抵扣进项税，收取运费应缴纳营业税或增值税。运费收支状况发生变化时，对企业纳税情况会产生一定的影响，因此应合理合法地进行运费的纳税筹划。

◆ 巧妙打折进行节税

打折是企业销售货物或应税劳务时，为使购货方多买货物，给予购货方较优惠的价格。税法规定，折扣销售可按余额作为应税销售额。

税法对折扣销售有严格的规定，只有满足以下三个条件，纳税人才能以折扣余额作为销售额。

(1) 我国增值税有关法规对折扣销售有明确的定义和特殊的税收处理。"折扣销售"是指销货方在销售货物或应税劳务时，因购货方购货数量较大等原因，而给予购货方的价格优惠(如购买 10 件优惠 5%，购买 20 件以上优惠 10%等)。

销售额和折扣额在同一张发票上分别注明的，可按折扣后的余额作为销售额计算增值税；若将折扣额另开发票，不论其在财务上如何处理，都不得从销售额中减除折扣额。

(2) 销售折扣是指销货方在销售货物或应税劳务后，为了鼓励购货方及早偿还货款，而许诺给予购货方的一种折扣优待(如 2/10、1/20、n/30，即：10 天内付款，货款折扣为 2%；20 天内付款，货款折扣为 1%；30 天内付款按全价计算)。由于销售折扣发生在销售货物之后，本身不属于销售行为，而是一种融资性质的理财费用。因此，销售折扣不得从销售额中减除，企业应按照全部销售额计算缴纳增值税。

(3) 折扣销售仅限于货物价格的折扣，实物折扣应按增值税条例"视同销售货物"中的"赠送他人"计算征收增值税。

纳税人销售货物后，由于品种质量等原因购货方未予退货，但销货方需给予购货方的价格折让，可以按折让后的货款作为销售额。

折扣销售仅限于对货物价格的折扣。若销货者将自产、委托加工和购买的货物用于实物折扣，则该实物款额应对用于折扣的实物按照"视同销售货物"中的"赠送他人"项目，计算缴纳增值税。

降价销售和折扣销售是一些企业进行促销所惯用的手段。降价销售是指卖方通过调低商品销售价格来销售商品，具有相对的长期性、普遍性和稳定性；折扣销售是卖方在特定情况下给予买方价格优惠。折扣销售往往是相对短期的、有特殊条件的和临时性的，如批量折扣、季节折扣、一次性清仓折扣等。降价销售一方面会产生减少利润的负面效应，另一方面又会产生促销和节税的正面效应。

按照我国税法规定，折扣销售如果在同一张发票上注明，可按折扣后的销售额征收增值税，也可以产生与降价销售同样的效应。

◆ 利用不同的促销方式进行节税

商场销售金额越大，不同促销方式所带来的税收差异就会越大，对商家利润的影响也是显而易见的。因此，商家不能盲目选择促销手段，而是要考虑税收的影响，以便做出最优选择。

在现实中，商家往往还要考虑哪种促销手段对消费者的刺激最大，最能扩大商家的销售。计划如何实现既定的目标，如争夺消费者，占领某一市场份额等。因此，只有从商家的总体经济利益出发，才能使纳税筹划起到为企业谋取利益的作用。

◆ 利用不同结算方式下的销项税额进行节税

《增值税暂行条例》规定，纳税人销售货物或者应税劳务的纳税义务发生时间（即产品销售实现的法定时间），按销售方式不同而不同：采取直接收款方式销售货物，不论货物是否发出，均为收到销售额或取得索取销售额的凭据，并将提货单交给买方的当天；销售应税劳务，为提供劳务同时收讫销售额或取得索取销售额凭据的当天；采取预收货款方式销售货物，为货物发出的当天；委托其他纳税人代销货物，为收到代销单位销售的代销清单的当天；采取赊销或分期收款方式销售货物，为按合同约定的收款日期当天；采取托收承付和委托银行收款方式销售货物，为发出货物并办妥托收手续的当天；纳税人发生视同销售货物行为，为货物移送的当天。

纳税人可以合理选择结算方式，采取没有收到货款不开发票的方式就能达到延期纳税的目的。

例如，对发货后一时难以回笼的货款，作为委托代销商品处理，待收到货款时出具发票纳税；尽可能采用支票、银行本票和汇兑结算方式销售货物；在不能及时收到货款的情况下，采用赊销或分期收款结算方式，避免垫付税款。避免采用托收承付和委托收款结算方式销售货物，防止垫付税款。

◆ 利用进项税额进行节税

1．选择合适的进项税抵扣时间

企业应结合自身经营情况与资金情况，在销项税额大于进项税额的情况下，及时组织进货并办理验收入库，这样可以加大当期可抵扣的进项税额，减少当期应纳增值税额，延迟纳税。

增值税进项税额抵扣必须取得防伪税控系统开具的增值税专用发票或税法规定准予抵扣的其他抵扣凭证，在抵扣时限内方可申报抵扣。具体时限是自专用发票开具之日起 180 日内到纳税机关认证，并在认证当月或次月申请抵扣，否则不予抵扣。纳税人销售货物或者提供应税劳务，因当期销项税额小于当期进项税额，不足抵扣时，其不足部分可以结转下期继续抵扣。

2. 合理选择供货方

增值税纳税人分为一般纳税人和小规模纳税人，各自适用的增值税税率是不同的，对税款抵扣额也不同。因此，如何选择供应商购进商品和劳务，将直接影响到增值税税负和企业收益。

例如，在价格和质量相同的情况下，从一般纳税人购进货物，可以索取17%或13%增值税税率的专用发票，抵扣的进项税额最大，则应纳税额最小，这是最佳的选择；从小规模纳税人购进货物，通过其从主管纳税局代开的增值税专用发票，可索取3%增值税交纳率的专用发票进行税款抵扣，所以无论是从一般纳税人购进还是从小规模纳税人购进，均要计算比较各自的税负和收益，从而确定各自的购进与销售价格，使本企业的利益最大化。

◆ **利用以物易物进行节税**

以物易物，指购销双方不以货币结算，而是以同等价款的货物相互结算，实现货物购销的一种方式。以物易物双方都应做购销处理，以各自发出的货物核算销售额并计算销项税额，以各自收到的货物核算购货额并计算进项税额。

在实际的以物易物交易过程中，双方均会出于自身的经营目的，采取非等价的物物交易，从而为物物交易的纳税筹划提供了机会。

实例详解

【例 9-9】 某工业企业2013年4月购入一批材料用于生产和其他免税项目，价值2 500 000元，材料已经验收入库，款项已通过银行转账支付。试进行纳税筹划。

【分析】 当企业购进原材料时，先将全部材料当作用于产品生产，则该月增值税进项税额为：

2 500 000×17%＝ 425 000(元)

企业可将425 000元进项税额用于抵扣。

企业下月将25%的材料用于免税项目，发生时再做进项税额转出处理，可获资金时间价值：

425 000－2 500 000×25%×17%＝318 750(元)

若该企业购买时分别确认产品生产和免税项目的增值税处理，则浪费191 250元资金的时间价值了。

【例 9-10】 2013年9月，某企业按照甲公司所要求的规格、型号、性能等条件购入一台大型设备，取得的增值税发票上注明的价款为1 000万元，增值税税额为170万元，设备预计使用年限为10年(城市维护建设税适用税率为7%、教育费附加为3%)。可选方案为：方案一，租期10年，租赁期满后，设备的所有权归大电电子有限公司，租金总额2 000万元，甲公司于每年年初支付租金200万元；方案二，租期8年，租赁期满，该企业将设备残值收回，租金总额1 600万元，甲公司于每年年初支付租金200万元。试比较两种租赁方式应负担的税收。

【分析】 方案一：租赁期满后，设备的所有权转让，按规定应缴纳增值税，不缴纳营业税。若该公司为增值税一般纳税人，该设备的进项税额应允许抵扣。

① 应纳增值税＝销项税额－进项税额＝2 000÷(1＋17%)×17%－170＝120.60(万元)

② 应纳城市维护建设税及教育费附加＝120.60×(7%＋3%)＝12.06(万元)

征收增值税业务的融资租赁实质上只是一种购销业务，应按照购销合同征收0.3‰的印花税。

③ 应纳印花税＝2 000×0.3‰＝0.6(万元)

④ 最终获利＝2 000÷(1＋17%)－1 000－12.06－0.6＝696.74(万元)

若此公司为小规模纳税人或非增值税企业，则：

① 应纳增值税＝2 000÷(1＋4%)×4%＝76.92(万元)

② 应纳城市维护建设税及教育费附加＝76.92×(7%＋3%)＝7.692(万元)

③ 应纳印花税＝2 000×0.3‰＝0.6(万元)

④ 最终获利＝2 000÷(1＋4%)－1 170－7.692－0.6＝744.78(万元)

按照国税发〔2000〕15号文件的规定，融资租赁业务，以其向承租者收取的全部价款和价外费用(包括残值)减去出租方承担的出租货物的实际成本后的余额为营业额。

方案二：该企业的纳税情况为

① 收回残值＝1 170÷10×2＝234(万元)

② 应纳营业税额＝(1 600＋234－1 170)×5%＝33.2(万元)

③ 应纳城市维护建设税及教育费附加＝(1 600＋234－1 170)×5%×(7%＋3%)＝3.32(万元)

按照现行税法的规定，对银行及其他金融组织的融资租赁业务签订的融资租赁合同，应按借款合同征收印花税，其他企业的融资租赁业务不征印花税。

④ 假设8年后，该公司收回设备的可变现净值为400万元：

最终获利＝1 600＋400－1 170－33.2－3.32＝793.48(万元)

【例9-11】 某工业企业总部位于华北地区。2013年1～3月，其西北办事处从企业总部移送了一批货物，货款共计240万元，办事处负责签订合同，货由企业总部发送，发票也是企业总部开具的，但是回收货款时，由购货方直接将120万元货款汇到“老家”，办事处收取其余120万元，并存在办事处的账上，最后集中汇到企业总部。2013年4月，办事处所在地的税务机关对该办事处的开户行进行检查，发现办事处有收货款的业务，认定其未申报纳税，对其补征了增值税，并处以罚款。

办事处的补税税票、罚款收据寄回企业总部后，按照规定应补税。如何避免“重复”纳税进行节税筹划？

【分析】 具有一定规模的办事处应办理增值税一般纳税人手续，将企业办事处变为经营单位，即可解决问题。规模较小的办事处则应将办事处变成“帮办”，只负责推销产品、签合同，货款直接由购货方汇到企业总部，由企业总部开具发票。

【例9-12】 某计算机公司是增值税小规模纳税人，从事软件的开发与转让并同时销售计算机硬件。2013年5月，该公司接受委托开发并转让软件取得收入6万元，硬件销售额54万元，该企业应如何进行纳税筹划(硬件销售的税率为3%，转让无形资产的营业税税率为5%)？

【分析】 不分开核算时：

应纳增值税＝600 000÷(1＋3%)×3%＝17 475.73(元)

分开核算时：

① 应纳增值税＝540 000÷(1＋3%)×3%＝15 728.16(元)

② 应纳营业税＝60 000×5%＝3 000(元)

因此，不分开核算可以节税：

15 728.16＋3 000－17 475.73＝1 252.43(元)

【例 9-13】 某物资公司属于增值税一般纳税人，7 月份销售钢材2 700 万元，同时又经营农机收入 300 万元，该企业怎样核算有利？

【分析】

未分别核算时：

应纳增值税＝(2 700＋300)÷(1＋17%)×17%＝435.90(万元)

分别核算时：

应纳增值税＝2 700÷(1＋17%)×17%＋300÷(1＋13%)×13%＝426.81(万元)

因此，分别核算可以为企业节税

节税额＝435.90－426.81＝9.09(万元)

【例 9-14】 税务机关在税收检查中发现，某冶炼厂(增值税一般纳税人)2013 年 7 月在销售货物时，每次都开具两张发票同购买方结算应收货款，一张是增值税专用发票，另一张是运费发票。该厂按增值税专用发票票面金额计算缴纳了增值税，运费发票做如下账务处理：计入购货方的应收账款，明细账注明“代收款项”，并按规定的比例代扣了营业税等有关地方税费，余下款项准备分批、分次付给承运单位。截至 7 月底，该厂共收取运费代收款项 1 185 600 元，扣除代扣的税费 80 621 元，余下的代收款项为 1 104 979 元，付承运单位 863 136 元。其余的 241 843 元未付，暂挂在账上。

税务机关对冶炼厂做出处理决定：认定该厂收取的代收款项属于增值税范畴价外费用，应补缴增值税 172 266.67 元；认定该厂属于偷税行为，处以少缴增值税税款 50%的罚款，补税罚款共计 258 400 元，每日加收 5‰的滞纳金。

那么，该如何合理利用运费进行纳税筹划呢？

【分析】 按照《增值税暂行条例》第六条和《增值税暂行条例实施细则》第十二条的规定，销售额为纳税人销售货物或者应税劳务向购买方收取的全部价款和价外费用。价外费用是指价外向购买方收取的手续费、补贴、基金、集资费、返还利润、奖励费、违约金(延期付款利息)、包装费、包装物租金、储备费、优质费、运输装卸费、代收款项、代垫款项及其他各种性质的价外收费。凡价外费用，无论其会计制度如何核算，均应并入销售额计算应纳税额，但符合条件的代垫运费不包括在销售额中。代垫运费应符合两个条件：一是承运部门的运费发票开具给买方；二是卖方将发票转交给买方。

代垫运费是销售单位在销售货物时必须先拿出资金支付给承运单位，然后才向购货方收取这笔款项，并且由承运单位直接开具发票，由销货方转给购货方。因此，该厂收取的款项不符合代垫运费的条件，其费用应属于价外费用中的“代收款项”，合并在销售额中缴纳增值税。可行方案包括以下三个。

方案一，销货方企业用自己的车辆送货，把取得的送货运费当作价外费用，直接开具增值税专用发票给购货方。这种方案销货方要多缴纳增值税。上述案例中的该厂如果采取这种方式，要多缴纳 172 266.67 元增值税。但是购货方取得了增值税专用发票，可以申报抵扣进项税，购货方为此少缴的增值税正是销货方多缴的 172 266.67 元。因此，购货方很可能在价格上给予销售方一定的补贴和优惠，但会涉及其他税收问题。

方案二，采取代垫运费的方式。不考虑销货运费，在销售货物时直接委托运输单位运输，让运输单位直接开具发票给购货单位，先由本厂付给承运单位运输费，然后再由本厂向购货单位收取运费。这种方案下，该厂收取的运费不纳增值税，因此当年可少缴增值税 172 266.67 元。同时由于购货方取得的运费发票符合国家税法规定，还可以向税务机关申报抵扣进项税。

方案三，首先向承运单位支付运费，承运单位开具运输发票，然后该厂把运费当作价外费用再向购货方开具增值税专用发票，直接向国税部门申报缴纳增值税。这样该厂当年度虽说是多提了 172 266.67 元的销项税额，但可以抵扣 1 185 600×7%＝82 992(元)的进项税额，实际上只是多缴了 89 274.67 元的增值税。购货方取得的增值税专用发票还可以申报抵扣，在货物价格上也很可能给本厂一定的优惠。

【例 9-15】 某公司进行产品促销，规定凡购买其产品 2 000 件以上的给予价格折扣 20%。该产品单价为 20 元，则折扣后价格为 16 元。试计算该公司的节税金额。

【分析】 应纳增值税额如下：

折扣前应纳增值税额＝2 000×20×17%＝6 800(元)

折扣后应纳增值税额＝2 000×16×17%＝5 440(元)

折扣前后应纳增值税额之差＝6 800－5 440＝1 360(元)

【例 9-16】 2013 年 9 月，某企业通过折扣销售方式销售产品 6 000 件。促销方案中，产品原市场价格为 50 元/件，凡一次购买该厂产品 100 件以上的，给予 10%的折扣。该企业为增值税一般纳税人，适用 17%的增值税税率。该企业应如何进行纳税筹划？

【分析】 若该厂将全部折扣销售均在销售实现后单独向购货方开具红字专用发票，而未将销售额和折扣在同一张发票上分别注明，那么该企业应按照折扣前的销售额计算增值税。因此，企业的增值税销项税额应为：

6 000×50×17%＝51 000(元)

如果该厂严格按照税法的规定，将全部折扣额和有关销售额在同一张发票上分别注明，那么该企业可以按照折扣后的余额作为销售额计算增值税。这时企业的销项增值税为：

6 000×50×(1－10%)×17%＝45 900(元)

减轻增值税负担＝ 51 000－45 900＝5 100(元)

【例 9-17】 某商厦于 2012 年 9 月和 2013 年 3 月，分别推出夏末和冬末大减价，活动期间所有商品均七折销售，商厦在这两个月中分别取得了 287 万元和 308 万元销售额(含税)。该商厦的企业所得税适用税率为 25%。试计算折扣销售产生的节税效应对该商厦让利损失的弥补作用。

【分析】 该商厦名义共让利＝(287＋308)÷0.7×0.3＝255(万元)

不让利应纳增值税税额＝[(287＋308)÷0.7]÷(1＋17%)×17%＝123.50(万元)

折扣销售后应纳增值税税额＝(287＋308)÷(1＋17%)×17%＝86.45(万元)

折扣销售后共节减增值税＝123.50—86.45＝37.05(万元)

折扣销售后共减少企业所得税={[(287+308)÷0.7÷(1+17%)−(287+308)÷(1+17%)]}×25%=54.49(万元)

该商厦实际让利=255−37.05−54.49=163.46(万元)

该商厦2012年9月和2013年3月的折扣销售,可以节省增值税37.05万元,节省企业所得税54.49万元。

【例9-18】 某商场为增值税一般纳税人,商品销售利润率为40%,也就是说,每销售100元商品,其成本为60元,商场购货均取得增值税专用发票。该商场为促销拟采用以下三种方案:方案一,七折销售商品;方案二,"满100送30",即购物满100元者赠送价值30元的商品(所赠商品的成本为18元,均为含税价);方案三,购物满100元返还30元现金。假定消费者在购买一件价值1 000元商品的条件下试比较三种方案。

【分析】 消费者同样是购买一件价值1 000元的商品,对于商家来说在三种方式下的应纳税情况及利润情况是不同的,现分别进行计算分析,借以衡量哪种方式对商家更为有利(由于城建税和教育费附加对结果影响较小,计算时不予考虑)。

方案一,商品以七折销售,即价值1 000元的商品售价为700元。在这种情况下,销售额以发票上注明的打折后的售价计算,且为含税销售额。

① 应缴增值税=700÷(1+17%)×17%−600÷(1+17%)×17%=14.53(元)

② 利润额=700÷(1+17%)−600÷(1+17%)=85.47(元)

③ 应缴所得税=85.47×25%=21.37(元)

④ 税后净利润=85.47−21.37=64.1(元)

方案二,"满100送30",即购物满100元,赠送价值30元的商品。在这种情况下,不仅所赠商品要计算缴纳增值税,还涉及个人所得税的缴纳。

① 销售1 000元商品时应缴增值税=1 000÷(1+17%)×17%−600÷(1+17%)×17%=58.12(元)

② 赠送300元商品视同销售,应缴增值税=300÷(1+17%)×17%−180÷(1+17%)×17%=17.44(元)

③ 合计应缴增值税=58.12+17.44=75.56(元)

同时,根据国税函〔2000〕57号文件的规定,为其他单位和部门的有关人员发放现金、实物等应按规定代扣代缴个人所得税,税款由支付单位代扣代缴。为保证让利顾客300元,商场赠送价值300元的商品应不含个人所得税,该税应由商场承担,个人所得税按个人偶然所得进行计算。

④ 赠送商品时商场需代缴的个人所得税额=300÷(1−20%)×20%=75(元)

⑤ 利润额=1 000÷(1+17%)−600÷(1+17%)−180÷(1+17%)−75=113.03(元)

赠送的商品成本及代顾客缴纳的个人所得税款不允许税前扣除,因此:

⑥ 应纳企业所得税额=[1 000÷(1+17%)−600÷(1+17%)]×25%=85.47(元)

⑦ 税后利润=113.03−85.47=27.56(元)

方案三,购物满100元,赠送30元现金。在这种情况下,所赠送的现金也要缴纳个人所得税,且由商家承担。

① 销售1 000元商品时应缴增值税=1 000÷(1+17%)×17%−600÷(1+17%)×

17%=58.12(元)

② 个人所得税额=300÷(1-20%)×20%=75(元)

③ 应纳企业所得税额=[1 000÷(1+17%)-600÷(1+17%)]×25%=85.47(元)

④ 账面利润额=1 000÷(1+17%)-600÷(1+17%)-300-75=-33.12(元)

⑤ 企业的税后利润= -33.12-85.47= -118.59(元)

通过比较可知,在假定消费者购买一件价值 1 000 元商品的条件下,方案一使商家可获得 64.1 元的净利润;方案二使商家税后利润只有27.56 元;方案三则使商家亏损 118.59 元。

【例 9-19】 甲、乙两企业于 2013 年 3 月 6 日签订了一份购销合同,甲企业向乙企业销售总价值 4 000 万元(不含税)的某种推土机,合同规定采取委托银行收款方式结算价税款。甲企业于当日向乙企业发货,并到当地某银行办理了托收手续。假设银行贷款利率为 5.58%。同年 4 月 15 日,乙企业收到甲企业的全部推土机,对其进行技术检测后,认为不符合合同的要求,拒绝付款,并将全部推土机退回。试分析甲企业的结算方式。

【分析】 采取托收承付和委托银行收款方式销售货物,其销售额的确认时间为发出货物并办妥托收手续的当天。因此,甲企业 3 月 6 日在未收到货款的情况下,确认并支付销项税额=4 000×17%=680(万元)。

虽然这笔税款可以在退货发生的当期销项税额中抵扣,但这种抵扣与以前的垫付是有一定时间间隔的,相当于企业占用了一部分资金用于无回报的投资,且承担资金成本=680×5.58%÷360×40(占用资金天数 3 月 6 日至 4 月 15 日)=4.216(万元)。

【例 9-20】 某电视机厂为增值税一般纳税人,主要生产销售新型彩色电视机。2013 年 9 月进行增值税纳税申报。有关账簿和凭证资料如下:

(1) 9 月 2 日,以交款提货结算方式向甲家电商场销售电视机 500 台,本期同类产品不含税售价 6 000 元。厂家给予商场售价 5%的优惠,每台电视机不含税售价 5 700 元,货款全部以银行存款收讫;9 月 5 日,向乙家电商场销售彩电 200 台。所提供的现金折扣条件为 4/10、2/20、n/30。9 月 23 日,全部收回货款,厂家按规定给予优惠。

(2) 采取以旧换新方式,从消费者个人手中收购旧电视机,销售新型号电视机 10 台,收到货款 62 200 元,开出普通发票 10 张,并注明已扣除旧电视机折价 8 000 元。

(3) 采取还本销售方式销售 20 台电视机给消费者,协议规定,每台不含税销售单价为 8 000 元,五年后厂家将全部货款退还给购货方。共开出普通发票 20 张,合计金额为 187 200 元。

(4) 以 20 台电视机向丙单位等价换取原材料,电视机不含税销售单价 6 000 元,成本价 3 600 元,双方均按规定开具增值税专用发票。

(5) 9 月 4 日,向丁商场销售 300 台电视机,不含税销售单价 6 000 元。商场在对外销售时发现,有 5 台电视机存在严重质量问题,商场提出将 5 台电视机做退货处理,并将当地主管国税机关开具的"进货退出或索取折让证明单"送交厂家。该厂将 5 台电视机收回,并按规定给商场开具了红字专用发票。

(6) 本期共发生可抵扣进项税额 80 万元(含从丙单位换入原材料应抵扣的进项税额)。

要求:确定该电视机厂 2013 年 9 月应申报交纳的增值税额。

【分析】 (1) 税法规定,纳税人采取折扣方式销售货物,若销售额和折旧额在同一张发票上分别注明的，可以按折扣后的销售额征收增值税；若将折扣额另开发票，不论其在财务上如何处理，均不得从销售额中减除折扣额，应照章征收增值税。电视机厂采用商业折扣方式向甲家电商场销售产品，为先打折后销售，实际是按每台5 700元的单价销售，可按折扣后的金额计算增值税，无须另开发票。如果折扣后再另开发票，则不得减除折扣额。

对乙商场采取的是现金折扣方式，即先销售后折扣，增值税专用发票上先按全额反映。实际收到折扣价款后，再按折扣金额开具其他发票或单据给购货方入账。双方均对现金折扣作为财务费用处理(厂家增加、商家减少)，折扣部分不得从销售额中减除。

销项税额＝5 700×500×17%＋6 000×200×17%＝484 500＋204 000＝688 500(元)

(2) 税法规定，纳税人采取以旧换新方式销售货物的，应按新货的同期售价确定销售额。

销项税额＝(62 200＋8 000)÷(1＋17%)×17%＝10 200(元)

(3) 还本销售不准扣除还本金额。销项税额＝187 200÷(1＋17%)×17%＝27 200(元)

(4) 税法规定，纳税人采取以物易物方式销售货物的，双方都应做购销处理，以各自发出的货物核算销售额并计算销项税额，以各自收到的货物核算购货额并计算进项税额。即：

销项税额＝进项税额＝6 000×20×17%＝20 400(元)

需要说明的是，如果是非等价交换，一方以货币方式支付部分价差，则支付方应将支付的货币部分从销售额中扣除。

(5) 税法规定，销售货物并向购买方开具专用发票后，如发生退货或销售折让(通常是因产品质量问题而提出)，应视不同情况进行处理，一是购买方在未付货款并且未做账务处理的情况下，须将原发票联和税款抵扣联主动退还销售方。销售方收到后，应在该发票的四联单上注明“作废”字样，作为扣减当期销项税额的凭证。属于销售折让的，销售方应按折让后的货款重开专用发票。二是在购买方已付货款，或者货款未付但已做账务处理，发票联和抵扣联无法退还的情况下，购买方必须取得当地主管税务机关开具的“进货退出或索取折让证明单”送交销售方，作为销售方开具红字专用发票的合法依据。红字专用发票的存根联、记账联作为销售方扣减当期销项税额的凭证。购买方收到红字专用发票后，应将红字专用发票所注明的增值税额从当期进项税额中扣减。

销项税额＝(300－5)×6 000×17%＝300 900(元)

(6) 9月应交增值税＝销项税额－进项税额＝(688 500＋10 200＋27 200＋20 400＋300 900)－800 000＝247 200(元)

【例9-21】 某厨具公司(增值税一般纳税人)，外购原材料钢材时若从甲钢铁厂(一般纳税人，增值税税率为17%)处购入，则每吨的价格为60 000元(含税)。若从乙钢铁厂(小规模纳税人)处购买，则可取得由税务机关代开的征收率为3%的专用发票，含税价格为52 800元。分析该企业是否应从小规模纳税人处购货。(城市维护建设税税率为7%，教育费附加征收率为3%)

【分析】 由价格折让临界点得知，增值税税率为17%，小规模纳税人的抵扣率为3%时，价格折让临界点为87%，即临界点时的价格＝60 000×87%＝52 200 (元)，而小规模纳税人的实际价格52 800元＞临界点的价格52 200元，因此适宜从一般纳税人处采购原材料。

从利润角度来看，从甲钢铁厂购进原材料的净成本＝

60 000÷(1＋17％)－60 000÷(1＋17％)×17％×(7％＋3％)

＝51 282.05－871.79＝50 410.26(元)

从乙钢铁厂购进原材料的净成本＝

52 800÷(1＋3％)－52 800÷(1＋3％)×3％×(7％＋3％)

＝51262.14－153.79＝51 108.35(元)

由此可以看出，从乙钢铁厂购进钢材的成本大于从甲钢铁厂购进钢材的成本，因此应选择从甲钢铁厂购入。

若此厨具厂只能从乙钢铁厂取得普通发票不能进行任何抵扣，由以上价格临界点得知，只有在乙钢铁厂的含税销售价格低于 52 200 元时，才可考虑从小规模纳税人处购入。

企业在采购货物时，可根据以上价格临界点值，正确计算出临界点时的价格，从而选择更合适的供货方，取得较大的税后收益。

【例 9-22】 甲企业以一批库存商品彩电，换取乙企业的一批库存商品微波炉，双方均备日后销售。彩电的账面价值为 40 万元，不含税公允价值为 42 万元，增值税税率为 17％，计税价格为公允价值；微波炉的账面价值为 43 万元，不含税公允价值为 42 万元，增值税税率为 17％，计税价格为公允价值，整个交易过程除增值税以外，没有发生其他相关的税费。

【分析】 (1) 甲企业增值税的计算：根据增值税法的有关规定，企业库存商品与库存商品相交换，应视同销售行为，按计税价格计算进项税额和销项税额。

换出商品的销项税额＝42×17％＝7.14(万元)

换入商品的进项税额＝42×17％＝7.14(万元)

该业务应纳增值税额＝7.14－7.14＝0

(2) 乙企业增值税的计算：根据增值税的有关规定，企业库存商品与库存商品相交换，同样应视同销售行为，按计税价格计算进项税额和销项税额。

换出商品的销项税额＝42×17％＝7.14(万元)

换入商品的进项税额＝42×17％＝7.14(万元)

该业务应纳增值税额＝7.14－7.14＝0

从上述甲、乙企业的增值税计算可以看出，非货币性交易仍然是一种公平、公允交易，交易双方以等额公允价值进行交易。在等价交易的情况下，换入商品与换出商品的增值税额相等，所以应纳增值税额为 0。

实战训练

一、单项选择题

1. 小规模纳税人的增值税是以(　　)作为计税基础。

A. 增值额(含税)

B. 增值额(不含税)

C. 全部收入(含税)

D. 全部收入(不含税)

2. 增值率较低的情况下，(　　)有优势。

A. 一般纳税人比小规模纳税人

B. 小规模纳税人比一般纳税人

C. 两者相同

D. 两者纳税额均不受增值率影响

3. 购入既要用于产品生产又要用于非应税和免税项目的货物时，应尽量按照（　　）进行增值税会计处理，以使全部进项额获得抵扣。

A. 委托代销商品

B. 生产成本

C. 原材料

D. 生产用料

4. 企业的运费收支跟税收有着密切的联系，增值税一般纳税人支付运费可抵扣进项税，收取运费应缴纳（　　）。

A. 增值税

B. 营业税

C. 营业税或增值税

D. 营业税及增值税

5. 现行税法规定，纳税人采取折扣方式销售货物，如果销售额和折扣额在同一张发票上分别注明的，可按（　　）征收增值税。

A. 销售额

B. 折扣额

C. 折扣额加销售额

D. 折扣后的销售额

二、多项选择题

1. 增值税纳税期限递延的筹划方法有（　　）。

A. 赊销

B. 分期收款

C. 委托代销方式销售货物

D. 购进扣税法

2. 代垫运费应符合哪两个条件？（　　）

A. 承运部门的运费发票开具给卖方

B. 承运部门的运费发票开具给买方

C. 卖方将发票转交给买方

D. 买方将发票转交给卖方

3. 融资租赁是指具有融资性质和所有权转移特点的设备租赁业务，（　　）。

A. 出租人在合同期内拥有设备所有权

B. 承租人在合同期内拥有设备所有权

C. 出租人拥有使用权

D. 承租人拥有使用权

4. 现代企业财务决策主要包括（　　）。

A. 利润分配决策

B. 筹资决策

C. 投资决策

D. 生产经营决策

5. 纳税人的税收负担可分为（　　）。

A. 绝对税负

B. 相对税负

C. 全额税负

D. 部分税负

三、判断题

1. 从事兼营业务又发生混合销售行为的纳税企业或企事业单位，若当年混合销售行为较多，金额较大，企业可以增加非应税劳务销售额，当其超过年总销售额的 30%，即可降低混合销售行为的税负，不纳增值税。（　　）

2. 在销售过程中既涉及增值税应税货物又涉及非应税劳务，称为混合销售行为。（　　）

3. 税收负担是指国家征税而给纳税人造成的经济利益损失，纳税人的税收负担可分为绝对税负和相对税负。（　　）

4. 根据《增值税暂行条例》和《增值税暂行条例实施细则》的规定，我国增值税的纳税人分为两类：一般纳税人和小规模纳税人。（　　）

5. 纳税人增值税的适用税率是 17%，营业税适用税率是 3%，未分别核算的增值税和营业税项目销售收入，一并从低适用 3%的税率，征收营业税。（　　）

四、计算题

1. 某企业为促进产品销售，规定凡购买其产品 1 000 件以上的，给予价格折扣 30%。该产品单价为 10 元，则折扣后价格为 7 元，则其差异为多少呢？

2. 某金店（中国人民银行批准的金银首饰经营单位）为增值税一般纳税人，2013 年 9 月采取“以旧换新”方式向消费者销售金项链 50 条，每条新项链的零售价格为 2 500 元，每条旧项链作价 800 元，每条项链取得差价款 1 700 元；向消费者取得首饰修理费 2 779 元。计算该金店应纳增值税税额。

3. 某汽车厂为增值税一般纳税人，生产的小轿车达到低污染排放标准，2013 年 2 月，汽车出厂价格每辆 100 000 元（不含增值税），该厂购销情况如下：

（1）向特约经销商销售甲小轿车 50 辆，已提取 40 辆小轿车，未提 10 辆；该厂开具了 50 辆小轿车的增值税专用发票；

（2）抵债给某供货商小轿车 8 辆，并开具增值税专用发票；为该业务支付运费 12 000 元，运输单位发票抬头为供货商，发票已由该厂转给供货商；

（3）与经销商乙签订了 60 辆小轿车的代销协议，代销手续费 5%，该厂当即开具了 60 辆小轿车的增值税专用发票，当月收到经销商返还的 30 辆小轿车的代销清单及销货款；

（4）以 10 辆小轿车，向一汽车配件厂换取 600 000 元的专用配件，双方均已收到货物，未开具增值税专用发票。

(5) 销售使用过两年的一台旧机床，账面原价 400 000 元，已提取折旧 100 000 元，销售价格 410 000 元；

(6) 国内购进小轿车零配件一批，取得增值税专用发票上注明的销售金额 4 000 000 元，货已入库；另支付运费金额 30 000 元，取得运输单位开具的运输发票上注明运费金额 20 000 元，建设基金 5 000 元，装卸费 2 000 元，保险费 3 000 元，本月未报送《增值税运输发票抵扣清单》及电子信息；

(7) 从国内小规模纳税人处购进自产小轿车零配件一批，并取得当地税务机关开具的增值税专用发票注明价款 60 000 元，货已验收入库；

(8) 从国外进口原材料一批，支付买价 400 000 元、相关费用 30 000 元，支付到达我国海关前的运输费用 40 000 元、保险费用 20 000 元；

(9) 经主管税务机关核准购进税控收款机一台，取得增值税专用发票注明金额 5 000 元，税额 850 元；

(10) 本厂基本建设工程领取上月购进的生产用钢材价值100 000 元；

(11) 购进办公用品一批，取得普通发票注明价款 20 000 元；购置复印机一台，普通发票上注明价款 50 000 元，为职工食堂购置用具一批，取得增值税专用发票注明价款 10 000 元。

要求：假设小轿车适用消费税税率为 5%，关税税率为 20%，依据增值税纳税申报表的口径，请计算该厂 2 月份：

① 进口环节应缴纳的关税；

② 进口环节缴纳的增值税；

③ 当月可以实际抵扣的税额；

④ 当月销项税额；

⑤ 当月应纳的增值税额。

附　录

附录1　中华人民共和国增值税暂行条例

（中华人民共和国国务院令第538号）

第一条　在中华人民共和国境内销售货物或者提供加工、修理修配劳务以及进口货物的单位和个人，为增值税的纳税人，应当依照本条例缴纳增值税。

第二条　增值税税率：

（一）纳税人销售或者进口货物，除本条第（二）项、第（三）项规定外，税率为17%。

（二）纳税人销售或者进口下列货物，税率为13%：

1. 粮食、食用植物油；

2. 自来水、暖气、冷气、热水、煤气、石油液化气、天然气、沼气、居民用煤炭制品；

3. 图书、报纸、杂志；

4. 饲料、化肥、农药、农机、农膜；

5. 国务院规定的其他货物。

（三）纳税人出口货物，税率为零；但是，国务院另有规定的除外。

（四）纳税人提供加工、修理修配劳务（以下称应税劳务），税率为17%。

税率的调整，由国务院决定。

第三条　纳税人兼营不同税率的货物或者应税劳务，应当分别核算不同税率货物或者应税劳务的销售额；未分别核算销售额的，从高适用税率。

第四条　除本条例第十一条规定外，纳税人销售货物或者提供应税劳务（以下简称销售货物或者应税劳务），应纳税额为当期销项税额抵扣当期进项税额后的余额。应纳税额计算公式：

应纳税额＝当期销项税额－当期进项税额

当期销项税额小于当期进项税额不足抵扣时，其不足部分可以结转下期继续抵扣。

第五条　纳税人销售货物或者应税劳务，按照销售额和本条例第二条规定的税率计算并向购买方收取的增值税额，为销项税额。销项税额计算公式：

销项税额＝销售额×税率

第六条　销售额为纳税人销售货物或者应税劳务向购买方收取的全部价款和价外费用，但是不包括收取的销项税额。

销售额以人民币计算。纳税人以人民币以外的货币结算销售额的，应当折合成人民币计算。

第七条 纳税人销售货物或者应税劳务的价格明显偏低并无正当理由的，由主管税务机关核定其销售额。

第八条 纳税人购进货物或者接受应税劳务(以下简称购进货物或者应税劳务)支付或者负担的增值税额，为进项税额。

下列进项税额准予从销项税额中抵扣：

(一) 从销售方取得的增值税专用发票上注明的增值税额。

(二) 从海关取得的海关进口增值税专用缴款书上注明的增值税额。

(三) 购进农产品，除取得增值税专用发票或者海关进口增值税专用缴款书外，按照农产品收购发票或者销售发票上注明的农产品买价和13%的扣除率计算的进项税额。进项税额计算公式：

进项税额＝买价×扣除率

(四) 购进或者销售货物以及在生产经营过程中支付运输费用的，按照运输费用结算单据上注明的运输费用金额和7%的扣除率计算的进项税额。进项税额计算公式：

进项税额＝运输费用金额×扣除率

准予抵扣的项目和扣除率的调整，由国务院决定。

第九条 纳税人购进货物或者应税劳务，取得的增值税扣税凭证不符合法律、行政法规或者国务院税务主管部门有关规定的，其进项税额不得从销项税额中抵扣。

第十条 下列项目的进项税额不得从销项税额中抵扣：

(一) 用于非增值税应税项目、免征增值税项目、集体福利或者个人消费的购进货物或者应税劳务；

(二) 非正常损失的购进货物及相关的应税劳务；

(三) 非正常损失的在产品、产成品所耗用的购进货物或者应税劳务；

(四) 国务院财政、税务主管部门规定的纳税人自用消费品；

(五) 本条第(一)项至第(四)项规定的货物的运输费用和销售免税货物的运输费用。

第十一条 小规模纳税人销售货物或者应税劳务，实行按照销售额和征收率计算应纳税额的简易办法，并不得抵扣进项税额。应纳税额计算公式：

应纳税额＝销售额×征收率

小规模纳税人的标准由国务院财政、税务主管部门规定。

第十二条 小规模纳税人增值税征收率为3%。

征收率的调整，由国务院决定。

第十三条 小规模纳税人以外的纳税人应当向主管税务机关申请资格认定。具体认定办法由国务院税务主管部门制定。

小规模纳税人会计核算健全，能够提供准确税务资料的，可以向主管税务机关申请资格认定，不作为小规模纳税人，依照本条例有关规定计算应纳税额。

第十四条 纳税人进口货物，按照组成计税价格和本条例第二条规定的税率计算应纳税额。组成计税价格和应纳税额计算公式：

组成计税价格＝关税完税价格＋关税＋消费税

应纳税额＝组成计税价格×税率

第十五条 下列项目免征增值税：

（一）农业生产者销售的自产农产品；

（二）避孕药品和用具；

（三）古旧图书；

（四）直接用于科学研究、科学试验和教学的进口仪器、设备；

（五）外国政府、国际组织无偿援助的进口物资和设备；

（六）由残疾人的组织直接进口供残疾人专用的物品；

（七）销售的自己使用过的物品。

除前款规定外，增值税的免税、减税项目由国务院规定。任何地区、部门均不得规定免税、减税项目。

第十六条 纳税人兼营免税、减税项目的，应当分别核算免税、减税项目的销售额；未分别核算销售额的，不得免税、减税。

第十七条 纳税人销售额未达到国务院财政、税务主管部门规定的增值税起征点的，免征增值税；达到起征点的，依照本条例规定全额计算缴纳增值税。

第十八条 中华人民共和国境外的单位或者个人在境内提供应税劳务，在境内未设有经营机构的，以其境内代理人为扣缴义务人；在境内没有代理人的，以购买方为扣缴义务人。

第十九条 增值税纳税义务发生时间：

（一）销售货物或者应税劳务，为收讫销售款项或者取得索取销售款项凭据的当天；先开具发票的，为开具发票的当天。

（二）进口货物，为报关进口的当天。

增值税扣缴义务发生时间为纳税人增值税纳税义务发生的当天。

第二十条 增值税由税务机关征收，进口货物的增值税由海关代征。

个人携带或者邮寄进境自用物品的增值税，连同关税一并计征。具体办法由国务院关税税则委员会会同有关部门制定。

第二十一条 纳税人销售货物或者应税劳务，应当向索取增值税专用发票的购买方开具增值税专用发票，并在增值税专用发票上分别注明销售额和销项税额。

属于下列情形之一的，不得开具增值税专用发票：

（一）向消费者个人销售货物或者应税劳务的；

（二）销售货物或者应税劳务适用免税规定的；

（三）小规模纳税人销售货物或者应税劳务的。

第二十二条 增值税纳税地点：

（一）固定业户应当向其机构所在地的主管税务机关申报纳税。总机构和分支机构不在同一县（市）的，应当分别向各自所在地的主管税务机关申报纳税；经国务院财政、税务主管部门或者其授权的财政、税务机关批准，可以由总机构汇总向总机构所在地的主管税务机关申报纳税。

（二）固定业户到外县（市）销售货物或者应税劳务，应当向其机构所在地的主管税务机关申请开具外出经营活动税收管理证明，并向其机构所在地的主管税务机关申报纳税；未开具证明的，应当向销售地或者劳务发生地的主管税务机关申报纳税；未向销售地或者劳务发生地的主管税务机关申报纳税的，由其机构所在地的主管税务机关补征税款。

（三）非固定业户销售货物或者应税劳务，应当向销售地或者劳务发生地的主管税务机关申报纳税；未向销售地或者劳务发生地的主管税务机关申报纳税的，由其机构所在地或者居住地的主管税务机关补征税款。

（四）进口货物，应当向报关地海关申报纳税。

扣缴义务人应当向其机构所在地或者居住地的主管税务机关申报缴纳其扣缴的税款。

第二十三条　增值税的纳税期限分别为1日、3日、5日、10日、15日、1个月或者1个季度。纳税人的具体纳税期限，由主管税务机关根据纳税人应纳税额的大小分别核定；不能按照固定期限纳税的，可以按次纳税。

纳税人以1个月或者1个季度为1个纳税期的，自期满之日起15日内申报纳税；以1日、3日、5日、10日或者15日为1个纳税期的，自期满之日起5日内预缴税款，于次月1日起15日内申报纳税并结清上月应纳税款。

扣缴义务人解缴税款的期限，依照前两款规定执行。

第二十四条　纳税人进口货物，应当自海关填发海关进口增值税专用缴款书之日起15日内缴纳税款。

第二十五条　纳税人出口货物适用退（免）税规定的，应当向海关办理出口手续，凭出口报关单等有关凭证，在规定的出口退（免）税申报期内按月向主管税务机关申报办理该项出口货物的退（免）税。具体办法由国务院财政、税务主管部门制定。

出口货物办理退税后发生退货或者退关的，纳税人应当依法补缴已退的税款。

第二十六条　增值税的征收管理，依照《中华人民共和国税收征收管理法》及本条例有关规定执行。

第二十七条　本条例自2009年1月1日起施行。

附录2　中华人民共和国增值税暂行条例实施细则

（中华人民共和国财政部、国家税务总局令第50号）

第一条　根据《中华人民共和国增值税暂行条例》(以下简称条例),制定本细则。

第二条　条例第一条所称货物,是指有形动产,包括电力、热力、气体在内。

条例第一条所称加工,是指受托加工货物,即委托方提供原料及主要材料,受托方按照委托方的要求,制造货物并收取加工费的业务。

条例第一条所称修理修配,是指受托对损伤和丧失功能的货物进行修复,使其恢复原状和功能的业务。

第三条　条例第一条所称销售货物,是指有偿转让货物的所有权。

条例第一条所称提供加工、修理修配劳务(以下称应税劳务),是指有偿提供加工、修理修配劳务。单位或者个体工商户聘用的员工为本单位或者雇主提供加工、修理修配劳务,不包括在内。

本细则所称有偿,是指从购买方取得货币、货物或者其他经济利益。

第四条　单位或者个体工商户的下列行为,视同销售货物:

(一) 将货物交付其他单位或者个人代销;

(二) 销售代销货物;

(三) 设有两个以上机构并实行统一核算的纳税人,将货物从一个机构移送其他机构用于销售,但相关机构设在同一县(市)的除外;

(四) 将自产或者委托加工的货物用于非增值税应税项目;

(五) 将自产、委托加工的货物用于集体福利或者个人消费;

(六) 将自产、委托加工或者购进的货物作为投资,提供给其他单位或者个体工商户;

(七) 将自产、委托加工或者购进的货物分配给股东或者投资者;

(八) 将自产、委托加工或者购进的货物无偿赠送其他单位或者个人。

第五条　一项销售行为如果既涉及货物又涉及非增值税应税劳务,为混合销售行为。除本细则第六条的规定外,从事货物的生产、批发或者零售的企业、企业性单位和个体工商户的混合销售行为,视为销售货物,应当缴纳增值税;其他单位和个人的混合销售行为,视为销售非增值税应税劳务,不缴纳增值税。

本条第一款所称非增值税应税劳务,是指属于应缴营业税的交通运输业、建筑业、金融保险业、邮电通信业、文化体育业、娱乐业、服务业税目征收范围的劳务。

本条第一款所称从事货物的生产、批发或者零售的企业、企业性单位和个体工商户,包括以从事货物的生产、批发或者零售为主,并兼营非增值税应税劳务的单位和个体工商户在内。

第六条　纳税人的下列混合销售行为,应当分别核算货物的销售额和非增值税应税劳务的营业额,并根据其销售货物的销售额计算缴纳增值税,非增值税应税劳务的营业额不缴纳增值税;未分别核算的,由主管税务机关核定其货物的销售额:

（一）销售自产货物并同时提供建筑业劳务的行为；

（二）财政部、国家税务总局规定的其他情形。

第七条 纳税人兼营非增值税应税项目的，应分别核算货物或者应税劳务的销售额和非增值税应税项目的营业额；未分别核算的，由主管税务机关核定货物或者应税劳务的销售额。

第八条 条例第一条所称在中华人民共和国境内（以下简称境内）销售货物或者提供加工、修理修配劳务，是指：

（一）销售货物的起运地或者所在地在境内；

（二）提供的应税劳务发生在境内。

第九条 条例第一条所称单位，是指企业、行政单位、事业单位、军事单位、社会团体及其他单位。

条例第一条所称个人，是指个体工商户和其他个人。

第十条 单位租赁或者承包给其他单位或者个人经营的，以承租人或者承包人为纳税人。

第十一条 小规模纳税人以外的纳税人（以下称一般纳税人）因销售货物退回或者折让而退还给购买方的增值税额，应从发生销售货物退回或者折让当期的销项税额中扣减；因购进货物退出或者折让而收回的增值税额，应从发生购进货物退出或者折让当期的进项税额中扣减。

一般纳税人销售货物或者应税劳务，开具增值税专用发票后，发生销售货物退回或者折让、开票有误等情形，应按国家税务总局的规定开具红字增值税专用发票。未按规定开具红字增值税专用发票的，增值税额不得从销项税额中扣减。

第十二条 条例第六条第一款所称价外费用，包括价外向购买方收取的手续费、补贴、基金、集资费、返还利润、奖励费、违约金、滞纳金、延期付款利息、赔偿金、代收款项、代垫款项、包装费、包装物租金、储备费、优质费、运输装卸费以及其他各种性质的价外收费。但下列项目不包括在内：

（一）受托加工应征消费税的消费品所代收代缴的消费税；

（二）同时符合以下条件的代垫运输费用：

1. 承运部门的运输费用发票开具给购买方的；

2. 纳税人将该项发票转交给购买方的。

（三）同时符合以下条件代为收取的政府性基金或者行政事业性收费：

1. 由国务院或者财政部批准设立的政府性基金，由国务院或者省级人民政府及其财政、价格主管部门批准设立的行政事业性收费；

2. 收取时开具省级以上财政部门印制的财政票据；

3. 所收款项全额上缴财政。

（四）销售货物的同时代办保险等而向购买方收取的保险费，以及向购买方收取的代购买方缴纳的车辆购置税、车辆牌照费。

第十三条 混合销售行为依照本细则第五条规定应当缴纳增值税的，其销售额为货物的销售额与非增值税应税劳务营业额的合计。

第十四条 一般纳税人销售货物或者应税劳务，采用销售额和销项税额合并定价方法的，按下列公式计算销售额：

销售额＝含税销售额÷(1＋税率)

第十五条 纳税人按人民币以外的货币结算销售额的，其销售额的人民币折合率可以选择销售额发生的当天或者当月1日的人民币汇率中间价。纳税人应在事先确定采用何种折合率，确定后1年内不得变更。

第十六条 纳税人有条例第七条所称价格明显偏低并无正当理由或者有本细则第四条所列视同销售货物行为而无销售额者，按下列顺序确定销售额：

(一) 按纳税人最近时期同类货物的平均销售价格确定；

(二) 按其他纳税人最近时期同类货物的平均销售价格确定；

(三) 按组成计税价格确定。组成计税价格的公式为：

组成计税价格＝成本×(1＋成本利润率)

属于应征消费税的货物，其组成计税价格中应加计消费税额。

公式中的成本是指：销售自产货物的为实际生产成本，销售外购货物的为实际采购成本。公式中的成本利润率由国家税务总局确定。

第十七条 条例第八条第二款第(三)项所称买价，包括纳税人购进农产品在农产品收购发票或者销售发票上注明的价款和按规定缴纳的烟叶税。

第十八条 条例第八条第二款第(四)项所称运输费用金额，是指运输费用结算单据上注明的运输费用(包括铁路临管线及铁路专线运输费用)、建设基金，不包括装卸费、保险费等其他杂费。

第十九条 条例第九条所称增值税扣税凭证，是指增值税专用发票、海关进口增值税专用缴款书、农产品收购发票和农产品销售发票以及运输费用结算单据。

第二十条 混合销售行为依照本细则第五条规定应当缴纳增值税的，该混合销售行为所涉及的非增值税应税劳务所用购进货物的进项税额，符合条例第八条规定的，准予从销项税额中抵扣。

第二十一条 条例第十条第(一)项所称购进货物，不包括既用于增值税应税项目(不含免征增值税项目)也用于非增值税应税项目、免征增值税(以下简称免税)项目、集体福利或者个人消费的固定资产。

前款所称固定资产，是指使用期限超过12个月的机器、机械、运输工具以及其他与生产经营有关的设备、工具、器具等。

第二十二条 条例第十条第(一)项所称个人消费包括纳税人的交际应酬消费。

第二十三条 条例第十条第(一)项和本细则所称非增值税应税项目，是指提供非增值税应税劳务、转让无形资产、销售不动产和不动产在建工程。

前款所称不动产是指不能移动或者移动后会引起性质、形状改变的财产，包括建筑物、构筑物和其他土地附着物。

纳税人新建、改建、扩建、修缮、装饰不动产，均属于不动产在建工程。

第二十四条　条例第十条第(二)项所称非正常损失，是指因管理不善造成被盗、丢失、霉烂变质的损失。

第二十五条　纳税人自用的应征消费税的摩托车、汽车、游艇，其进项税额不得从销项税额中抵扣。

第二十六条　一般纳税人兼营免税项目或者非增值税应税劳务而无法划分不得抵扣的进项税额的，按下列公式计算不得抵扣的进项税额：

不得抵扣的进项税额＝当月无法划分的全部进项税额×当月免税项目销售额、非增值税应税劳务营业额合计÷当月全部销售额、营业额合计。

第二十七条　已抵扣进项税额的购进货物或者应税劳务，发生条例第十条规定的情形的(免税项目、非增值税应税劳务除外)，应当将该项购进货物或者应税劳务的进项税额从当期的进项税额中扣减；无法确定该项进项税额的，按当期实际成本计算应扣减的进项税额。

第二十八条　条例第十一条所称小规模纳税人的标准为：

(一) 从事货物生产或者提供应税劳务的纳税人，以及以从事货物生产或者提供应税劳务为主，并兼营货物批发或者零售的纳税人，年应征增值税销售额(以下简称应税销售额)在50万元以下(含本数，下同)的；

(二) 除本条第一款第(一)项规定以外的纳税人，年应税销售额在80万元以下的。

本条第一款所称以从事货物生产或者提供应税劳务为主，是指纳税人的年货物生产或者提供应税劳务的销售额占年应税销售额的比重在50%以上。

第二十九条　年应税销售额超过小规模纳税人标准的其他个人按小规模纳税人纳税；非企业性单位、不经常发生应税行为的企业可选择按小规模纳税人纳税。

第三十条　小规模纳税人的销售额不包括其应纳税额。

小规模纳税人销售货物或者应税劳务采用销售额和应纳税额合并定价方法的，按下列公式计算销售额：

销售额＝含税销售额÷(1＋征收率)

第三十一条　小规模纳税人因销售货物退回或者折让退还给购买方的销售额，应从发生销售货物退回或者折让当期的销售额中扣减。

第三十二条　条例第十三条和本细则所称会计核算健全，是指能够按照国家统一的会计制度规定设置账簿，根据合法、有效凭证核算。

第三十三条　除国家税务总局另有规定外，纳税人一经认定为一般纳税人后，不得转为小规模纳税人。

第三十四条　有下列情形之一者，应按销售额依照增值税税率计算应纳税额，不得抵扣进项税额，也不得使用增值税专用发票：

(一) 一般纳税人会计核算不健全，或者不能够提供准确税务资料的；

(二) 除本细则第二十九条规定外，纳税人销售额超过小规模纳税人标准，未申请办理一般纳税人认定手续的。

第三十五条　条例第十五条规定的部分免税项目的范围，限定如下：

(一) 第一款第(一)项所称农业，是指种植业、养殖业、林业、牧业、水产业。

农业生产者，包括从事农业生产的单位和个人。

农产品，是指初级农产品，具体范围由财政部、国家税务总局确定。

（二）第一款第（三）项所称古旧图书，是指向社会收购的古书和旧书。

（三）第一款第（七）项所称自己使用过的物品，是指其他个人自己使用过的物品。

第三十六条 纳税人销售货物或者应税劳务适用免税规定的，可以放弃免税，依照条例的规定缴纳增值税。放弃免税后，36个月内不得再申请免税。

第三十七条 增值税起征点的适用范围限于个人。

增值税起征点的幅度规定如下：

（一）销售货物的，为月销售额2 000—5 000元；

（二）销售应税劳务的，为月销售额1 500—3 000元；

（三）按次纳税的，为每次（日）销售额150—200元。

前款所称销售额，是指本细则第三十条第一款所称小规模纳税人的销售额。

省、自治区、直辖市财政厅（局）和国家税务局应在规定的幅度内，根据实际情况确定本地区适用的起征点，并报财政部、国家税务总局备案。

第三十八条 条例第十九条第一款第（一）项规定的收讫销售款项或者取得索取销售款项凭据的当天，按销售结算方式的不同，具体为：

（一）采取直接收款方式销售货物，不论货物是否发出，均为收到销售款或者取得索取销售款凭据的当天；

（二）采取托收承付和委托银行收款方式销售货物，为发出货物并办妥托收手续的当天；

（三）采取赊销和分期收款方式销售货物，为书面合同约定的收款日期的当天，无书面合同的或者书面合同没有约定收款日期的，为货物发出的当天；

（四）采取预收货款方式销售货物，为货物发出的当天，但生产销售生产工期超过12个月的大型机械设备、船舶、飞机等货物，为收到预收款或者书面合同约定的收款日期的当天；

（五）委托其他纳税人代销货物，为收到代销单位的代销清单或者收到全部或者部分货款的当天。未收到代销清单及货款的，为发出代销货物满180天的当天；

（六）销售应税劳务，为提供劳务同时收讫销售款或者取得索取销售款凭据的当天；

（七）纳税人发生本细则第四条第（三）项至第（八）项所列视同销售货物行为，为货物移送的当天。

第三十九条 条例第二十三条以1个季度为纳税期限的规定仅适用于小规模纳税人。小规模纳税人的具体纳税期限，由主管税务机关根据其应纳税额的大小分别核定。

第四十条 本细则自2009年1月1日起施行。

附录3 增值税一般纳税人资格认定管理办法

（国家税务总局令第22号）

《增值税一般纳税人资格认定管理办法》已经2009年12月15日国家税务总局第2次局务会议审议通过，现予公布，自2010年3月20日起施行。

第一条 为加强增值税一般纳税人（以下简称一般纳税人）资格认定管理，根据《中华人民共和国增值税暂行条例》及其实施细则，制定本办法。

第二条 一般纳税人资格认定和认定以后的资格管理适用本办法。

第三条 增值税纳税人（以下简称纳税人），年应税销售额超过财政部、国家税务总局规定的小规模纳税人标准的，除本办法第五条规定外，应当向主管税务机关申请一般纳税人资格认定。

本办法所称年应税销售额，是指纳税人在连续不超过12个月的经营期内累计应征增值税销售额，包括免税销售额。

第四条 年应税销售额未超过财政部、国家税务总局规定的小规模纳税人标准以及新开业的纳税人，可以向主管税务机关申请一般纳税人资格认定。

对提出申请并且同时符合下列条件的纳税人，主管税务机关应当为其办理一般纳税人资格认定：

（一）有固定的生产经营场所；

（二）能够按照国家统一的会计制度规定设置账簿，根据合法、有效凭证核算，能够提供准确税务资料。

第五条 下列纳税人不办理一般纳税人资格认定：

（一）个体工商户以外的其他个人；

（二）选择按照小规模纳税人纳税的非企业性单位；

（三）选择按照小规模纳税人纳税的不经常发生应税行为的企业。

第六条 纳税人应当向其机构所在地主管税务机关申请一般纳税人资格认定。

第七条 一般纳税人资格认定的权限，在县（市、区）国家税务局或者同级别的税务分局（以下称认定机关）。

第八条 纳税人符合本办法第三条规定的，按照下列程序办理一般纳税人资格认定：

（一）纳税人应当在申报期结束后40日（工作日，下同）内向主管税务机关报送《增值税一般纳税人申请认定表》（见附件1，以下简称申请表），申请一般纳税人资格认定。

（二）认定机关应当在主管税务机关受理申请之日起20日内完成一般纳税人资格认定，并由主管税务机关制作、送达《税务事项通知书》，告知纳税人。

（三）纳税人未在规定期限内申请一般纳税人资格认定的，主管税务机关应当在规定期限结束后20日内制作并送达《税务事项通知书》，告知纳税人。

纳税人符合本办法第五条规定的，应当在收到《税务事项通知书》后10日内向主管税务机关报送《不认定增值税一般纳税人申请表》(见附件 2)，经认定机关批准后不办理一般纳税人资格认定。认定机关应当在主管税务机关受理申请之日起 20 日内批准完毕，并由主管税务机关制作、送达《税务事项通知书》，告知纳税人。

第九条 纳税人符合本办法第四条规定的，按照下列程序办理一般纳税人资格认定：

(一) 纳税人应当向主管税务机关填报申请表，并提供下列资料：

1.《税务登记证》副本；

2. 财务负责人和办税人员的身份证明及其复印件；

3. 会计人员的从业资格证明或者与中介机构签订的代理记账协议及其复印件；

4. 经营场所产权证明或者租赁协议，或者其他可使用场地证明及其复印件；

5. 国家税务总局规定的其他有关资料。

(二) 主管税务机关应当当场核对纳税人的申请资料，经核对一致且申请资料齐全、符合填列要求的，当场受理，制作《文书受理回执单》，并将有关资料的原件退还纳税人。

对申请资料不齐全或者不符合填列要求的，应当当场告知纳税人需要补正的全部内容。

(三) 主管税务机关受理纳税人申请以后，根据需要进行实地查验，并制作查验报告。

查验报告由纳税人法定代表人(负责人或者业主)、税务查验人员共同签字(签章)确认。

实地查验时，应当有两名或者两名以上税务机关工作人员同时到场。

实地查验的范围和方法由各省税务机关确定并报国家税务总局备案。

(四) 认定机关应当自主管税务机关受理申请之日起 20 日内完成一般纳税人资格认定，并由主管税务机关制作、送达《税务事项通知书》，告知纳税人。

第十条 主管税务机关应当在一般纳税人《税务登记证》副本"资格认定"栏内加盖"增值税一般纳税人"戳记(附件 3)。

"增值税一般纳税人"戳记印色为红色，印模由国家税务总局制定。

第十一条 纳税人自认定机关认定为一般纳税人的次月起(新开业纳税人自主管税务机关受理申请的当月起)，按照《中华人民共和国增值税暂行条例》第四条的规定计算应纳税额，并按照规定领购、使用增值税专用发票。

第十二条 除国家税务总局另有规定外，纳税人一经认定为一般纳税人后，不得转为小规模纳税人。

第十三条 主管税务机关可以在一定期限内对下列一般纳税人实行纳税辅导期管理：

(一) 按照本办法第四条的规定新认定为一般纳税人的小型商贸批发企业；

(二) 国家税务总局规定的其他一般纳税人。

纳税辅导期管理的具体办法由国家税务总局另行制定。

第十四条 本办法自 2010 年 3 月 1 日起执行。《国家税务总局关于印发〈增值税一般纳税人申请认定办法〉的通知》(国税明电〔1993〕52 号、国税发〔1994〕59 号)，《国家税务总局关于增值税一般纳税人申请认定办法的补充规定》(国税明电〔1993〕60 号)，《国家税务总局关于印发〈增值税一般纳税人年审办法〉的通知》(国税函〔1998〕156 号)，《国家税务总局关于使用增值税防伪税控系统的增值税一般纳税人资格认定问题的通知》(国税函〔2002〕326 号)同时废止。

附录4　关于修改《中华人民共和国增值税暂行条例实施细则》和《中华人民共和国营业税暂行条例实施细则》的决定

（中华人民共和国财政部令第65号）

为了贯彻落实国务院关于支持小型和微型企业发展的要求，财政部、国家税务总局决定对《中华人民共和国增值税暂行条例实施细则》和《中华人民共和国营业税暂行条例实施细则》的部分条款予以修改。

一、将《中华人民共和国增值税暂行条例实施细则》第三十七条第二款修改为："增值税起征点的幅度规定如下：

（一）销售货物的，为月销售额5 000—20 000元；

（二）销售应税劳务的，为月销售额5 000—20 000元；

（三）按次纳税的，为每次（日）销售额300—500元。"

二、将《中华人民共和国营业税暂行条例实施细则》第二十三条第三款修改为："营业税起征点的幅度规定如下：

（一）按期纳税的，为月营业额5 000—20 000元；

（二）按次纳税的，为每次（日）营业额300—500元。"

本决定自2011年11月1日起施行。

《中华人民共和国增值税暂行条例实施细则》和《中华人民共和国营业税暂行条例实施细则》根据本决定作相应修改，重新公布。

附件 1：

增值税一般纳税人申请认定表

纳税人名称			纳税人识别号		
法定代表人 （负责人、业主）		证件名称及号码		联系电话	
财务负责人		证件名称及号码		联系电话	
办税人员		证件名称及号码		联系电话	
生产经营地址					
核算地址					
纳税人类别：企业、企业性单位□　非企业性单位□　个体工商户□　其他□					
纳税人主业：工业□　商业□　其他□					
认定前累计应税销售额 （连续不超过 12 个月的经营期内）		年　月至　年　月共　元。			
纳税人声明	上述各项内容真实、可靠、完整。如有虚假，本纳税人愿意承担相关法律责任。 （签章）： 年　月　日				
税务机关					
受理意见	受理人签名： 年　月　日				
查验意见	查验人签名： 年　月　日				
主管税务机关意见	（签章） 年　月　日				
认定机关意见	（签章） 年　月　日				

注：本表一式两份，主管税务机关和纳税人各留存一份。

附件 2：

不认定增值税一般纳税人申请表

纳税人名称		纳税人识别号	
纳税人意见	（签章）： 年　月　日		
主管税务机关意见	（签章） 年　月　日		
认定机关意见	（签章） 年　月　日		

注：本表一式两份，主管税务机关和纳税人各留存一份。

附件 3：

“增值税一般纳税人”（印模式样）

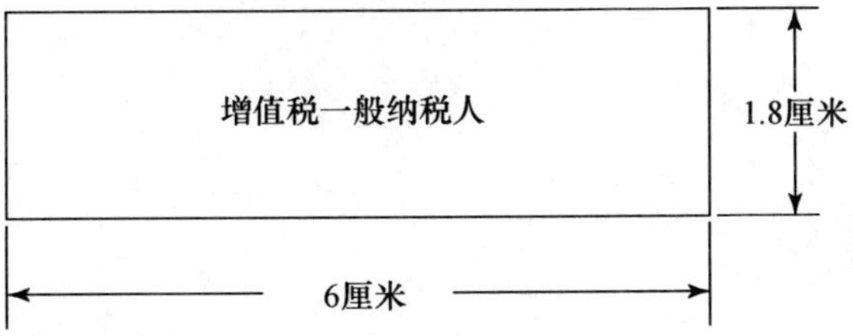

说明：

① “增值税一般纳税人”（印模）规格为 6 厘米（长）×1.8 厘米（宽）；

② 采用 2 号标准宋体字刻写。